Clea Bauch

Planung und Steuerung der Post Merge. ____ ᴊ

GABLER EDITION WISSENSCHAFT

Clea Bauch

Planung und Steuerung der Post Merger-Integration

Mit einem Geleitwort von Prof. Dr. Rudolf Grünig

Deutscher Universitäts-Verlag

Bibliografische Information Der Deutschen Bibliothek
Die Deutsche Bibliothek verzeichnet diese Publikation in der Deutschen
Nationalbibliografie; detaillierte bibliografische Daten sind im Internet über
<http://dnb.ddb.de> abrufbar.

Dissertation Universität Fribourg/Schweiz, 2004 u.d.T.: Bauch, Clea: Planung und
Steuerung von Unternehmensintegrationen. Praktisch-normative Empfehlungen zur
Post Merger-Integration

1. Auflage August 2004

Alle Rechte vorbehalten
© Deutscher Universitäts-Verlag/GWV Fachverlage GmbH, Wiesbaden 2004

Lektorat: Brigitte Siegel / Sabine Schöller

Der Deutsche Universitäts-Verlag ist ein Unternehmen von
Springer Science+Business Media.
www.duv.de

Umschlaggestaltung: Regine Zimmer, Dipl.-Designerin, Frankfurt/Main

ISBN-13: 978-3-8244-8181-1   e-ISBN-13: 978-3-322-81818-8
DOI: 10.1007/ 978-3-322-81818-8

Geleitwort

Fusionen und Übernahmen resp. Mergers & Acquisitions (M&A) stiegen in den letzten Jahren zahlenmässig wie auch in ihrem Transaktionsvolumen sprunghaft an. Dieser Boom ist dadurch zu erklären, dass M&A unter den herrschenden Wettbewerbsbedingungen zum wichtigsten Weg der Strategieimplementierung wurden.

Es sind jedoch bei Weitem nicht alle Transaktionen erfolgreich. Empirische Studien belegen vielmehr Misserfolgsquoten von bis zu 60%. Diese sind auf zwei Gruppen von Ursachen zurückzuführen: Einerseits kann es vor dem Closing zu Analysefehlern kommen. Sie führen zu einer zu optimistischen Einschätzung der Synergiepotentiale und damit zu Transaktionen, die eigentlich nicht sinnvoll sind. Andererseits kann nach dem Closing eine mangelhafte Integration ausschlaggebend dafür sein, dass an und für sich vorhandene Synergiepotentiale nicht realisiert werden.

Die Dissertation von Frau Bauch beschäftigt sich mit der Integration der zusammengeschlossenen Unternehmen resp. der übernommenen Unternehmung und damit mit der Aufgabenstellung nach dem Closing. Das existierende Schrifttum deckt bloss Einzelfragen dieser für den Erfolg von M&A wichtigen Phase ab. Empfehlungen, welche die ganze Breite der Problemstellung abdecken, sind nur in sehr rudimentärer und damit für die Praxis wenig hilfreicher Form vorhanden. Die Arbeit von Frau Bauch besitzt eine ganzheitliche Sichtweise und leistet damit einen Beitrag zur Schliessung dieser Lücke.

Die erarbeiteten Vorschläge basieren wesentlich auf einem Fallbeispiel, das während eineinhalb Jahren von Frau Bauch intensiv verfolgt und mit Hilfe des Case-Research ausgewertet wurde. Auf der Basis dieser Firmenübernahme entwickelt Frau Bauch einen gestaltungsorientierten Bezugsrahmen sowie inhaltliche Empfehlungen zur Planung und Steuerung von Unternehmensintegrationen.

Die Dissertantin gibt zuerst in straffer Form einen Überblick über M&A und Unternehmensintegrationen und die dazu existierende Literatur. Darauf wird das Fallbeispiel beschrieben und analysiert. Anschliessend folgt die Darlegung des gestaltungsorientierten Bezugsrahmens und der diesen ergänzenden inhaltlichen Einzelempfehlungen. Mit dem Bezugsrahmen ist es Frau Bauch gelungen, das komplexe Problem der Post Merger-Integration vollständig zu erfassen und zweckmässig zu strukturieren. Er dürfte die Aufgabe eines für die Post Merger-

Integration verantwortlichen Managers vor allem in der Anfangsphase der Integration wesentlich erleichtern.

Es bleibt deshalb zu hoffen, dass die vorliegende Arbeit in der Praxis gut aufgenommen wird und der „Bauch'sche Bezugsrahmen der Post Merger-Integration" die verdiente Verbreitung findet.

Prof. Dr. R. Grünig

Vorwort

Die Vorstellung, dass eine Doktorarbeit in zahllosen Stunden des einsamen Nach-
denkens, Lesens und Schreibens entsteht, hat durchaus seine Richtigkeit. Jedoch
muss jede Idee "laufen lernen" und sich letztlich in der Realität behaupten. Dieser Prozess vollzieht sich nicht ausschliesslich im sprichwörtlichen stillen Kämmer-
lein, sondern auch durch intensiven Austausch im akademischen, praktischen und
persönlichen Umfeld.

Grosser Dank gilt zunächst meinem Doktorvater und Mentor Prof. Dr. Rudolf
Grünig für die sensationelle Begleitung während der Dauer der Ausarbeitung.
Ihm ist es zu verdanken, dass die These neben allen wissenschaftlichen Ansprüchen stets ein gesundes Mass an praktischer Bodenhaftung behalten hat. Die Zeit
als Assistentin an seinem Lehrstuhl war fachlich wie persönlich sehr bereichernd
und prägend. Das Co-Referat übernahm Prof. Dr. Bernd Helmig. Auch ihm bin
ich für die sehr unkomplizierte und angenehme Zusammenarbeit verbunden.

Die Dissertation basiert auf der Analyse eines konkreten Fallbeispiels zur Post
Merger-Integration. Die eineinhalb Jahre, in denen ich Integration "Live" miter-
leben und begleiten durfte, waren von unschätzbarem Wert:

- Besonders zu erwähnen ist das Engagement des Integrationsverantwortlichen
  der Plantavent AG, der sozusagen die Patenschaft für die Dissertation übernommen hat. Für die grosse Offenheit, die Experimentierbereitschaft, die vielen geopferten Stunden und nicht zuletzt die persönlich sehr angenehme Zusammenarbeit kann ich ihm nicht genug danken.
- Die Nica AG stellte Zugang zu einem konkreten Integrationsfall sowie allen erforderlichen Ressourcen zur Verfügung. Ohne diese grosse Unterstützung wäre das Projekt in dieser Form nicht möglich gewesen. Dem Leiter der Pharma-
  Sparte der Nica AG bin ich deshalb zu grossem Dank verpflichtet.
- Zudem möchte ich allen seinerzeitigen Mitarbeitenden der Plantavent AG für
  ihre Kooperationsbereitschaft danken.

Nicht zuletzt danke ich allen befragten Experten für ihre wertvollen praktischen
Inputs.

Auch im persönlichen Umfeld gab es zahlreiche Menschen, die Anteil genommen
haben an den Wellenbergen und Wellentälern des Doktorats. Besonderer Dank
gilt hier meiner Familie, insbesondere meiner lieben Mutter, die mir den Weg bis
hin zum Abschluss des Studiums geebnet hat. Ihr unermüdlicher Glaube an mich

hat mich geprägt und mir den erforderlichen Ehrgeiz und Durchhaltewillen verliehen. Aber auch der engere Freundeskreis war während der Zeit der Ausarbeitung eine wichtige Stütze. Ablenkungen, angefangen von Shopping-Touren und Kino-Gängen bis hin zu Kurzausflügen in spanische Gefilde, sind im Verlauf eines solchen Projektes mindestens genauso wichtig gewesen wie die eine oder andere fachliche Diskussion im Kollegenkreis.

Besonders danken möchte ich darüber hinaus Frau Jenny Gut, die immer wieder Teile der Arbeit gelesen und deren inhaltliche Konsistenz hinterfragt hat. Tatkräftige Unterstützung erhielt ich zudem von Frau Dr. Katrin Hegewald, der ich für die abschliessende Durchsicht und Korrektur des Textes danke.

Clea Bauch

Inhaltsübersicht

Geleitwort V

Vorwort VII

Verzeichnisse IX

I   Einleitung 1

1   Überblick 1
2   Problemstellung und Relevanz des Themas 2
3   Zielsetzungen 5
4   Wissenschaftstheoretische Positionierung 7
5   Forschungsmethodik 14
6   Aufbau 18

II   M&A als Auslöser von Unternehmensintegrationen 21

1   Überblick 21
2   Begriff und Arten von M&A 22
3   Entwicklung des Transaktionsgeschehens 25
4   Auslöser und Motive von M&A 29
5   (Miss-)Erfolg und (Miss-)Erfolgsursachen von M&A 35

III   Unternehmensintegrationen als Gegenstand 41

1   Überblick 41
2   Begriff und Einordnung der Unternehmensintegration 42
3   Teilaufgaben der Unternehmensintegration 50

IV   Literaturaussagen zur Unternehmensintegration 53

1   Überblick 53
2   Grundsätzliche Überlegungen zur Erfassung der Literaturaussagen 54
3   Darstellung relevanter Literaturaussagen zur Unternehmensintegration 57
4   Zusammenfassende Beurteilung der Literaturaussagen zur Unternehmensintegration 84

V   Case-Research als zentrale Forschungsmethode 87

1   Überblick 87
2   Begriff und Geschichte des Case-Research 88
3   Einordnung und Funktionen des Case-Research 91
4   Planung und Durchführung eines Case-Research-Projektes 93

VI   Case-Research-Projekt zur Unternehmensintegration 103

1   Überblick 103
2   Zielsetzungen des Case-Research-Projektes und Case-Design 104
3   Ausgangslage und Grobablauf des Integrationsprojektes 106
4   Vorgehen bei der Datenerhebung, -aufbereitung und -analyse sowie
    Gedanken zur Darstellung der Analyseergebnisse 114
5   Ergebnisse zur Strukturierung der Integrationsarbeiten 121
6   Ergebnisse zum Management des Integrationsprozesses 145
7   Ergebnisse zu den zentralen Integrationsentscheiden 151
8   Zusammenfassende Beurteilung der Ergebnisse des Case-Research-
    Projektes zur Unternehmensintegration 156

VII   Expertengespräche zur Unternehmensintegration 159

1   Überblick 159
2   Ziel der Expertengespräche und Interview-Design 160
3   Resultate der Expertengespräche 166
4   Zusammenfassung der Erkenntnisse aus den Expertengesprächen 180

VIII   Empfehlungen zur erfolgreichen Bewältigung von Unternehmensinteg-
       rationen 183

1   Überblick 183
2   Grundlagen und Anwendungsbereich der Empfehlungen 184
3   Gestaltungsorientierter Bezugsrahmen zur Unternehmensintegration 189
4   Vorbereitung - "Getting started" 193
5   Controlling - "Keeping track of success" 221
6   Einzelmassnahmen - "Be up to face critical steps" 228
7   Integrationsstudien - "Searching for synergies" 230
8   Integrationsprojekte - "Implementing the new concepts" 241

IX   Schluss 245

1   Überblick 245
2   Zusammenfassende Beurteilung 246
3   Ansatzpunkte für weitere Forschung 249

Anhang 251

Literaturverzeichnis 285

Inhaltsverzeichnis

Geleitwort...V
Vorwort VII
Inhaltsübersicht..IX
Inhaltsverzeichnis...XI
Abbildungsverzeichnis.. XVII
Abkürzungsverzeichnis...XXIII

I	Einleitung 1
1	Überblick.. 1
2	Problemstellung und Relevanz des Themas 2
3	Zielsetzungen... 5
4	Wissenschaftstheoretische Positionierung............................. 7
	4.1 Forschungsprogramme der modernen BWL......................... 7
	4.2 Unterstellung unter die praktisch-normative BWL 11
5	Forschungsmethodik 14
	5.1 Gewählter Forschungsprozess 14
	5.2 Eingesetzte Forschungsmethoden.................................. 15
6	Aufbau... 18

II	M&A als Auslöser von Unternehmensintegrationen................ 21
1	Überblick.. 21
2	Begriff und Arten von M&A 22
	2.1 Begriff des M&A 22
	2.2 Arten von M&A 22
3	Entwicklung des Transaktionsgeschehens............................ 25
4	Auslöser und Motive von M&A... 29
	4.1 Auslöser von M&A 29
	4.2 Motive der M&A-Akteure 31
5	(Miss-)Erfolg und (Miss-)Erfolgsursachen von M&A 35
	5.1 M&A - Eine Serie von Flops? 35
	5.2 Schwierigkeiten bei der Abwicklung von M&A 38

III	Unternehmensintegrationen als Gegenstand 41
1	Überblick.. 41
2	Begriff und Einordnung der Unternehmensintegration............ 42
	2.1 Begriff der Unternehmensintegration 42

2.2 Unternehmensintegration als Massnahme der
    Strategieimplementierung 48
3   Teilaufgaben der Unternehmensintegration 50

IV Literaturaussagen zur Unternehmensintegration 53
1   Überblick 53
2   Grundsätzliche Überlegungen zur Erfassung der Literaturaussagen ... 54
    2.1 Auswahl der Quellen 54
    2.2 Kategorisierung der Literaturaussagen 55
3   Darstellung relevanter Literaturaussagen zur Unternehmensintegration ... 57
    3.1 Einzelbeispiele 57
    3.2 Berichte über empirische Erhebungen 64
    3.3 Umfassende Theorien und einzelne Hypothesen 65
    3.4 Präskriptive Bezugsrahmen 70
    3.5 Methodische Empfehlungen 74
    3.6 Substantielle Empfehlungen 74
        3.6.1 Gestaltung der Integrationsprojektorganisation 75
        3.6.2 Identifikation von Synergiepotentialen resp.
              Integrationsschwerpunkten 76
        3.6.3 Abstimmung der zentralen Integrationsentscheide ... 79
    3.7 Kriterien 82
4   Zusammenfassende Beurteilung der Literaturaussagen zur
    Unternehmensintegration 84

V   Case-Research als zentrale Forschungsmethode 87
1   Überblick 87
2   Begriff und Geschichte des Case-Research 88
    2.1 Begriff des Case-Research 88
    2.2 Geschichte des Case-Research 89
3   Einordnung und Funktionen des Case-Research 91
4   Planung und Durchführung eines Case-Research-Projektes 93
    4.1 Überblick über das Vorgehen 93
    4.2 Planung des Case-Research-Projektes 94
    4.3 Datenerhebung 96
    4.4 Datenauswertung 99
    4.5 Darstellung der Ergebnisse 101

VI   Case-Research-Projekt zur Unternehmensintegration 103

1   Überblick... 103
2   Zielsetzungen des Case-Research-Projektes und Case-Design 104
     2.1 Zielsetzungen des Case-Research-Projektes..................................... 104
     2.2 Case-Design.. 104
3   Ausgangslage und Grobablauf des Integrationsprojektes........................ 106
     3.1 Kurzvorstellung der beteiligten Unternehmen................................ 106
     3.2 Strategische Ziele der Transaktion 108
     3.3 Ablauf der Integration 110
     3.4 Ablauf des Case-Research-Projektes.. 112
4   Vorgehen bei der Datenerhebung, -aufbereitung und -analyse sowie
     Gedanken zur Darstellung der Analyseergebnisse................................... 114
5   Ergebnisse zur Strukturierung der Integrationsarbeiten......................... 121
     5.1 Inhalte der Integrationsarbeiten 121
          5.1.1 Überblick.. 121
          5.1.2 Aufgabenbereiche 121
          5.1.3 Aufgabentypen 123
          5.1.4 Phasen der Aufgabenerfüllung 124
          5.1.5 Periodizität der Aufgabenerfüllung..................................... 125
          5.1.6 Art der Aufgabenentdeckung 126
          5.1.7 Kombination der Strukturierungsansätze 127
          5.1.8 Kategorien von Integrationsarbeiten................................... 131
     5.2 Zeitlicher Ablauf der Integrationsarbeiten 134
          5.2.1 Überblick.. 134
          5.2.2 Ablauf nach Kategorien der eigentlichen
                  Integrationsaufgaben 135
          5.2.3 Ablauf nach Phasen der Aufgabenerfüllung........................ 138
          5.2.4 Ablauf nach Art der Aufgabenentdeckung.......................... 140
          5.2.5 Phasen des Integrationsprozesses 141
6   Ergebnisse zum Management des Integrationsprozesses 145
     6.1 Massnahmen zum Management des Integrationsprozesses 145
     6.2 Zeitlicher Ablauf der Massnahmen zum Management des
          Integrationsprozesses 146
     6.3 Auswirkungen auf Inhalt und zeitlichen Ablauf der
          Integrationsarbeiten 148
7   Ergebnisse zu den zentralen Integrationsentscheiden............................. 151
     7.1 Zentrale Integrationsentscheide und ihr Zustandekommen 151
     7.2 Zeitlicher Ablauf der zentralen Integrationsentscheide 153

7.3 Auswirkungen auf Inhalt und zeitlichen Ablauf der
Integrationsarbeiten 154
7.4 Auswirkungen auf das Management des Integrationsprozesses 155
8 Zusammenfassende Beurteilung der Ergebnisse des Case-Research-
Projektes zur Unternehmensintegration 156

VII Expertengespräche zur Unternehmensintegration 159
1 Überblick 159
2 Ziel der Expertengespräche und Interview-Design 160
2.1 Ziel der Expertengespräche 160
2.2 Interview-Design 160
2.2.1 Wahl der Erhebungsmethode 160
2.2.2 Inhalt des Interviewleitfadens 161
2.2.3 Auswahl der Interviewpartner 162
2.2.4 Vorgehen bei der Durchführung und Auswertung der
Interviews 163
3 Resultate der Expertengespräche 166
3.1 Bedeutung, Schwierigkeiten sowie Inhalte und Ablauf der Post
Merger-Integration in der Praxis 166
3.2 Diskussion des in der Dissertation entwickelten Post Merger
Integration-Ansatzes 169
3.3 Vertiefte Befragung zu ausgewählten Teilproblemen 173
4 Zusammenfassung der Erkenntnisse aus den Expertengesprächen 180
4.1 Änderung der Empfehlungen 180
4.2 Anwendungsbereich der Empfehlungen 182

VIII Empfehlungen zur erfolgreichen Bewältigung von Unternehmensintegrationen 183
1 Überblick 183
2 Grundlagen und Anwendungsbereich der Empfehlungen 184
2.1 Grundlagen 184
2.2 Anwendungsbereich 186
3 Gestaltungsorientierter Bezugsrahmen zur Unternehmensintegration 189
4 Vorbereitung - "Getting started" 193
4.1 Überblick über die Teilaufgaben 193
4.2 Erfassung der Ausgangslage 194
4.3 Sachliche und terminliche Planung 198
4.3.1 Überblick über das Vorgehen 198

4.3.2 Abgrenzung von Aufgabenbereichen 199
4.3.3 Erfassung der sachlichen Abhängigkeiten 206
4.3.4 Erfassung der Deadlines und Festlegung der Zieltermine 207
4.3.5 Bestimmung von Einzelmassnahmen, Integrationsstudien
       und Integrationsprojekten 210
4.3.6 Abschätzung der Dauer sowie der Start- und Endtermine 214
4.4 Ressourcenplanung 214
4.5 Integrationsprojektorganisation 217
5 Controlling - "Keeping track of success" 221
5.1 Überblick über die Teilaufgaben 221
5.2 Abweichungsanalyse 222
5.3 Integrations-Reporting 224
6 Einzelmassnahmen - "Be up to face critical steps" 228
7 Integrationsstudien - "Searching for synergies" 230
7.1 Vorbemerkungen 230
7.2 Übergreifende Identifikation und Bewertung von
     Synergiepotentialen 230
7.2.1 Überblick über die Teilaufgaben 230
7.2.2 Erfassung der Synergiepotentiale auf der Ebene der
       bearbeiteten Märkte 232
7.2.3 Erfassung der Synergiepotentiale auf der Ebene der
       Ressourcen 235
7.2.4 Erstellung der Synergie-Bilanz 238
8 Integrationsprojekte - "Implementing the new concepts" 241

IX Schluss 245

1 Überblick 245
2 Zusammenfassende Beurteilung 246
2.1 Beurteilung im Hinblick auf die Zielerreichung 246
2.2 Beurteilung der gewählten Forschungsmethodik 247
3 Ansatzpunkte für weitere Forschung 249

Anhang A: Integrationsliste 251
Anhang B: Kodierregeln zum Case-Research-Projekt 259
Anhang C: Interviewverzeichnis 260
Anhang D: Anschreiben für ein Expertengespräch und Interview-Leitfaden 261
Anhang E: Zusammenfassung der Expertengespräche 269

Literaturverzeichnis 281

Abbildungsverzeichnis

Abbildung I-1:   Zielsetzungen der Arbeit 6
Abbildung I-2:   Zentrale Unterscheidungsmerkmale der empirisch-
                   analytischen und der praktisch-normativen Forschungs-
                   richtung der BWL 10
Abbildung I-3:   Zuordnung der Kategorien wissenschaftlicher Aussagen
                   zu den Forschungsprogrammen der modernen BWL 10
Abbildung I-4:   Angestrebte Aussagenkategorien 13
Abbildung I-5:   Gewählter Forschungsprozess 16
Abbildung I-6:   Aufbau der Arbeit 19
Abbildung II-1:   Arten von M&A 24
Abbildung II-2:   M&A als zyklisches Phänomen 26
Abbildung II-3:   Weltweites Transaktionsvolumen 1990 bis 2000 27
Abbildung II-4:   In Praktiker-Quellen häufig genannte M&A-Motive 32
Abbildung II-5:   Ausgewählte empirische Studien über M&A-Motive 33
Abbildung II-6:   Theorien zur Erklärung von M&A-Motiven 34
Abbildung II-7:   Ausgewählte empirische Studien über den Erfolg von
                   M&A 36
Abbildung II-8:   (Miss)Erfolgsursachen von M&A 39
Abbildung III-1:   Definitionsansätze des Begriffs der
                   Unternehmensintegration 44
Abbildung III-2:   In den Definitionsansätzen beschriebene Elemente und
                   ihre inhaltlichen Ausprägungen 46
Abbildung III-3:   Zuordnung von Integrationsschwierigkeiten zu Teilauf-
                   gaben der Unternehmensintegration 51
Abbildung IV-1:   Kategorien relevanter Literaturbeiträge 55
Abbildung IV-2:   Berichte über Einzelbeispiele zur Unternehmensintegra-
                   tion 58
Abbildung IV-3:   Strukturierung des Inhalts der eigentlichen
                   Integrationsaufgaben in Einzelbeispielen 62
Abbildung IV-4:   Strukturierung des Ablaufs der eigentlichen Integrati-
                   onsaufgaben in den Einzelbeispielen 63
Abbildung IV-5:   Berichte über empirische Erhebungen zur Unterneh-
                   mensintegration 66
Abbildung IV-6:   Modell zur Erklärung des Integrationserfolges von
                   Gerds 69
Abbildung IV-7:   Modell zur Erklärung des Integrationserfolges von Lars-
                   son/Finkelstein 69

Abbildung IV-8:   7-K-Modell der Unternehmensintegration zur Strukturierung der eigentlichen Integrationsaufgaben nach Jansen 71

Abbildung IV-9:   Vergleich von fünf Ablaufschemata zum Management des Integrationsprozesses 72

Abbildung IV-10: Strukturierung des Ablaufs des Integrationsprozesses und des Inhaltes der eigentlichen Integrationsaufgaben nach Wisskirchen et al. 73

Abbildung IV-11: Ansätze zur Klassifikation von Synergien 77

Abbildung IV-12: Wertkette nach Porter 79

Abbildung IV-13: Integrationsprofile nach Haspeslagh/Jemison 81

Abbildung IV-14: Integrationsprofile nach Bragado 82

Abbildung IV-15: Erfolgsfaktoren der Unternehmensintegration 83

Abbildung IV-16: Relevanz der Literaturaussagen zur Unternehmensintegration für die Entwicklung der Empfehlungen 84

Abbildung V-1:   Case-Research, Action-Research und Case-Example 92

Abbildung V-2:   Vorgehen zur Planung und Durchführung von Case-Research-Projekten 93

Abbildung V-3:   Anzahl Fälle und Analyseeinheiten im Case-Design 95

Abbildung V-4:   Gängige Erhebungstechniken und ihre Vor- und Nachteile 97

Abbildung V-5:   Triangulationsstrategien im Rahmen der Datenerfassung 98

Abbildung VI-1: Die Sparten der Nica 106

Abbildung VI-2: Tochtergesellschaften der Pharma-Sparte der Nica vor Übernahme der PlantaVent 107

Abbildung VI-3: Juristische Struktur der PlantaVent 107

Abbildung VI-4: Auszug aus der Strategie der Pharma-Sparte der Nica über die PlantaVent 109

Abbildung VI-5: Überblick über den Ablauf der Integration 111

Abbildung VI-6: Zeitlicher Ablauf des Case-Research-Projektes 112

Abbildung VI-7: Inhaltsverzeichnis des Integrationsberichtes 116

Abbildung VI-8: Kodierschema für die eigentlichen Integrationsaufgaben . 117

Abbildung VI-9: Kodierschema für die Massnahmen zum Management des Integrationsprozesses 117

Abbildung VI-10: Kodierschema für die zentralen Integrationsentscheide 117

Abbildung VI-11: Vorgehen bei der Datenerhebung, -aufbereitung und -analyse 119

Abbildung VI-12:   Zusammenhänge zwischen den Teilaufgaben der Unternehmensintegration 119

Abbildung VI-13:   Aktionsniveau und Aufwand nach Aufgabenbereich 122

Abbildung VI-14:   Aktionsniveau und Aufwand nach Aufgabentypen 124

Abbildung VI-15:   Aktionsniveau und Aufwand nach Phasen der Aufgabenerfüllung 125

Abbildung VI-16:   Aktionsniveau und Aufwand nach Periodizität der Aufgabenerfüllung 126

Abbildung VI-17:   Aktionsniveau und Aufwand nach Art der Aufgabenentdeckung 127

Abbildung VI-18:   Kombination der Strukturierungsansätze 128

Abbildung VI-19:   Herleitung von Kategorien von eigentlichen Integrationsaufgaben 132

Abbildung VI-20:   Kategorien von eigentlichen Integrationsaufgaben 136

Abbildung VI-21:   Zeitlicher Ablauf der Integrationsarbeiten nach Kategorien von eigentlichen Integrationsaufgaben 137

Abbildung VI-22:   Zeitlicher Ablauf der Integrationsarbeiten nach Phasen der Aufgabenerfüllung 139

Abbildung VI-23:   Zeitlicher Ablauf der Integrationsarbeiten nach Art der Aufgabenentdeckung 140

Abbildung VI-24:   Phasen des Integrationsprozesses 143

Abbildung VI-25:   Zeitlicher Ablauf der Integrationsarbeiten nach Phasen des Integrationsprozesses 144

Abbildung VI-26:   Aktionsniveau der Massnahmen zum Management des Integrationsprozesses nach Projektmanagementbereichen 145

Abbildung VI-27:   Zeitlicher Ablauf der Massnahmen zum Management des Integrationsprozesses nach Projektmanagementebenen und Phasen des Integrationsprozesses 147

Abbildung VI-28:   Zeitlicher Ablauf der Massnahmen zum Management des Integrationsprozesses nach Projektmanagementebenen und -bereichen 147

Abbildung VI-29:   Überblick über die zentralen Integrationsentscheide 151

Abbildung VI-30:   Zeitlicher Ablauf der zentralen Integrationsentscheide 154

Abbildung VI-31:   Relevanz der Ergebnisse des Case-Research-Projektes zur Unternehmensintegration für die Entwicklung der Empfehlungen 156

Abbildung VII-1:   Inhaltsverzeichnis des Interviewleitfadens 161

Abbildung VII-2:   Profil der befragten Experten 164

Abkürzungsverzeichnis

BWL	Betriebswirtschaftslehre
CEO	Chief Executive Officer
EDV	Elektronische Datenverarbeitung
EU	Europäische Union
F&E	Forschung & Entwicklung
KMU	Kleine und mittlere Unternehmen
M&A	Merger & Acquisitions
OTC	Over the Counter

I   Einleitung

1   Überblick

Kapitel I stellt die Einführung in die Arbeit dar. Es enthält neben dem Überblick in Abschnitt 1 vier weitere Abschnitte:

- In Abschnitt 2 werden Problemstellung und Relevanz des Themas aus praktischer und aus wissenschaftlicher Sicht dargelegt.
- Darauf aufbauend wird in Abschnitt 3 die Zielsetzungen der Arbeit definiert.
- In Abschnitt 4 legt die Verfasserin ihre wissenschaftstheoretische Position dar.
- Abschnitt 5 ist der Darstellung des gewählten Forschungsprozesses und der in dessen Verlauf eingesetzten Methoden gewidmet.
- Schliesslich enthält Abschnitt 6 Ausführungen zum Aufbau der Arbeit.

2 Problemstellung und Relevanz des Themas

Mergers und Acquisitions (M&A)[1]-Aktivitäten haben bis zur Jahrtausendwende stark zugenommen: Im Jahr 2000 wurden weltweit 38'000 Unternehmenszusammenschlüsse im Wert von 3,5 Mrd. US $ angekündigt, womit sich das M&A-Gesamtmarktvolumen innerhalb von zehn Jahren nahezu versechsfacht hat.[2]

Auslöser dieses M&A-Booms ist zum einen die Reaktion auf den steigenden Wettbewerbsdruck durch Globalisierung, Dynamisierung sowie Neuordnungsprozesse in einigen Branchen und Wirtschaftsräumen. Zum anderen ist der Trend Ausdruck einer stärkeren Shareholder-Value-Orientierung und damit der Erhaltung und Steigerung des Unternehmenswertes: M&A stellen die schnellere und oft auch risikoärmere Alternative zum inneren Wachstum dar.[3] Es wird davon ausgegangen, dass M&A trotz des seit dem Jahr 2001 zu verzeichnenden Einbruchs im Transaktionsvolumen[4] auch in Zukunft für die Unternehmen ein wichtiges Instrument darstellen, um Wachstum zu generieren.

Dennoch müssen viele Zusammenschlüsse im Nachhinein als Misserfolg beurteilt werden und die zu ihrer Rechtfertigung bemühten Synergiepotentiale bleiben ungenutzt. Als Begründung wird neben Fehlbeurteilungen vor dem Vertragsabschluss insbesondere eine mangelhafte Integration[5] der Transaktionspartner nach dem Zusammenschluss angeführt.[6]

---

[1] Die Begriffe Fusion (Merger) und Übernahme (Acquisition) werden im Folgenden mit dem Kürzel M&A zusammengefasst, da die Unterscheidung für die Arbeit nicht relevant ist.

[2] Vgl. z.B. C.M. PICOT finance (2002 b), o.S.; Thomson Financial (2001), o.S.; Müller-Stewens/Muchow (1999), S. 61; Weimer/Wisskirchen (1999), S. 54

[3] Vgl. z.B. Weimer/Wisskirchen (1999), S. 54; Müller-Stewens (1998), o.S.; Bamberger (1997), S. 371 ff.; Trautwein (1990), S. 283 ff.

[4] Im Jahr 2001 konnten nur noch knapp 29'000 Deals (-24 %) mit einem Gesamtwert von 1,8 Mrd. US $ (-55 %) gezählt werden. Diese Entwicklung ist zurückzuführen auf eine generelle Abflachung der Weltwirtschaftskonjunktur, niedrige Börsenkurse und nicht zuletzt die Ereignisse des 11. September 2001. Vgl. Nelles (2002), o.S.; C.M. PICOT finance (2002 b), o.S.; C.M. PICOT finance (2002 c), o.S.; C.M. PICOT finance (2002 e), o.S.

[5] Die Begriffe "Unternehmensintegration" resp. kurz "Integration" und die aus dem Englischsprachigen stammende Bezeichnung "Post Merger-Integration" werden im Folgenden synonym verwendet.

[6] Vgl. Bamberger (1997), S. 371 ff.; Gerpott (1993), S. 5 f.; Haspeslagh/Jemison (1992), S. 7 ff.; Müller-Stewens et al. (1992 a), S. 21 und die dort zitierten Studien

Die Komplexität der neben dem Daily Business zu bewältigenden Integrationsarbeiten scheint die beauftragten Manager vielfach zu überfordern und ist deshalb häufig Ursache für den ausbleibenden Erfolg:[7]

- Zunächst gilt es, eine Vielzahl von Tätigkeiten und Personen mit sehr unterschiedlichem Fachbezug zu koordinieren.
- Je nach Phase im Integrationsprozess bestehen zudem unterschiedliche Prioritäten und Anforderungen.
- Des Weiteren ist vor dem Hintergrund häufig sehr vage formulierter Akquisitionsziele oft unklar, wo die Schwerpunkte der Integration liegen müssen und auf welche Weise demzufolge je nach Bereich resp. Phase zu integrieren ist.
- Unterschiedliche Kulturen führen zudem unter Umständen zu Widerständen bei den Mitarbeitern.

In der Betriebswirtschaftslehre (BWL) hat sich die Forschung dementsprechend in einer grossen Zahl von Publikationen mit der Integrationsproblematik auseinandergesetzt.[8] Grob lassen sich vier Gruppen von Arbeiten unterscheiden:

- Grosse Beachtung gefunden hat die Vielzahl von empirischen Studien, welche sich mit Zielen und Problemen sowie daraus abzuleitenden Erfolgsfaktoren von Unternehmensintegrationen beschäftigen. Sie stammen nicht selten direkt oder indirekt aus der Küche der grossen Beratungsunternehmen, welche mit solchen Publikationen ihre Kompetenz in Sachen Integration verkaufen wollen. In der Regel sind diese Studien jedoch sorgfältig konzipiert und breit angelegt, so dass daraus durchaus verallgemeinerbare Aussagen resultieren.
- Eine weitere umfangreiche Gruppe von Veröffentlichungen unterbreitet Empfehlungen zu inhaltlichen Einzelaufgaben wie zum Beispiel der kulturellen Integration, der Harmonisierung von Systemen der elektronischen Datenverarbeitung (EDV) oder der Integrationskommunikation. Einzelne dieser Empfehlungen sind eher rezepthaft und bewegen sich damit auf einem oberflächlichen, pauschalen Niveau. Andere Arbeiten haben jedoch, beschränkt auf die jeweils betrachtete Einzelaufgabe, bereits einiges zur Unterstützung der Praxis bei Unternehmensintegrationen beitragen können.
- Die Bedeutung von prozessualen und methodischen Fragen der Integration wird insbesondere in jüngeren Arbeiten hervorgehoben. Je nachdem, ob den Problemen auf der Sachebene oder Problemen der Personalführung eine grös-

---

[7] Vgl. Müller-Stewens (1998), o.S.; Bamberger (1997), S. 371 ff.
[8] Einen Überblick gibt die Sammelrezension von Müller-Stewens/Spickers (1994). Den eigenen Recherchen zufolge hat sich das Schrifttum seither zwar mengenmässig, aber nicht unbedingt inhaltlich weiterentwickelt.

sere Bedeutung beigemessen wird, lassen sich hier "harte", sachorientierte Reengineeringansätze und "weiche", humanorientierte Entwicklungsansätze mit jeweils anderen Vorstellungen von Inhalt und Ablauf der Integrationsarbeiten abgrenzen. Dadurch, dass diese Arbeiten einem bestimmten Approach verpflichtet sind, nehmen sie einen zentralen, durch das Integrationsmanagement unter Umständen differenziert und wiederholt zu treffenden Entscheid vorweg. Nichtsdestotrotz liefern sie Hilfestellungen für die Planung und Steuerung von Integrationsprozessen.

- Unternehmensintegrationen sind komplexe, von ihrem Umfang, ihren Einzelfragen und ihren speziellen Rahmenbedingungen her einzigartige Aufgabenstellung. Dies sind die Charakteristika, die in der Literatur herangezogen werden, um Projekte zu beschreiben.[9] Demzufolge legen Vertreter beider zuvor genannter Approaches wie auch die Erfolgsfaktorenstudien zur Planung und Steuerung von Unternehmensintegrationen häufig den Einsatz der Methodik des Projektmanagements nahe. Meist werden in diesem Zusammenhang jedoch nur allgemeine, nicht auf die spezifische Integrationsproblematik zugeschnittene Empfehlungen unterbreitet.

Die Literatur liefert also bereits eine Reihe von Grundlagen und Empfehlungen zur erfolgreichen Bewältigung von Unternehmensintegrationen. Ihnen fehlt jedoch ein ganzheitlicher Blickwinkel: Es mangelt an einem Instrumentarium, mit dessen Hilfe die Integration von zwei ehemals eigenständigen Unternehmen vollumfänglich geplant und gesteuert werden kann und in das die verschiedenen Arten von in der Literatur vorhandenen Empfehlungen eingebettet werden können.

---

[9] Vgl. z.B. Madauss (1995), S. 490 ff.; PMI Standards Comitee (1996), S. 3 f.

3   Zielsetzungen

Ziel der Arbeit ist es, für die Praxis hilfreiche praktisch-normative Gestaltungs-empfehlungen zur erfolgreichen Bewältigung der Post Merger-Integration zu entwickeln. Dieses Hauptziel wird in drei Unterziele gegliedert:

1. Das erste Unterziel besteht in der Beschreibung von Inhalt und Ablauf der Post Merger-Integration anhand eines konkreten Falls:
    *   Welche Arten Integrationsaufgaben gibt es und wie können sie zu Aufgabenkategorien gruppiert werden?
    *   Wie sind sie auf der Zeitachse angeordnet und welche Phasen des Integrationsprozesses können demnach unterschieden werden?

2. Zweites Unterziel ist die Erarbeitung eines gestaltungsorientierten Bezugs-rahmens[10] zur Post Merger-Integration:
    *   Wie kann die Integrationsarbeit sinnvoll in Aufgabenblöcke unterteilt werden?
    *   Welche inhaltlichen Abhängigkeiten sind bei deren Bewältigung zu berücksichtigen?
    *   In welcher zeitlichen Reihenfolge sind sie anzugehen?

3. Das dritte Unterziel schliesslich besteht in der Ausformulierung von substantiellen Empfehlungen[11] zur Planung und Steuerung von Unternehmensintegrationen entlang der durch den Bezugsrahmen gegebenen Struktur.

Abbildung I-1 fasst die mit der Arbeit angestrebten Forschungsresultate zusammen. Wie die Abbildung zeigt, bauen die Unterziele aufeinander auf: Die Beschreibung von Inhalt und Ablauf der Integration in Unterziel (1) bildet die Grundlage für die Entwicklung des Bezugsrahmens in Unterziel (2). Die mit Unterziel (3) zu erarbeitenden Empfehlungen basieren wiederum auf dem Bezugsrahmen.

Bezugsrahmen und Empfehlungen stellen Forschungsresultate mit präskriptivem Charakter dar. Gemeinsam bilden sie einen ganzheitlichen Ansatz zur erfolgreichen Bewältigung der Post Merger-Integration.

---

[10] Bezugsrahmen definieren und verknüpfen, meist in grafischer Form, die für eine Problem-stellung relevanten Entscheidkriterien, Aktionsparameter und (Rahmen-)Bedingungen. Vgl. Grünig (1990), S. 24 ff.

[11] Substantielle Empfehlungen sind Vorschläge, welche das Auffinden einer guten Lösung erleichtern aber diese nicht vorwegnehmen. Vgl. Grünig (1990), S. 24 ff.

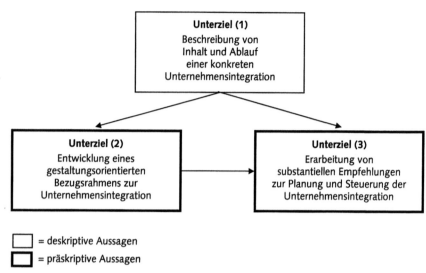

Abbildung I-1: Zielsetzungen der Arbeit

4 Wissenschaftstheoretische Positionierung

4.1 Forschungsprogramme der modernen BWL

Jede wissenschaftliche Disziplin bemüht sich in wissenschaftstheoretischer Hinsicht neben einer Umschreibung ihres Gegenstandsbereichs um die Festlegung der primären Forschungsziele, entsprechender Kriterien zur Beurteilung der Forschungsresultate sowie möglicher Aussagenkategorien. Dabei können innerhalb einer Disziplin unterschiedliche Auffassungen bestehen, die in so genannten Forschungsprogrammen[12] festgehalten werden.[13] Das Forschungsprogramm bildet für den Forscher eine wichtige Leitplanke, der er sich mit seiner wissenschaftstheoretischen Positionierung verpflichtet.[14] Es handelt sich dabei um einen vorwissenschaftlichen, subjektiven Entscheid des einzelnen Wissenschaftlers.[15]

Die BWL befasst sich "mit dem physisch erfassbaren Gegenstand sozio-technischer Systeme, insbesondere gewinnorientierten, privaten Unternehmen"[16]. Sie ist damit den Realwissenschaften zuzuordnen, welche sich mit der Beschreibung, Erklärung und Gestaltung der sinnlich wahrnehmbaren Wirklichkeit befassen.[17] Innerhalb dieser wird sie gemeinhin aufgrund ihres Gegenstandes den Sozialwissenschaften, genauer den angewandten Sozialwissenschaften zugeordnet.[18]

Die wissenschaftstheoretische Diskussion kreiste damit in der BWL von Beginn an um die Bedeutung und das Verhältnis von Theorieentwicklung und Anwendungsorientierung.[19] In der modernen BWL haben sich deshalb zwei globale,

---

[12] Dem Begriff des Forschungsprogramms sehr nahe ist der Begriff der Forschungsstrategie. Er taucht insbesondere in der englischsprachigen Literatur (Research-Strategy), aber auch in neueren deutschsprachigen Werken auf und wird weitgehend synonym verwendet.

[13] Vgl. Diekmann (2000), S. 166 ff.; Remenyi et al. (1998), S. 42 ff. und 102; Burgess (1996), S. 534; Ragin (1994), S. 33; Schanz (1992), S. 88

[14] Vgl. Behrens (1993), S. 4767; Schanz (1992), S. 84 ff.; Gygi/Siegenthaler (1978), S. 260 ff.; Kühn (1978), S. 13 ff.; Szyperski (1971), S. 269; Kosiol (1964), S. 744

[15] Vgl. Grünig (1990), S. 27; Kühn (1978), S. 14; Kosiol (1964), S. 744

[16] Grünig (1990), S. 24 ff.

[17] Vgl. Grünig (1990), S. 26; Ulrich/Hill (1976 a), S. 305

[18] Vgl. Schanz (1992), S. 11 ff.; Gygi/Siegenthaler (1978), S. 258 f.; Ulrich/Hill (1976 a), S. 305

[19] Vgl. Behrens (1993), Sp. 4768 und ausführlich Ulrich (1981), S. 1 ff.

gleichwertig nebeneinander stehende Forschungsziele und damit auch zwei Forschungsprogramme herauskristallisiert:[20]

- Zunächst kann ein theoretisches Wissenschaftsziel verfolgt werden, das "auf die Gewinnung von Erfahrungserkenntnissen und deren Integration in möglichst umfassende Systeme objektiver Sätze, das heisst auf Theorien"[21] gerichtet ist. Die Theorieentwicklung wird dabei meist auf empirisch-analytischem Wege vorangetrieben, indem Hypothesen aufgestellt und an der Realität überprüft werden. Man spricht deshalb von der empirisch-analytischen BWL.[22]

- Ausserdem besteht die Möglichkeit, ein pragmatisches Wissenschaftsziel zu verfolgen, indem man nach Erkenntnissen strebt, "die unmittelbar zur Lösung praktischer Probleme verwendbar sind und damit direkt der Verwirklichung menschlicher Handlungsziele dienen können"[23]. Die sogenannte praktisch-normative BWL bemüht sich um die Entwicklung von Empfehlungen, welche die betriebliche Praxis in ihren Entscheidungen zu unterstützen und damit eine optimale Zielerreichung resp. qualitativ hochstehende Entscheide und eine effizientere Arbeitsweise sicherzustellen vermögen.[24]

Zwischen theoretischem und pragmatischem Wissenschaftsziel besteht im Grunde ein enger Zusammenhang: Auch die theoretische BWL trägt indirekt zur Lösung von Entscheidproblemen bei, indem sich aus einem überprüften Theoriegebäude Zweck-Mittel-Aussagen ableiten lassen. Deshalb ist eigentlich "für die Praxis nichts brauchbarer als eine gute Theorie"[25]. Allerdings existieren gegenwärtig in der BWL nur sehr wenige aussagekräftige Theorien, und in Zukunft ist auch nicht mit einer starken Zunahme zu rechnen. Deshalb ist der Beitrag der erklärenden Forschungsrichtung zur Bewältigung betrieblicher Entscheidprobleme bislang sehr beschränkt.[26]

---

[20] Vgl. Behrens (1993), S. 4768 ff.; Schanz (1992), S. 58 ff.; Ulrich (1981), S. 3 ff.; Köhler (1978), S. 186 ff.; Ulrich/Hill (1976 a), S. 305 ff.; Ulrich/Hill (1976 b), S. 345 ff.; Szyperski (1971), S. 266 ff.; Kosiol (1964), S. 744 ff.

[21] Kosiol (1964), S. 745

[22] Vgl. Grünig (1990), S. 30

[23] Kosiol (1964), S. 745

[24] Vgl. Grünig (1990), S. 30

[25] Köhler (1978), S. 187; vgl. auch Schanz (1992), S. 89; Gygi/Siegenthaler (1978), S. 265 f.; Kosiol (1964), S. 745

[26] Vgl. Grünig (1990), S. 31; Gygi/Siegenthaler (1978), S. 265

Aufgrund der unterschiedlichen Natur der Forschungsziele bestehen auch bei der Bewertung der Forschungsresultate jeweils andere Kriterien:[27]

- In der empirisch-analytischen BWL müssen die Forschungsresultate zunächst ein aus betriebswirtschaftlicher Sicht relevantes, das heisst erklärungsbedürftiges Phänomen betreffen und dieses mittels Theorien und Hypothesen plausibel erklären. Es ist zudem eine hinreichend breite empirische Begründung herbeizuführen, um die Wahrheit und Allgemeingültigkeit der Resultate zu gewährleisten.
- In der praktisch-normativen BWL sollten die Forschungsbemühungen durch einen faktischen Problemlösungsbedarf motiviert sein. Nützliche Empfehlungen zeichnen sich darüber hinaus durch eine hohe Problemlösungskraft aus und besitzen eine bezogen auf die betrachtete Problemklasse garantierte Anwendbarkeit.

Abbildung I-2 fasst die zentralen Unterscheidungsmerkmale der empirisch-analytischen und der praktisch-normativen Forschungsrichtung als den beiden Forschungsprogrammen der modernen BWL zusammen.

Abbildung I-3 zeigt fünf Kategorien wissenschaftlicher Aussagen[28], welche sich generell drei Ebenen zuordnen lassen:

- Die formalen Grundlagen bilden die kommunikative und
- die substantiellen Grundlagen die materielle Basis
- zur Erzielung der Forschungsresultate.

Je nach zugrunde liegendem Forschungsprogramm ergeben sich jedoch unterschiedliche Schwerpunkte und eine andere Zuordnung:[29]

- Beide Forschungsprogramme fussen als formalen Grundlagen auf Begriffssystemen und Modellen zur Beschreibung des Gegenstandsbereiches.
- Gemäss dem primären Forschungsziel der Erklärung der betrieblichen Wirklichkeit bilden in der empirisch-analytischen BWL Erklärungen in Form von Theorien und Hypothesen die angestrebten Forschungsresultate. Als substan-

---

[27] Vgl. Behrens (1993), S. 4770; Schanz (1992), S. 89; Grünig (1990), S. 30 ff.; Ulrich (1981), S. 5 ff.; Ulrich/Hill (1976 a), S. 306 f.; Ulrich/Hill (1976 b), S. 345; Szyperski (1971), S. 266 ff.; Kosiol (1964), S. 746

[28] Die hier verwendete Unterscheidung stellt eine gestraffte Form des Vorschlags von Grünig (1990, 24 ff.) dar, welche auf Gedanken von Szyperski (1971, S. 261 ff.) basiert.

[29] Vgl. Grünig (1990), 14 ff.

	empirisch-analytische BWL	praktisch-normative BWL
primäres Forschungsziel	Erklärung der betrieblichen Wirklichkeit durch Theorien und Hypothesen	Unterstützung der Praxis bei der Lösung von Problemen durch Gestaltungsempfehlungen
Kriterien zur Beurteilung der Forschungsresultate	• Relevanz verstanden als Erklärungsbedarf • Erklärungsgehalt resp. Plausibilität • Wahrheit resp. empirische Bestätigung • Allgemeingültigkeit resp. Breite der Erklärungen	• Relevanz verstanden als Problemlösungsbedarf • Nützlichkeit resp. Problemlösungskraft • Anwendbarkeit auf die betrachtete Problemklasse

Abbildung I-2: Zentrale Unterscheidungsmerkmale der empirisch-analytischen und der praktisch-normativen Forschungsrichtung der BWL

	empirisch-analytische BWL	praktisch-normative BWL
Begriffssysteme und Modelle zur Beschreibung des Gegenstandsbereiches	+	+
Faktenaussagen in Form von Berichten über Einzelbeispiele	(+)	+
Faktenaussagen in Form von Berichten über empirische Erhebungen	+	(+)
Erklärungen in Form von umfassenden Theorien und Hypothesen	+	(+)
Empfehlungen zur Lösung von praktischen Problemen		+

+ = von zentraler Bedeutung	(+) = von geringer Bedeutung	leer = nicht relevant
⌐⌐⌐ = formale Grundlagen	☐ = substantielle Grundlagen	◯ = Resultate

Abbildung I-3: Zuordnung der Kategorien wissenschaftlicher Aussagen zu den Forschungsprogrammen der modernen BWL[30]

---

[30] Quelle: In Anlehnung an Grünig (1990), S. 15

tielle Grundlage dienen wegen der Notwendigkeit einer möglichst breit angelegten empirischen Begründung primär Faktenaussagen in Form von Berichten
über empirische Erhebungen. Einzelbeispiele werden seltener herangezogen.

- Mit Hilfe von Gestaltungsempfehlungen in Form von Entscheidverfahren[31],
  substantiellen Empfehlungen[32] oder von Entscheidkriterien[33] sucht die praktisch-normative BWL die Praxis bei der Problemlösung zu unterstützen. Aufgrund des höheren Praxisbezugs werden Faktenaussagen in Form von Berichten über Einzelbeispiele als substantielle Grundlage bevorzugt. Empirische Erhebungen und bestehende Theorien und Hypothesen stellen ebenfalls mögliche substantielle Grundlagen dar, liefern aber selten eine ausreichend dichte
  materielle Basis für die zu erarbeitenden Empfehlungen.

4.2   Unterstellung unter die praktisch-normative BWL

Mit ihrer Zielsetzung ordnet sich die Arbeit eindeutig der praktisch-normativen
Richtung der BWL zu: Die zu entwickelnden Empfehlungen sollen die Praxis bei
der erfolgreichen Bewältigung der Post Merger-Integration unterstützen. Dem
Forschungsziel entsprechend werden relevante, nützliche und anwendbare Resultate angestrebt:

- Im Rahmen der Beschreibung der Problemstellung der Arbeit wurde bereits
  auf die Relevanz des Themas aus praktischer wie wissenschaftlicher Sicht eingegangen. Die Ausführungen belegen, dass im Bereich der ganzheitlichen
  Bewältigung von Unternehmensintegrationen von einem hohen Problemlösungsbedarf ausgegangen werden darf.
- Nützlichkeit resp. Problemlösungskraft und Anwendbarkeit der Empfehlungen
  können erst beurteilt werden, wenn die Resultate der Arbeit vorliegen. Jedoch
  sind die angestrebten Empfehlungen klar auf den identifizierten Problemlösungsbedarf ausgerichtet und streben damit eine hohe Problemlösungskraft
  an. Ausschlaggebend für die Nützlichkeit und die Anwendbarkeit der Empfehlungen wird darüber hinaus eine adäquate Forschungsmethodik sein, welche

---

[31] Unter einem Entscheidverfahren wird eine Abfolge von Regeln der Informationsbeschaffung
und -verarbeitung verstanden, die zur Bewältigung einer bestimmten Klasse von Entscheidproblemen dient. Vgl. Grünig (1990), S. 24 ff.

[32] Substantielle Empfehlungen sind Vorschläge, welche das Auffinden einer guten Lösung erleichtern aber diese nicht vorwegnehmen. Vgl. Grünig (1990), S. 24 ff.

[33] Entscheidkriterien sind spezifische Formulierungen von Zielen im Hinblick auf eine bestimmte
Klasse von Entscheidproblemen. Vgl. Grünig (1990), S. 24 ff.

einen ausreichenden Praxisbezug und ein ganzheitliches und zugleich dichtes Verständnis des Untersuchungsgegenstandes gewährleistet.

Abbildung I-4 ordnet die in dieser Arbeit angestrebten Resultate den Ebenen der wissenschaftlichen Aussagenkategorien der praktisch-normativen BWL zu und zeigt ihren Zusammenhang:

- Zunächst sind entsprechend der Zielsetzung der Arbeit die Empfehlungen zur Lösung von praktischen Problemen von zentraler Bedeutung: Sie umfassen den gestaltungsorientierten Bezugsrahmen einerseits und die Empfehlungen zur Planung und Steuerung der Unternehmensintegration andererseits.
- Wie in Abschnitt 2 gezeigt wurde, stellen Unternehmensintegrationen ein in der Literatur unzureichend beschriebenes Phänomen dar: Es existiert weder ein hinreichend begründetes Theoriegebäude, noch decken die durchaus zahlreichen empirischen Untersuchungen den interessierenden Problembereich vollumfänglich ab. Da eine eigene empirische Untersuchung zwangsläufig nur einen weiteren Bruchteil des Phänomens erfassen würde, kommt den Aussagenkategorien "Theorien und Hypothesen" und "empirische Erhebungen" als substantiellen Grundlagen der vorliegenden Arbeit nur eine sehr untergeordnete Bedeutung zu. Als zentral wird hingegen die Analyse von "Einzelbeispielen" angesehen, da so die angestrebte ganzheitliche und dichte Erfassung des Untersuchungsgegenstands ermöglicht wird. Resultat bildet dabei die Beschreibung von Inhalt und Ablauf der Unternehmensintegration.
- "Begriffssysteme und Beschreibungsmodelle" sind zur Abgrenzung von Begriffen aus dem Problemkreis der Unternehmensintegration zwar nicht von zentraler Bedeutung, aber als formale Grundlagen relevant.

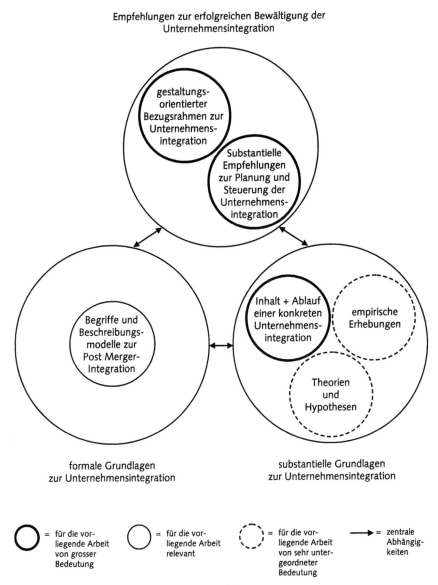

Empfehlungen zur erfolgreichen Bewältigung der
Unternehmensintegration

gestaltungs-
orientierter
Bezugsrahmen zur
Unternehmens-
integration

Substantielle
Empfehlungen
zur Planung und
Steuerung der
Unternehmens-
integration

Begriffe und
Beschreibungs-
modelle zur
Post Merger-
Integration

Inhalt + Ablauf
einer konkreten
Unternehmens-
integration

empirische
Erhebungen

Theorien
und
Hypothesen

formale Grundlagen
zur Unternehmensintegration

substantielle Grundlagen
zur Unternehmensintegration

O = für die vor-
liegende Arbeit
von grosser
Bedeutung

○ = für die vor-
liegende Arbeit
relevant

⌐ ⌐ = für die vor-
liegende Arbeit
von sehr unter-
geordneter
Bedeutung

⟶ = zentrale
Abhängig-
keiten

Abbildung I-4: Angestrebte Aussagenkategorien[34]

---

[34] Quelle: Eigene Darstellung in Anlehnung an Grünig (1990), S. 24 ff.

13

5 Forschungsmethodik

5.1 Gewählter Forschungsprozess

Die Literatur zur Forschungsmethodik[35] behandelt als einen zentralen Problemkreis das Design des Forschungsprozesses.[36] Es besteht dabei weitgehend Einigkeit, dass wissenschaftliche Aussagen zuerst generiert und dann überprüft werden müssen. Als Grundstruktur des Forschungsprozesses ist also zwischen Planung und Abschluss des Forschungsprojektes eine Explorations- und eine Evaluationsstufe geschaltet.[37] Gestaltungsspielräume im Prozessdesign bestehen hingegen hinsichtlich Ausgangspunkt und Ablauf des Forschungsprozesses:

- Als Ausgangspunkt kann entweder die Theorie oder die Praxis gewählt werden: Bei theoriegeleitetem Vorgehen werden wissenschaftliche Aussagen aus dem existierenden "Body-of-Knowledge" heraus deduziert. Das empiriegeleitete Vorgehen bezieht hingegen bereits auf Explorationsstufe neben dem bestehenden Vorwissen auch die Realität ein. Ob in der Evaluationsstufe der Kontakt mit dem Feld gesucht wird, hängt von der Forschungtradition der jeweiligen Disziplin ab: Eine rein deduktive Evaluation ist zwar denkbar, wird aber in den Realwissenschaften selten als ausreichend betrachtet.
- Weiterhin ist festzulegen, ob der Forschungsprozess linear oder zirkulär anzulegen ist. Dabei geht es darum, ob die Wiederholung von Teilsequenzen des Prozesses zur schrittweisen Weiterentwicklung der Aussagen nach dem heuristischen Prinzip[38] des "Generate-and-Test"[39] zugelassen wird.

---

[35] Synonym zum Begriff der Forschungsmethodik wird auch die aus dem Englischsprachigen stammenden Bezeichnungen Forschungsdesign (Research-Design) und Forschungstaktik (Research-Tactic) verwendet. Vgl. Sekaran (2000), S. 121 f.; Zikmund (2000), S. 59; Remenyi et al. (1998), S. 289; Ragin (1994), S. 26 f.; Emroy/Cooper (1991), S. 139

[36] Vgl. z.B. Flick (2000 b), S. 252; Zikmund (2000), S. 59; Remenyi et al. (1998), S. 289; Sekaran (2000), S. 121 f.; Ragin (1994), S. 26 f.; Schanz (1992), S. 91 ff.

[37] Vgl. Diekmann (2000), S. 166 f.; Flick (2000 a), S. 61; Sekaran (2000), S. 121; Zikmund (2000), S. 53 f.; Say (1997), S. 1; Tellis (1997 b), S. 1; Remenyi et al. (1998), S. 64 ff.; Strauss (1998), S. 44 ff.; Eisenhardt (1989), S. 533; Bonoma (1985), S. 204 ff.; Ulrich (1981), S. 20; Gygi/Siegenthaler (1978), S. 279 ff.; Ulrich/Hill (1976 b), S. 347 ff.

[38] "Heuristische Prinzipien sind die Lösungssuche und Lösungsbewertung erleichternde methodische Vorgehensvorschläge. ... [Sie] beruhen weitgehend auf psychologischen Untersuchungen von Denk- und Problemlösungsprozessen." Kühn/Grünig (2000), S. 212

[39] Das heuristische Prinzip des Generate-and-Test "verlangt, dass eine neue Variante auszuarbeiten ist, wenn die zuletzt ermittelte Lösung als unbefriedigend beurteilt wird und angenommen werden darf, dass eine bessere existiert." Kühn/Grünig (2000), S. 212

14

Für praktisch-normative Fragestellungen resultiert aus dem primären Forschungsziel der Unterstützung der Praxis die Forderung nach Relevanz, Nützlichkeit und Anwendbarkeit der zu entwickelnden Gestaltungsempfehlungen. Dies bedingt eine konsequente Einbeziehung der Praxis auf allen Stufen des Forschungsprozesses sowie einen zirkulär angelegten Ablauf: Der Untersuchungsgegenstand muss innerhalb seines Kontextes schrittweise entfaltet und verstanden werden, wobei es auch zu einer Überlappung mit der Entwicklung und dem Test der Gestaltungsempfehlungen kommen kann.

Ein Vorschlag zur Gestaltung des Prozessdesigns, welcher der geforderten Praxisorientierung und schrittweisen Entfaltung des Untersuchungsgegenstandes zur Entwicklung der Empfehlungen gerecht wird, stammt von Ulrich:[40] "Der Forschungsprozess ... [beginnt] in der Praxis, ist zur Hauptsache auf die Untersuchung des Anwendungszusammenhangs gerichtet und endet in der Praxis."[41] Das in **Abbildung I-5** dargestellte eigene Vorgehen lehnt sich stark an diesen Vorschlag an: Es versucht, den Kontakt mit der Praxis systematisch in den Forschungsprozess zu integrieren. Wie die Pfeilführung andeutet, kann es zudem im Verlauf der Arbeit notwendig werden, auf bereits abgeschlossene Schritte zurückzukommen. Der Forschungsprozess ist damit zirkulär angelegt. Es ist anzunehmen, dass solche heuristischen Schlaufen insbesondere zwischen Schritt 4 und 5 notwendig sind: Die Entwicklung der Empfehlungen zur erfolgreichen Bewältigung von Unternehmensintegrationen in Schritt 4 kann basierend auf der Literaturanalyse und der Analyse des Fallbeispiels nur provisorisch erfolgen. Der anschliessende Test der Empfehlungen in Schritt 5 wird also noch einmal zu Anpassungen führen.

5.2 Eingesetzte Forschungsmethoden

Der zweite im Rahmen der Festlegung der Forschungsmethodik zu behandelnde Problemkreis ist die Wahl der in Zusammenhang mit der Feldarbeit einzusetzenden Forschungsmethoden.[42]

---

[40] Vgl. Ulrich (1981), S. 19 ff.
[41] Ulrich (1981), S. 19
[42] Vgl. z.B. Flick (2000 b), S. 252; Zikmund (2000), S. 59; Remenyi et al. (1998), S. 289; Sekaran (2000), S. 121 f.; Ragin (1994), S. 26 f.; Schanz (1992), S. 91 ff.

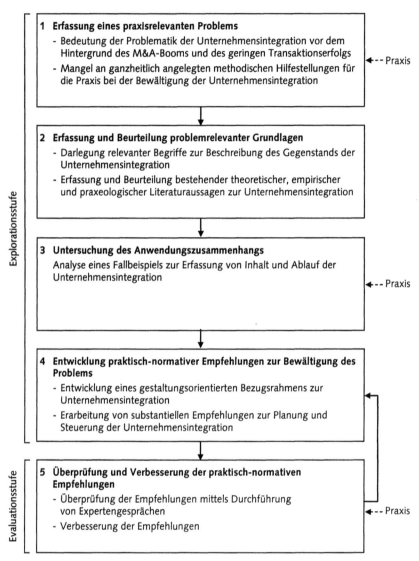

1 Erfassung eines praxisrelevanten Problems
- Bedeutung der Problematik der Unternehmensintegration vor dem Hintergrund des M&A-Booms und des geringen Transaktionserfolgs
- Mangel an ganzheitlich angelegten methodischen Hilfestellungen für die Praxis bei der Bewältigung der Unternehmensintegration

← - - Praxis

2 Erfassung und Beurteilung problemrelevanter Grundlagen
- Darlegung relevanter Begriffe zur Beschreibung des Gegenstands der Unternehmensintegration
- Erfassung und Beurteilung bestehender theoretischer, empirischer und praxeologischer Literaturaussagen zur Unternehmensintegration

3 Untersuchung des Anwendungszusammenhangs
Analyse eines Fallbeispiels zur Erfassung von Inhalt und Ablauf der Unternehmensintegration

← - - Praxis

4 Entwicklung praktisch-normativer Empfehlungen zur Bewältigung des Problems
- Entwicklung eines gestaltungsorientierten Bezugsrahmens zur Unternehmensintegration
- Erarbeitung von substantiellen Empfehlungen zur Planung und Steuerung der Unternehmensintegration

5 Überprüfung und Verbesserung der praktisch-normativen Empfehlungen
- Überprüfung der Empfehlungen mittels Durchführung von Expertengesprächen
- Verbesserung der Empfehlungen

← - - Praxis

Explorationsstufe

Evaluationsstufe

Abbildung I-5: Gewählter Forschungsprozess[43]

---

[43]   Quelle: In Anlehnung an Ulrich (1981), S. 21

16

Bei praktisch-normativen Fragestellungen steht im Gegensatz zu empirisch-analytischen Projekten nicht eine möglichst breite empirische Abstützung, sondern die Gewährleistung einer hohen Problemlösungskraft und Anwendbarkeit im Vordergrund. Dazu wird ein Zugang zum Feld benötigt, welcher ein ganzheitliches und gleichzeitig vertieftes Verständnis des Untersuchungsgegenstandes innerhalb seines Kontextes ermöglicht. Hierzu ist die Analyse von Einzelbeispielen besser geeignet als die Durchführung und Auswertung empirischer Erhebungen.[44]

Abbildung I-5 beinhaltet auch die entlang des Forschungsprozesses zum Einsatz kommenden Methoden. Aufgeführt sind lediglich die zentralen Tools. Deren konkretes Forschungsdesign, das eine ganze Reihe weiterer methodischer Einzelentscheide umfasst, wird jeweils an entsprechender Stelle dargelegt. Folgende Bemerkungen scheinen zur Begründung der Methodenwahl angebracht:

- Als Basis für die Entwicklung der Empfehlungen kommt mit der Analyse eines konkreten Integrationsprojektes Case-Research[45] zum Einsatz. Es dient im Rahmen der Untersuchung des konkreten Anwendungszusammenhangs in Schritt 3 der Erforschung von Inhalt und Ablauf von Unternehmensintegrationen. Die Analyse beschränkt sich aus Gründen des Aufwandes auf ein einziges Integrationsprojekt.[46]
- Eine breitere Abstützung der so entwickelten Empfehlungen erfolgt in Schritt 5. Aus Aufwandgründen beschränkt sich die Evaluation auf die Durchführung einer Reihe von Expertengesprächen. Dies erlaubt es, die unterbreiteten Empfehlungen fundiert zu hinterfragen und hinsichtlich ihrer Anwendungsbedingungen einzugrenzen oder auch zu erweitern:[47] Letztlich steht hinter jedem Gespräch mindestens ein weiteres Fallbeispiel aus dem Erfahrungsschatz der Experten.

---

[44] Vgl. auch Grünig (1990), S. 24 ff.
[45] Vgl. Grünig (1990), S. 24 ff.
[46] Vgl. Yin (2003), S. 38 ff.
[47] Vgl. Diekmann (2000), S. 371 ff.; Yin (2003), S. 78 ff.

6 Aufbau

Der in **Abbildung I-6** dargestellte Aufbau der Arbeit entspricht mit Ausnahme von wenigen Abweichungen weitgehend dem in Abschnitt 5 präsentierten Forschungsprozess.

Massgeblich für die Relevanz der Integrationsproblematik aus praktischer wie auch wissenschaftlicher Sicht ist die wachsende Bedeutung des Phänomens M&A sowie die hohe zu verzeichnende Floprate solcher Transaktionen. Da hierauf im Rahmen der Einleitung nur relativ oberflächlich eingegangen werden kann, werden M&A als Auslöser der Integrationsproblematik in Kapitel II noch einmal näher dargelegt. Der Schritt 1 des Forschungsprozesses "Erfassung eines praxisrelevanten Problems" umfasst somit die **Kapitel I** und **Kapitel II** der vorliegenden Arbeit.

Die Erfassung der formalen und der substantiellen Grundlagen der Arbeit erfolgt den Aussagenkategorien der praktisch-normativen BWL folgend getrennt: **Kapitel III** widmet sich der Erarbeitung der formalen Grundlagen der Arbeit, indem zentrale Begriffe abgegrenzt und die komplexe Aufgabe der Unternehmensintegration nach dem heuristischen Prinzip der Faktorisation in Teilaufgaben unterteilt wird. Der Bezugsrahmen zur Abwicklung von Projekten der Unternehmensintegration bildet das Resultat. Eventuelle Anpassungen, welche sich aus der Literaturanalyse und den beiden empirischen Teilen der Arbeit ergeben, werden gegebenenfalls direkt integriert. Die **Kapitel IV**, **Kapitel VI** und **Kapitel VII** befassen sich hingegen mit den substantiellen Grundlagen der Arbeit, welche der Literatur einerseits und der Praxis andererseits entstammen.

Da mit Case-Research eine in betriebswirtschaftlichen Arbeiten relativ selten zur Anwendung gelangende Forschungsmethode eingesetzt wird, ist das **Kapitel V** vollständig dieser Methode gewidmet.

Die Empfehlungen zur erfolgreichen Bewältigung der Post Merger-Integration stehen als Resultat der Arbeit am Schluss der Ausführungen in **Kapitel VIII**, auch wenn eine erste hypothetische Version bereits vor der Durchführung der Expertengespräche vorlag.

Abschliessend folgen in **Kapitel IX** eine Diskussion der Forschungsresultate und ein Ausblick auf mögliche Ansätze für die weitere Forschung.

I Einleitung
Problemstellung, Zielsetzung, wissenschaftstheoretische Positionierung, Forschungsmethodik und Aufbau der Arbeit

---

II M&A als Auslöser von Unternehmensintegrationen
- Begriff und Arten von M&A
- Entwicklung des Transaktionsgeschehens
- Auslöser und Motive von M&A
- (Miss-)Erfolg und (Miss-)Erfolgsursachen von M&A

III Unternehmensintegration als Gegenstand
- Begriff und Einordnung der Unternehmensintegration
- Teilaufgaben der Unternehmensintegration

IV Literaturaussagen zur Unternehmensintegration
- Grundsätzliche Überlegungen zur Erfassung der Literaturaussagen
- Darstellung relevanter Literaturaussagen
- Beurteilung der Literaturaussagen

V Case-Research als zentrale Forschungsmethode
- Begriff und Geschichte des Case-Research
- Einordnung und Funktionen des Case-Research
- Planung und Durchführung eines Case-Research-Projektes

VI Case-Research-Projekt zur Unternehmensintegration
- Darlegung des Forschungsdesigns
- Dokumentation der Analyseergebnisse
- Beurteilung der Erkenntnisse

VII Expertengespräche zur Unternehmensintegration
- Darlegung des Forschungsdesigns
- Dokumentation der Resultate der Expertengespräche
- Beurteilung der Erkenntnisse

VIII Empfehlungen zur erfolgreichen Bewältigung von Unternehmensintegrationen
- Grundlagen und Anwendungsbereich der Empfehlungen
- Gestaltungsorientierter Bezugsrahmen zur Unternehmensintegration
- Substantielle Empfehlungen zur Planung und Steuerung der Unternehmensintegration

---

IX Fazit
Diskussion der Forschungsresultate und Ausblick auf Ansatzpunkte für weitere Forschung

---

Abbildung I-6: Aufbau der Arbeit

II   M&A als Auslöser von Unternehmensintegrationen

1   Überblick

Das Kapitel II behandelt das Phänomen M&A als Auslöser von Unternehmensintegrationen. Es dient der Vertiefung von bereits im Rahmen der Darlegung der Problemstellung in Kapitel I angerissenen Aspekten und besteht neben dem Überblick aus vier weiteren Abschnitten:

- Mit der Beschreibung von Begriff und Arten von M&A in Abschnitt 2 soll zunächst das Umfeld des Dissertationsgegenstandes geklärt werden.
- Darauf wird in Abschnitt 3 auf die vergangene und zu erwartende Entwicklung des M&A-Geschehens eingegangen.
- Als Hintergründe dieser Entwicklung werden in Abschnitt 4 die grossräumigen Auslöser von M&A sowie die Motive der M&A-Akteure thematisiert.
- Schliesslich wird in Abschnitt 5 auf den empirischen Erfolg von M&A und die bei ihrer Abwicklung auftretenden (Miss-)Erfolgsursachen resp. Schwierigkeiten eingetreten.

2 Begriff und Arten von M&A

2.1 Begriff des M&A

Unter einem Unternehmenszusammenschluss versteht man die Vereinigung rechtlich und wirtschaftlich selbständiger Unternehmen zur Verfolgung einer gemeinsamen wirtschaftlichen Zielsetzung. Dabei kann der gesamte Unternehmenskomplex betroffen sein, der Zusammenschluss kann sich aber auch auf einzelne Teilbereiche beschränken.[48]

Eine begriffliche Entsprechung findet sich im englischen Terminus Mergers & Acquisition (M&A), der somit weit umfassender zu verstehen ist als die wörtliche Übersetzung "Fusionen und Übernahmen". Weiterhin ist der dem Börsenvokabular entstammende Ausdruck Transaktion gebräuchlich und als Synonym zu verstehen.

2.2 Arten von M&A

Unternehmerische Zusammenarbeit vollzieht sich in sehr unterschiedlichen Formen, die sich nach ihrer Bindungsintensität, nach den Ähnlichkeiten im Tätigkeitsgebiet der Transaktionspartner sowie nach der Einstellung des Managements gegenüber dem Zusammenschluss systematisieren lassen.

Anhand des Kriteriums der Bindungsintensität lassen sich Unternehmenskooperationen und Unternehmensverknüpfungen abgrenzen:[49]

* Bei Unternehmenskooperationen geben die Partnerunternehmen weder ihre wirtschaftliche noch ihre rechtliche Souveränität auf. Ist die Kooperation eher kurzfristig angelegt und betrifft Bereiche ohne strategische Bedeutung, spricht man von einer operativen Allianz. Die Zusammenarbeit wird in der Regel vertraglich geregelt. Betrifft die Zusammenarbeit hingegen Bereiche, die für die Sicherung des langfristigen Erfolges des Unternehmens von Bedeutung sind, wird von einer strategischen Allianz gesprochen. Hier wird mittels Joint Ventures oder gegenseitigen Kapitalbeteiligungen eine eher auf Dauer angelegte

---

[48] Vgl. Heinen (1978), S. 121 zitiert bei Kaufmann (1990), S. 27
[49] Vgl. C.M. PICOT finance (2002 b), o.S.; Bossard (1999 a), S. 19; Eurostat (1997 a), S. 78; Boemle (1995), 451 ff.; Gerpott (1993), S. 22 ff.; Nolte (1991), S. 819; Schubert/Küting (1981), S. 92 ff.

Bindung gesucht. Prinzipiell kann aber auch eine einfache vertragliche Regelung eine solche Zusammenarbeit begründen.

- Unternehmensverknüpfungen führen hingegen zu einer ganz- oder teilweisen Aufgabe der rechtlichen und/oder wirtschaftlichen Souveränität. Man unterscheidet zwischen Akquisition und Fusion: Unter einer Akquisition wird "der Erwerb von Eigentumsrechten durch ein Unternehmen ... an einem anderen Unternehmen oder an in sich geschlossenen und abgrenzbaren Teileinheiten ... eines anderen Unternehmens"[50] verstanden. Die rechtliche Identität bleibt dabei erhalten. Bei einer Fusion hingegen verlieren beide (Fusion durch Neugründung) oder nur das Objektunternehmen (Fusion durch Aufnahme) nicht nur die wirtschaftliche, sondern auch die rechtliche Selbständigkeit.

Die Typisierung von M&A nach der Ähnlichkeit der Tätigkeitsgebiete geht auf Ansoff zurück. Er unterscheidet horizontale, vertikale und konglomerate Zusammenschlüsse:[51]

- Von horizontalen M&A wird gesprochen, wenn Erwerber und Objekt in der gleichen Branche tätig sind und somit ähnliche oder gleiche Leistungen erstellen. Als Untergruppen werden marketing- und technologiekonzentrische Transaktionen unterschieden. Im Falle der marketingkonzentrischen Zusammenschlüsse werden die gleichen Kunden mit anderen Produkten bedient. Bei technologiekonzentrischen M&A bestehen Ähnlichkeiten bei Forschung und Entwicklung (F&E) resp. in der Produktion, obwohl unterschiedliche Kundengruppen anvisiert werden.
- Vertikale M&A sind dadurch gekennzeichnet, dass durch den Zusammenschluss die Leistungstiefe ausgedehnt wird. Je nachdem, ob eine vor- oder nachgelagerte Wertschöpfungsstufe hinzukommt, wird dabei von Rückwärts- oder Vorwärtsintegration gesprochen.
- Bei konglomeraten resp. lateralen M&A schliesslich wird das Leistungsangebot bei einer konstanten Leistungstiefe um Produkte und Dienstleistungen erweitert, die mit dem bisherigen Tätigkeitsbereich in keinerlei Beziehung stehen.

Unternehmenszusammenschlüsse können weiterhin "freundlich" gewollt oder "feindlich" erzwungen werden. Diese Differenzierung von M&A-Typen nach der Einstellung des Managements zur Transaktion zeigt allerdings nur die Endpole eines Kontinuums auf, da auch ein vordergründig freundlicher Zusammenschluss

---

[50] Gerpott (1993), S. 22
[51] Vgl. Eurostat (1997 a), S. 76; Boemle (1995), S. 454; Gerpott (1993), S. 41 ff.; Behrens/Merkel (1990), S. 80; Cartwright/Cooper (1990), S. 66; Schubert/Küting (1981), S. 21

möglicherweise von erheblichen inoffiziellen Zweifeln des übernommenen Managements begleitet sein kann.[52]

Abbildung II-1 fasst die Ausführungen zusammen.

Kriterien	Ausprägungen			
Bindungsintensität	Unternehmenskooperation		Unternehmensverknüpfung	
	operative Allianz	strategische Allianz	Akquisition	Fusion
Ähnlichkeit der Tätigkeitsgebiete	horizontale M&A		vertikale M&A	konglomerate M&A
Einstellung des Managements	freundliche M&A		feindliche M&A	

Abbildung II-1: Arten von M&A

---

[52] Vgl. Gerpott (1993), S. 50ff.; Kaufmann (1990), S. 27 ff.

3 Entwicklung des Transaktionsgeschehens

Unternehmenszusammenschlüsse sind ein zyklisches Phänomen: Der Konjunktur folgend nimmt die M&A-Tätigkeit in Phasen des wirtschaftlichen Aufschwungs zu und während Rezessionen ab. Wie **Abbildung II-2** zeigt, konnten in den USA[53] seit Ende des 19. Jahrhunderts fünf M&A-Wellen beobachtet werden:[54]

- Die erste Welle zwischen 1880 und 1905 fiel mit dem Aufkommen der industriellen Massenproduktion, der zunehmenden Verbreitung der Kapitalgesellschaften und der beginnenden Entwicklung der Kapitalmärkte zusammen. Sie war gekennzeichnet durch primär horizontale Zusammenschlüsse vorwiegend in Branchen mit kapitalintensiver Produktion. Es entstanden die sogenannten "Trusts", die zum Teil mehr als 70 % des jeweiligen Marktes beherrschten. Die Akteure erhofften sich Monopolgewinne sowie durch Skaleneffekte erzielbare Kostenvorteile. Dahinter stand der damalige, mit dem Scientific Management verbundene Glaube an die Steuerbarkeit grosser Unternehmensgebilde sowie die dem Keynsianismus entstammenden Annahmen über die Schädlichkeit des "ruinösen Wettbewerbs".
- Die zweite Welle nahm ihren Anfang in den 20er Jahren des 20. Jahrhunderts. Sie liess allerdings aufgrund des konjunkturellen Einbruchs und der Börsenkrise 1929 rasch nach. Nachdem viele der aus der ersten M&A-Welle hervorgegangenen Grossunternehmen gescheitert und in der Folge die ersten Anti Trust-Gesetze (Sherman-Act, Clayton-Act) verabschiedet worden waren, konnte nun eine stärker vertikal ausgerichtete M&A-Tätigkeit beobachtet werden. Die Priorität galt neben der Rationalisierung der Beeinflussung der Qualität der Produkte durch vertikale Integration.
- Die dritte Welle setzte in den 60er Jahren des letzten Jahrhunderts ein. Es dominierten laterale Zusammenschlüsse und der Anteil der Konglomerate stieg in den 70er Jahren auf über 40 %. Nach der Depression der 30er Jahre und einer weiteren Verschärfung der Anti Trust-Gesetzgebung (Hart-Scott-Rodino Anti-

---

[53] Für Europa liegt kein einheitliches Zahlenmaterial vor, die Entwicklung folgte jedoch mit leichter Verzögerung derjenigen in den USA. Vgl. Müller-Stewens (2000), S. 43 f.

[54] Vgl. Nelles (2002), o.S.; C.M. PICOT finance (2002 b), o.S.; C.M. PICOT finance (2002 c), o.S.; C.M. PICOT finance (2002 e), o.S.; Thomson Financial (2001), o.S.; Gercken (2000), S. b11; Müller-Stewens (2000); Bahnmüller (1999), S. 5 ff., Caspar (1999 a), S. 17; Caspar (1999 b), S. 17 ff.; Erbacher (1999), S. 3; Fockenbrock (1999), S. 2; Glesti/Jüstrich (1999), S. 13; Stolz (1999), S. 20; Hellmann (1998), S. 9 f.; Hug (1998 a), o.S.; Müller (1998), S. 65 ff.; Schenker (1998), o.S.; Schöchli (1998), S. 17; Volkart (1998), S. 215 f.; Eurostat (1997 a), S. 76 f.; Eurostat (1997 b), S. 76; Wild/McKay (1997), S. 16; Maurus (1996), o.S.; Pieth (1996), o.S.; Behrens/Merkel (1990), S. 13 f.

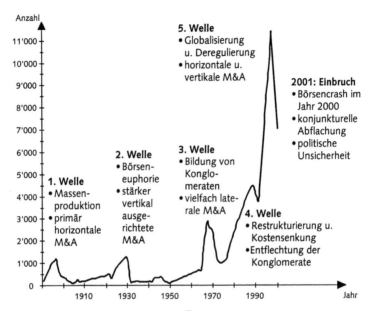

Abbildung II-2: M&A als zyklisches Phänomen[55]

trust-Act) ging es den Akteuren parallel mit dem Aufkommen der Portfolio-methoden und der Diversifikationstheorie jetzt um Risikostreuung durch Expansion in andere Branchen.

• Der Beginn der vierten Welle wird auf die Zeit nach 1980 datiert. Paradoxerweise fiel sie in eine Phase wirtschaftlichen Abschwungs: Aufgrund der mit der Rezession einhergehenden Börsen-Baisse waren viele Unternehmen technisch unterbewertet und M&A stellten dadurch die billigere Alternative zum inneren Wachstum dar. Hintergrund war zudem die Entflechtung der in den 60er und 70er Jahren gebildeten Konglomerate, welche nicht die erhofften Diversifikationsvorteile erbracht hatten. Begünstigt durch eine Liberalisierung der Monopolgesetzgebung sowie die Entwicklung der Finanzmärkte war die vierte Fusionswelle darüber hinaus durch eine hohe Zahl an Unfriendly Takeovers gekennzeichnet, die jedoch eher durch kurzfristige Möglichkeiten der Gewinnmitnahme motiviert waren als durch strategische Überlegungen.

• Die fünfte und jüngste M&A-Welle in den 90er Jahren des letzten Jahrhunderts fand wieder während eines Börsenbooms statt. Sie war die grösste der

---

[55] Quelle: in Anlehnung an CM PICOT finance (2002 a), o.S.; Eurostat (1997 a), S. 77; Wild/McKay (1997), S. 16

bisherigen M&A-Wellen und erreichte im Jahr 2000 mit in den USA 11'000 und weltweit 38'000 Deals ihren Höhepunkt. Die Akteure betätigten sich vorwiegend horizontal (ca. 60 %), aber auch laterale Transaktionen hatten mit knapp 30 % einen bedeutenden Anteil. Auffallend ist ausserdem die Gleichzeitigkeit von Zusammenschlüssen und Abspaltungen, ein Zeichen dafür, dass die jüngste M&A-Welle vermehrt durch strategische Positionierungsüberlegungen geprägt war als ihre Vorgänger: Fokussierung, Konzentration auf die Kernkompetenzen oder Outsourcing-Strategien haben ein vielfältiges M&A-Geschehen begründet. Eine weitere Besonderheit war der steigende Wert der Transaktionen: Wie **Abbildung II-3** zeigt, hat sich das Volumen seit 1990 weltweit nahezu verachtfacht und erreichte im Jahr 2000 ein Rekordniveau von 3'498 Mrd. US $. Darüber hinaus gewannen grenzüberschreitende M&A, sogenannte Cross Border-Deals, an Bedeutung: Seit 1990 vervierfachte sich ihre Anzahl. Weltweit betrug ihr Anteil Ende der 90er Jahre bereits knapp 40 %. Ihr vorläufiges Ende nahm die jüngste M&A-Welle im Jahr 2001, in dem ein Einbruch auf weltweit 30'000 Transaktionen (-21 %) im Wert von 1'859 Mrd. US$ (-47 %) zu verzeichnen war. Auch 2002 setzte sich dieser Abwärtstrend mit 25'000 Deals (-17 %) und einem Transaktionsvolumen von 1'299 Mrd. US$ (-30 %) weiter fort. Als Gründe werden die schlechte Börsenentwicklung, die dem 11. September folgende politische Unsicherheit sowie eine allgemeine konjunkturelle Abflachung angeführt.

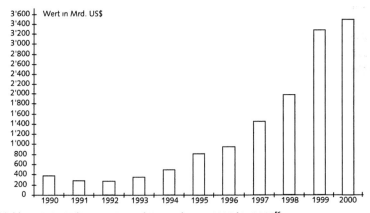

Abbildung II-3: Weltweites Transaktionsvolumen 1990 bis 2000[56]

[56] Quelle: in Anlehnung an C.M. PICOT finance (2002 b), o.S.; C.M. PICOT finance (2002 e), o.S.; Thomson Financial (2001), o.S.; o.V. (1999 a), S. 052; Olbermann/Melfi (2001), S. 046

27

Diverse Studien renommierter Institutionen und Unternehmensberatungen weisen jedoch darauf hin, dass auch in Zukunft mit einem bewegten Transaktionsgeschehen zur rechnen ist:

- Die Ergebnisse einer Studie der Unternehmensberatung A.T. Kearney aus dem Jahr 1998 zeigen, dass Unternehmen aller Branchen in der Zukunft M&A planen und dies in weitaus grösserem Umfang als in der Vergangenheit.[57]
- Die UNCTAD[58] gelangt in ihrem zehnten World-Investment-Report zu der Prognose, dass die Auslandsinvestitionen der Unternehmen weiter steigen und einen Anteil von 85 % erreichen werden.[59]
- Ein dem Institut für M&A der Universität Witten-Herdecke nahestehendes M&A-Internet-Portal geht für Deutschland von einer steigenden Anzahl Deals, aber von einem aufgrund der in einer schlechten Konjunkturlage angespannten Liquiditätslage der Unternehmen geringerem Transaktionswert aus.[60]
- Eine Studie von KPMG aus dem Jahr 2002 zeigt, dass gut 48 % der befragten Unternehmen von einer zunehmenden M&A-Aktivität ausgehen und 63 % erwarten, dass ihr Unternehmen in den kommenden zwei Jahren in eine Transaktion involviert sein wird.[61]
- Eine in der Zeitschrift M&A-Review publizierte Trendanalyse geht trotz der anhaltenden Unsicherheit über die gesamtwirtschaftliche Situation und der Kapitalmarktentwicklung von einer Wiederbelebung des Transaktionsvolumens aus. Dies, weil das derzeit niedrige Preisniveau attraktive Möglichkeiten biete und das schwierige Umfeld Konzerne zu Restrukturierungen zwinge.[62]

---

[57] Vgl. Müller-Stewens (2000), S. 49; Eurostat (1997 b), S. 80 ff.; Pastega/Gutt (1997), S. 17
[58] United Nations Conference on Trade and Development
[59] Vgl. C.M. PICOT finance (2002 e), o.S.
[60] Vgl. C.M. PICOT finance (2003 a), o.S.
[61] Vgl. KPMG (2002), S. 13 f.
[62] Vgl. Herden/Göldner (2003), 11 ff.

4 Auslöser und Motive von M&A

4.1 Auslöser von M&A

Das Transaktionsgeschehen während des M&A-Booms in den 90er Jahren wie auch die zukünftigen Entwicklungen werden durch drei Faktoren begünstigt:[63]

- Globalisierung,
- Deregulierung und Liberalisierung sowie
- exponentiell steigende Innovationskosten.

Es handelt sich dabei um langfristig angelegte Phänomene, die zu einer starken Zunahme der Komplexität und Dynamik der Wettbewerbsbedingungen führen und somit zu strategischen und strukturellen Anpassungen zwingen, die in den meisten Branchen längst nicht abgeschlossen sind und damit auch zukünftig die hauptsächlichen Auslöser für M&A darstellen werden.

Reife und stark segmentierte Märkte, fallende Preise durch Überkapazitäten, die Entwicklung der Informations- und Kommunikationstechnologie sowie eine steigende Transportproduktivität forcieren den Globalisierungsprozess. Durch länderübergreifende Vereinbarungen auf globaler Ebene (GATT[64], WTO[65]) wie auf regionalem Niveau (EU[66], Asean[67], NAFTA[68] etc.) werden zudem institutionelle Mobilitätsbarrieren abgebaut. Ein Industriezweig nach dem anderen wird nach dem "Gesetz der drei stärksten Konzerne"[69] reorganisiert, gemäss dem in einer Branche jeweils nur drei globale Akteure mit einem Marktanteil von mindestens 10 % überleben können. Von den ehemals 52 unabhängigen Herstellern in der Automobilindustrie sollen beispielsweise bis zum Jahr 2005 nur noch sechs übrig

---

[63] Vgl. Herden/Göldner (2003), S. 11 ff.; KPMG (2002), S. 13 f.; Schnitzler et al. (1999), S. 054; Rühli/Schettler (1998), S. 195 ff.; Schierenbeck (1998), S. 275 ff.; Schips (1998), S. 225 ff.; Schöchli (1998), S. 17
[64] General Agreement on Tariffs and Trade resp. Allgemeines Zoll- und Handelsabkommen
[65] World Trade Organization resp. Welthandelsorganisation
[66] European Union resp. Europäische Union
[67] Association of South East Asian Nations resp. Verband Südostasiatischer Nationen
[68] North American Free Trade Agreement resp. Nordamerikanische Freihandelszone
[69] Maurus (1998), S. 19

bleiben. M&A ermöglichen einen raschen Aufbau der in einer globalisierten Welt erforderlichen kritischen Masse.[70]

Des Weiteren spielen Deregulierungs- und Liberalisierungsprozesse eine Rolle. So hat zum Beispiel die EU-Wettbewerbskommission eine Richtlinie verabschiedet, nach der ein Drittel des EU-Elektrizitätsmarktes bis 2003 dem Wettbewerb geöffnet werden soll. Eine weitere Liberalisierungsstufe ist bis 2006 vorgesehen. Für Erdgas soll bald eine auf ähnlichen Grundsätzen beruhende Richtlinie folgen. Auch hier bieten M&A den Unternehmen die Möglichkeit einer raschen strukturellen Anpassung. Als weiteres Beispiel mag das allmähliche Aufbrechen der, trotz hoch industrialisiert, bislang sehr protektionistisch orientierten Industriestrukur Japans dienen: Regierung und Industrie waren seit Anfang der 90er Jahre gezwungen, allmählich die Tore für ausländische Direktinvestitionen zu öffnen.[71]

Schliesslich sehen sich die Unternehmen mit exponentiell steigenden Innovationskosten konfrontiert, die durch ein entsprechend höheres "kritisches" Umsatzvolumen abgedeckt werden müssen: In den letzten Jahrzehnten waren immer wieder Technolgiesprünge und damit kürzer werdende Technologielebenszyklen zu verzeichnen. Die Entwicklung "intelligenter" Produkte mit hohem Informatikanteil oder die Gen- und Biotechnologie mögen als weiteres Beispiel dienen.[72]

---

[70] Vgl. Deans et al. (2003), S. 10 ff.; C.M. PICOT finance (2002 a), o.S.; C.M. PICOT finance (2002 d), o.S.; Ghemawat/Ghadar (2001), S. 12 ff.; Bierach (2000), S. 144; Jellenberg/Weizäcker (2000), S. b06; Stehr (2000), S. k01; Walter (2000), S. 217 ff.; Bahnmüller (1999), S. 5 ff.; Behrens (1999), S. 102; Berke et al. (1999), S. 086; Caspar (1999 b), S. 17 ff.; Dorfs (1999), S. 2; Eicker (1999), S. b14; Müller-Stwens/Muchow (1999), S. 61; Schmid (1999 b), S. 30 ff.; Schuppli (1999), o.S.; Stolz (1999), S. 20; Bahnmüller (1998), S. 6 ff.; Huber/Strub (1998), S 24 ff.; Hug (1998 b), S. 15; Maurus (1998), S. 19; Müller/Rohmund (1998), S. 7; Rietmann (1998), S. 21; Rühli/Schettler (1998), S. 196 ff.; Schenker (1998), o.S.; Schierenbeck (1998), S. 275 ff.; Schips (1998), S. 225 ff.; Schöchli (1998), S. 17; Sigrist (1998), o.S.;Wagner (1998), S. 13; Eurostat (1997 a), 76 ff.; Maurus (1996), o.S.; Speck (1996), o.S.; Wild (1996), S. 35 ff.; Gomez/Ganz (1992), S. 44 ff.; Cartwright/Cooper (1990), S. 65 f.; Reissner (1990), S. 23 ff.

[71] Vgl. Behrens (1999), S. 102; Caspar (1999 b), S. 17 ff.; Schnitzler et al. (1999), o.S.; Müller/Rohmund (1998), S. 7; Rühli/Schettler (1998), S. 195 ff.; Schierenbeck (1998), S. 275 ff.; Schips (1998), S. 225 ff.; Schöchli (1998), S. 17; Wagner (1998), S. 13; Eurostat (1997 b), 76 ff.; o.V. (1997 b), o.S; Pieth (1996), o.S.; Cartwright/Cooper (1990), S. 65 f.;

[72] Vgl. C.M. PICOT finance (2002 d), o.S.; Jellenberg/Weizäcker (2000), S. b06; Schnitzler et al. (1999), S. 054; Huber/Strub (1998), S. 24 ff.; Rühli/Schettler (1998), S. 195 ff.; Schierenbeck (1998), S. 275 ff.; Schips (1998), S. 225 ff.; Schöchli (1998), S. 17; Reissner (1990), S. 23 ff.

4.2 Motive der M&A-Akteure

M&A stellen eine Form von unternehmerischem Handeln dar und sind damit auf das Erreichen wirtschaftlicher Ziele unterschiedlichster Art ausgerichtet.[73] Das hinter solchen Transaktionen stehende Zielsystem ist äusserst vielschichtig und nicht nur durch rein wirtschaftliche Überlegungen, sondern auch durch persönliche Motive der beteiligten Akteure geprägt. Die folgenden Ausführungen sollen deshalb einen Überblick über Motive von M&A geben.

In der Literatur finden sich zum Thema M&A-Motive zum einen Quellen, die sich auf hypothetische, mehr oder minder umfassende Aufzählungen beschränken. Zum anderen hat sich die Wissenschaft in empirischen Studien und theoretischen Abhandlungen mit den Motiven von M&A auseinandergesetzt.

Abbildung II-4 zeigt eine Übersicht über die M&A-Motive, die in der ersten Literaturkategorie genannt werden. Aus der Analyse von insgesamt 49 Quellen aus dem Zeitraum von 1989 bis 2001 resultieren folgende mit M&A verfolgten Ziele:

- Als häufigstes Motiv wird die Erzielung von Synergien genannt. Durch Skaleneffekte, Know-how-Transfer oder marktseitige Synergien sollen Kosten- und/oder Differenzierungsvorteile generiert werden.
- An zweiter Stelle figurieren Wachstumsziele. Sie können sich auf neue Tätigkeitsbereiche oder auf eine geografische Expansion beziehen.
- Darüber hinaus werden finanzpolitische Überlegungen angestellt. Risikostreuung, ein höheres Finanzierungspotential, die Möglichkeit der Erzielung besserer Kreditkonditionen sowie die Kurspflege sind Einzelmotive dieser Kategorie.
- Erstaunlich häufig werden auch persönliche Interessen der Führungskräfte als Motive für M&A angeführt. Hierzu zählen Eigeninteressen einzelner Manager wie Salärzuwachs oder Prestige- und Machtgewinn.
- Ein weiteres Motiv für M&A stellt - wettbewerbsrechtlichen Grenzen zum Trotz - die Gewinnung von Marktmacht durch den Auf- oder Ausbau einer Monopolstellung dar.
- Vereinzelt werden M&A als Katalysator für organisatorischen Wandel oder
- zur Sicherstellung der Unternehmensnachfolge gesehen.
- Schliesslich kommt es vor, dass M&A getätigt werden, um eine günstige Gelegenheit wahrzunehmen.

---

[73] Vgl. Kaufmann (1990), S. 32

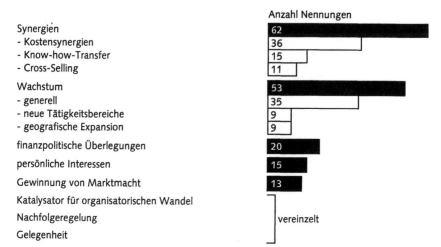

Anzahl Nennungen

Synergien	62
- Kostensynergien	36
- Know-how-Transfer	15
- Cross-Selling	11
Wachstum	53
- generell	35
- neue Tätigkeitsbereiche	9
- geografische Expansion	9
finanzpolitische Überlegungen	20
persönliche Interessen	15
Gewinnung von Marktmacht	13
Katalysator für organisatorischen Wandel	
Nachfolgeregelung	vereinzelt
Gelegenheit	

Abbildung II-4: In Praktiker-Quellen häufig genannte M&A-Motive[74]

Empirische Studien zu M&A-Motiven kommen zu ähnlichen Ergebnissen. **Abbildung II-5** zeigt einen Überblick über die Ergebnisse von sechs Studien aus dem Zeitraum von 1990 bis 2003 bezüglich der gängigsten M&A-Motive. Es fällt auf, dass für Wachstumsmotive, insbesondere vor dem Hintergrund einer geografischen Expansion, in den jüngeren Studien tendenziell eine höhere Bedeutung nachgewiesen wird. Weiterhin werden der Aufbau von kritischer Masse und Marktmacht als massgebliche M&A-Motive identifiziert. Der Realisierung von

---

[74] Quelle: Ghemawat/Ghadar (2001), S. 32 ff.; Bierach (2000), S. 144; Dombert/Robens (2000), S. b04; Gomez (2000), S. 21 ff.; Kaden (2000), S. 219 ff.; Müller-Stewens (2000), S. 53 ff.; Seiler (2000), S. b14; Althaus/Binder (1999), S. 20 ff.; Bahnmüller (1999), S. 5 ff.; Behrens (1999), S. 102; Bossard (1999 b), S. 21; Caspar (1999 b), S. 17 ff.; Claret (1999), S. 17; Dorfs (1999), S. 2; Dorst (1999), S. 2; Finkelstein (1999), S. k04; Schmid (1999 b), S. 30 f.; Schnitzler et al. (1999), S. 054; Schuppli (1999), o.S.; Stolz (1999), S. 20; Erbacher (1998), o.S.; Fisher (1998), S. 70 ff.; Huber/Strub (1998), S. 24 ff.; Hug (1998 b), S. 15; Hummler (1998), S. 233 ff.; Looser (1998), S. 265 ff.; Maurus (1998), S. 19; Müller/Rohmund (1998), S. 7; Rietmann (1998), S. 21; Rühli/Schettler (1998), S. 195 ff.; Schenker (1998), o.S.; Schierenbeck (1998), S. 275 ff.; Schöchli (1998), S. 17; Volkart (1998), S. 211; Wagner (1998), S. 13; Wild/Unternährer (1998), S. 37; Arnold (1997), o.S.; Bamberger (1997), S. 371; Eurostat (1997 a), S. 75 ff.; o.V. (1997 b), o.S.; Vontobel (1997), S. 11; Pieth (1996), o.S.; Gomez/Ganz (1992), S. 41 ff.; Miller/Dess (1992), S. 267 ff.; Nolte (1991), S. 819; Cartwright/Cooper (1990), S. 65 ff.; Bühner (1989), S. 158 ff.

32

		Reissner (1990), S. 49	Hoffmann (1991), S. 37	Müller-Stewens et al. (1992), o.S.	A.T. Kearny zitiert bei Pastega (1999), o.S.	Feldman/Spratt (2000), S. 35	Jansen (2000 c), S. 334 ff.	KPMG (2002), S. 11	Arthur Andersen zitiert bei C.M. PICOT finance (2003 b), o.S.
Syner-gien	- Kostensynergien	1	3		2	4	2		
	- Know-how-Transfer	1	2		3	6	5	3	1
	- marktseitige Synergien	1			4	5	3		2
Wachs-tum	- generell	2		2	1	2	4	1	
	- neue Tätigkeitsbereiche	3	1			3		4	
	- geografische Expansion	1		3		1			2
persönliche Interessen		2	4						
Gewinnung von Marktmacht		1	1			6	1	2	
finanzpolitische Überlegungen		3			5				

1, 2, 3 ... = Rangierung der Bedeutung in der Studie

Abbildung II-5: Ausgewählte empirische Studien über M&A-Motive

Synergien, insbesondere Kostensynergien, wird hingegen besonders bei den jüngeren Studien eine geringere Bedeutung zugemessen. Die Studien bestätigen also die von den Quellen mit praktischem Background angeführten M&A-Motive, es sind jedoch Unterschiede in der beigemessenen Bedeutung festzustellen.

Abbildung II-6 schliesslich zeigt einen auf Trautwein zurückgehenden und seither häufig zitierten Ansatz, M&A-Motive aus theoretischer Perspektive zu erklären. Dazu werden Quellen und Begünstigte des durch die Transaktion realisierbaren Wertzuwachses unterschieden:[75]

- Die Efficiency-Theory betrachtet den Wertzuwachs für die Aktionäre und Manager des Käuferunternehmens, der sich aus der Realisierung von finanzwirtschaftlichen, operationellen oder führungsmässigen Synergien ergibt.

---

[75] Vgl. Rühli/Schettler (1998), S. 199 ff.; Bühner (1989), S. 158 ff.; Napier (1989) zitiert bei Cartwright/Cooper (1990), S. 66; Trautwein (1990), S. 283 ff.

alternative Erklärungshypothesen	Quelle des Wertzuwachses	Begünstigte des Wertzuwachses
Efficiency-Theory	Realisierung von Synergiepotentialen	Aktionäre und Manager des Erwerbers
Monopoly-Theory	Kunden des Objektes	
Valuation-Theory	Ausnutzung von Informationsasymmetrien	
Empire Building-Theory	alle oben genannten	Manager des Erwerbers

Abbildung II-6: Theorien zur Erklärung von M&A-Motiven[76]

- Nach der Monopoltheorie kann ein Unternehmen durch einen Zusammenschluss den Wettbewerb begrenzen und so Monopolgewinne abschöpfen. Dies führt zu einem Vermögenstransfer vom Kunden an die Aktionäre und Manager des Erwerbers. Vor dem Hintergrund zunehmend globalisierter und deregulierter Märkte sowie einer scharfen Überwachung durch die Kartellgesetzgebung ist dieser Erklärungsansatz jedoch nur eingeschränkt anwendbar.

- Die Valuation-Theory besagt, dass den Managern des Käuferunternehmens mehr Informationen zur Verfügung stehen als den Anlegern auf dem Kapitalmarkt und M&A somit aufgrund von Informationsasymmetrien bei der Bewertung zustande kommen. Diese Sichtweise widerspricht zwar der Grundannahme eines quasi-effizienten Kapitalmarktes, kann jedoch zur Erklärung kurzfristiger Bewertungsunterschiede bei börsennotierten Unternehmen herangezogen werden.

- Aus der Perspektive der Empire Building-Theory werden M&A primär zur Befriedigung der persönlichen Interessen der beteiligten Manager durchgeführt. Die Existenz solcher Motive kann nie ausgeschlossen werden, kollidiert jedoch auch nicht notwendigerweise mit unternehmerischen Zielen.

Keine der genannten Theorien konnte bisher eindeutig empirisch belegt werden. Trotzdem kann Wertsteigerung - auf welchem Weg und mit welchen Adressaten sie auch immer generiert wird - als das mit Unternehmenszusammenschlüssen verfolgte Grundmotiv anerkannt werden.[77]

---

[76] Quelle: in Anlehnung an Trautwein (1990), S. 284
[77] Vgl. Trautwein (1990), S. 290

5   (Miss-)Erfolg und (Miss-)Erfolgsursachen von M&A

5.1   M&A - Eine Serie von Flops?

Abbildung II-7 zeigt eine Übersicht über ausgewählte Studien über den Erfolg von M&A aus dem Zeitraum von 1986 bis 2000. In den letzten Jahrzehnten sind insbesondere im anglophonen Umfeld eine wahre Flut solcher Studien wissenschaftlicher wie auch beratungsgetriebener Herkunft aufgelegt worden.[78] Insofern ist die Auflistung keinesfalls abschliessend und soll lediglich einen groben Überblick über typische Resultate und die Unterschiede im Forschungsdesign geben. Dabei werden die Studien nach dem zugrunde liegenden Erfolgsmass kategorisiert:

- Kapitalmarktorientierte Analysen stellen auf die Entwicklung des Börsenwertes oder der Aktienperformance ab.
- Jahresabschlussorientierte Analysen betrachten Ertrags- und Bilanzkennzahlen.
- Wiederverkaufsanalysen beurteilen den Erfolg von M&A danach, ob das Transaktionsobjekt im Unternehmensverbund verbleibt oder wieder veräussert wird.
- Bei Insider-Befragungen wird der Erfolg der Transaktionen qualitativ anhand der Einschätzung der beteiligten Akteure beurteilt.
- Kombinierte Verfahren schliesslich verwenden mindestens zwei der zuvor genannten Erfolgsmasse.

Betrachtet man die Kernaussagen der Studien, so ergibt sich insgesamt ein finsteres Bild: Es resultieren nicht selten Misserfolgsquoten weit jenseits der 50 %. Die Ergebnisse sprechen somit nicht unbedingt für die Durchführung von M&A, was in krassem Gegensatz zur Entwicklung des Transaktionsvolumens insbesondere im Rahmen der jüngsten M&A-Welle steht. Auch gehen die objektiv messbaren Resultate nicht mit der in der Regel positiven Einschätzung der Zielerreichung durch die Beteiligten einher.

Bei der Interpretation der Resultate sind jedoch folgende Einschränkungen zu berücksichtigen:[79]

---

[78] Vgl. Jansen (2000 b), S. 470 ff.
[79] Vgl. Jansen (2000 b), S. 470 ff.; o.V. (1998 a), S. 21; Bühner (1989), S. 160 ff.

Erfolgs-mass	Quelle	Sampel	Kernaussage
kapital-markt-orientierte Analysen	Arthur Andersen, zitiert bei Dombert/ Robens (2000), S. b04	EU, 1995 - 2000, Banken	relative Aktienperformance fusionierter Unternehmen nach sechs Monaten schlechter
	Viscio et al. (1999), S. 26 ff.	USA, 1994 - 1996, 117 Transaktionen	• 51 % Misserfolg • Verlust Hälfte Börsenwertes in zwei Jahren
	Bank Cantrade, zitiert bei o.V. (1998 b), o.S.	USA	60 % bis 80 % Misserfolg
	Mercer Management; zitiert bei Hug (1998 b), S. 15	USA, 1986 - 1996, 340 Transaktionen	57 % schlechter als der Branchendurchschnitt
	Braley et al. (1988) zitiert bei Jansen (2000 b), S. 472	USA, 1963 - 1984, 236 Transaktionen; Tender Offers	abnormale Renditen beim Target signifikant positiv
	Bühner (1989), S. 160 ff.	Metaanalyse, 7 Surveys 1974 - 1983, 6 Fallstudien 1982 - 88	• negative abnormale Renditen beim Käufer • positive Renditen beim Target
	Bühner (1990) zitiert bei Jansen (2000 b), S. 472	D, 1973 - 1985, 90 Transaktionen börsennotierter Unternehmen	• negative abnormale Renditen beim Käufer • positive Renditen beim Target
	Agrawal et al. (1992) zitiert bei Jansen (2000 b), S. 472	USA, 1955 - 1987, New York Stock Exchange Transaktionen	gut 10 % Wertverlust für Aktionäre nach 5 Jahren
	Lubatkin (1987), S. 39 ff.	USA, 1948 - 1979, 1031 Transaktionen in 439 Unternehmen	höherer Börsenwert für Käufer wie Target sechs Jahre nach der Transaktion
jahresab-schluss-orientierte Analysen	Mueller (1986) zitiert bei Jansen (2000 b), S. 472	USA 1950 - 1972, 551 Transaktionen in 129 Unternehmen	keine positiven (kurzfristig sogar negative) Effekte
	Ravenskraft/ Scherer (1986) zitiert bei Jansen (2000 b), S. 472	USA 1950 - 1977, 456 Unternehmen	unterdurchschnittliche Rentabilität beim Target
	Bühner (1989), S. 160 ff.	Metaanalyse, 3 Surveys 1975 - 1982	keine Überlegenheit akquisitionsorientierter vs. nicht akquisitionsorientierten Unternehmen
	Hopkins (1987) zitiert bei Jansen (2000 b), S. 472	USA 1965 - 1979, 64 Transaktionen	Marktstellung verschlechterte sich
	Institut für Weltwirtschaft (2000) zitiert bei Jansen (2000 b), S.472	EU, 104 Transaktionen	63 % höhere Profitabilität

Abbildung II-7: Ausgewählte empirische Studien über den Erfolg von M&A

Erfolgs-mass	Quelle	Sampel	Kernaussage
Wieder-verkaufs-analysen	Montgomery/ Wilson (1986) zitiert bei Jansen (2000 b), S. 472	USA 1967 - 1969, 354 Transaktionen	24 % Misserfolg
	Porter (1987) zitiert bei Jansen (2000 b), S. 472	USA 1950 - 1986, 3788 Transaktionen bei 44 Unternehmen	61 % Misserfolg
	Hoffmann (1989) zitiert bei Jansen (2000 b), S. 472	D 1960 - 1987, 80 Grossunternehmen	20 % Misserfolg
	Kaplan/ Weisbach (1992) zitiert bei Jansen (2000 b), S. 472	USA 1971 - 1982, 271 Transaktionen	• 44 % Misserfolg • 58 % Verkäufe mit Gewinn, 45 % zum ursprünglichen Preis
Insider-Befra-gungen	Feldman/Spratt (2000), S. 45	1996, 124 Unternehmen	Ziele wurden nur bei 50% erreicht
	Möller (1983) zitiert bei Jansen (2000 b), S. 472	D, 1967 - 1981, 73 Transaktionen	38 % Misserfolg
	Hunt (1987) zitiert bei Jansen (2000 b), S. 472	USA/UK, 1981 - 1985, 40 Transaktionen	• 25 % Misserfolg • 55 % Erfolg
	Müller-Stewens et al. (1992) zitiert bei Jansen (2000 b), S. 472	D/F/NL, 1989 - 1991, 55 Unternehmen	• 14 % Misserfolg • 76 % teilweiser Erfolg
kombinier-te Verfah-ren	Gerpott (1993), S 388 ff.	D vor 1992, 92 Transaktionen	• jahresabschlussorientierte Betrachtung 40 % - 50 % Erfolg • 84 % kein Wiederverkauf • Zielsetzungen häufig nicht vollständig erreicht
	Neuhaus (1998), S 27	Europa, 115 Transaktionen in 280 Unternehmen	• 72 % verfehlen die Ziele • 57 % schlechterer Börsenwert, 14 % gleich, 29 % besser • Ertrag sinkt bei 63 % in 3 Jahren im Schnitt um 10 %
	Weimer/Wisskirchen (1999), S 54	weltweit, 40 Unternehmen, Banken	ein Drittel Misserfolg, ein Drittel Fragezeichen, ein Drittel Erfolg
	Jansen/Körner (2000) zitiert bei Jansen (2000 b), S. 472	D 1994 - 1999, 103 Transaktionen	• 78.5 % keine Wertsteigerung relativ zur Branche • 56% keine Umsatzsteigerung relativ zur Branche • 47% gute bis sehr gute Selbsteinschätzung

- Zunächst stellt sich die Frage nach der Aussagekraft der Erfolgsgrösse: Jahresabschluss- und kapitalmarktorientierte Analysen legen quantitative und damit weitgehend objektive Erfolgsmassstäbe zugrunde. Sie reduzieren jedoch den M&A-Erfolg auf die finanziellen Wirkungen. Wiederverkaufsanalysen unterstellen mangelnden Erfolg als ausschlaggebenden Grund für die Veräusserung, was jedoch nicht notwendigerweise der Fall sein muss. Auf einer Selbsteinschätzung der Zielerreichung beruhende Bewertungen können zwar auch nicht-monetäre Grössen berücksichtigen, bergen jedoch die Gefahr der Subjektivität.
- Weiterhin werden sehr unterschiedliche Vergleichsmassstäbe gewählt: Es gibt Vorher-Nachher-Betrachtungen (sogenannte Event-Studies) oder es wird mit einem Benchmark verglichen. Als Vergleichsmassstäbe werden etwa der Branchendurchschnitt oder die Performance eines nicht von einem Zusammenschluss betroffenen Unternehmens gewählt. Der M&A-Erfolg ist somit stets eine relative und nicht eine absolute Grösse.
- Zudem ist es schwierig zu bestimmen, ob die Performanceentwicklung auf den Zusammenschluss oder auf andere Faktoren zurückzuführen ist. Dies, weil der Untersuchungszeitraum in der Regel auch die oft mehrjährige Integrationsphase umfasst.

Zusammenfassend kann festgehalten werden, dass die Ergebnisse der verschiedenen Studien sehr schwer vergleichbar sind. Hingegen kann als gemeinsames Resultat eine insgesamt hohe Flop-Rate anerkannt werden. Dies unterstreicht den praktischen Bedarf nach Empfehlungen zur erfolgreichen Bewältigung von M&A.

5.2   Schwierigkeiten bei der Abwicklung von M&A

Wo liegen die Ursachen für die hohen Misserfolgsraten? Auch hierzu äussert sich die M&A-Literatur in Form von zahlreichen Aufzählungen und auch im Rahmen von wissenschaftlichen Studien, welche Schwierigkeiten und (Miss-)Erfolgsursachen von M&A zum Thema haben. **Abbildung II-8** zeigt die Ergebnisse einer Analyse von insgesamt 60 Quellen. 23 davon beinhalten Berichte über empirische Erhebungen aus dem Zeitraum von 1967 bis 2002:

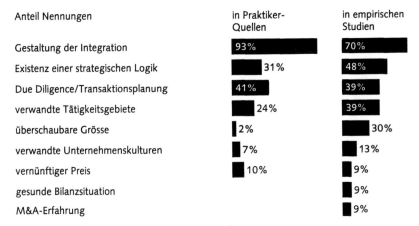

Anteil Nennungen	in Praktiker-Quellen	in empirischen Studien
Gestaltung der Integration	93%	70%
Existenz einer strategischen Logik	31%	48%
Due Diligence/Transaktionsplanung	41%	39%
verwandte Tätigkeitsgebiete	24%	39%
überschaubare Grösse	2%	30%
verwandte Unternehmenskulturen	7%	13%
vernünftiger Preis	10%	9%
gesunde Bilanzsituation		9%
M&A-Erfahrung		9%

Abbildung II-8: (Miss)Erfolgsursachen von M&A[80]

- Es wird deutlich, dass sowohl in Praktiker-Quellen als auch in empirischen Studien als wichtigster Erfolgsfaktor resp. als prominentester Grund für das Scheitern die Gestaltung der Integrationsphase erkannt wird. Dies, weil die mit der Transaktion verfolgten Ziele grösstenteils erst nach dem Closing realisiert werden können.

- Die Existenz einer stimmigen strategischen Logik der Transaktion wird am zweithäufigsten genannt. Sie ist Grundvoraussetzung nicht nur für eine adä-

---

[80] Quelle: Harding/Yale (2002), S. 16 f.; Bierach (2000), S. 144; Dombert/Robens (2000), S. b04; Jansen/Körner (2000), S. 49; Kaden (2000), S. 219 ff.; Münster (2000), S. 098; o.V. (2000 b), S. 21; Stehr (2000), S. k01; Middelmann (2000), S. 105 ff.; Bahnmüller (1999), S. 5 ff.; Claret (1999), S. 17; Erbacher (1999), S. 3; Finkelstein (1999), S. k04; Habeck/Kröger/Träm (1999), S. 27 ff.; Hildbrand (1999), S. 9; Pastega (1999), o.S. Rüedi (1999), S. 15; Stolz (1999), S. 20; Viscio et al. (1999), S. 26 ff.; Weimer/Wisskirchen (1999), S. 54; Bahnmüller (1998), S. 6 ff.; Davisson/Kolb (1998), S. 28; Fisher (1998), S. 70 ff.; Hug (1998 b), S. 15; Leszinski (1998), o.S.; Looser (1998), S. 265 ff.; Müller/Rohmund (1998), S. 7; Neinhaus (1998), S. 27; o.V. (1998 c), S. 14; Rietmann (1998), S. 21; Rühli/Schettler (1998), S. 195 ff.; Schenker (1998), o.S.; Volkart (1998), S. 211; Wagner (1998), S. 13; Wild/Unternährer (1998), S. 37; Bamberger (1997), S. 371 ff.; Lubatkin et al. (1997), S. 59 ff.; Pastega/Gutt (1997), S. 17; o.V. (1997 a), o.S.; Pieth (1996), o.S.; Wild (1996), S. 35 ff.; Gerpott (1993), S. 408 ff.; Haspeslagh/Jemison (1992), S. 15 ff.; Miller/Dess (1992), S. 278 ff.; Müller-Stewens et al. (1992 b), S. 24; Hoffmann (1991), S. 34 ff.; Humpert (1991), 358 ff.; Porter (1991), S. 6 ff.; Blex/Marchall (1990), S. 85 ff.; Cartwright/Cooper (1990), S. 65 ff.; Datta/Grant (1990), S. 29 ff.; Reissner (1990), S. 37 ff.; Bühner (1989), S. 158 ff.; Haspeslagh (1989), S. 68 ff.; Barney (1988), S. 78 ff.; Caste (1988), 37 ff.; Lubatkin (1987), S. 39 ff.; Chatterjee (1986), S. 119; Salter/Weinhold (1978), S. 166 ff.; Ktiching (1967), S. 84 ff.

quate Preisfindung, sondern bildet darüber hinaus Basis für eine konsistente Planung der weiteren Abwicklung des Deals und der Integration.

- Die Durchführung einer umfassenden Due Diligence und die Transaktionsplanung stehen an dritter Stelle. Sie dienen letztlich der Überprüfung und Konkretisierung der hinter dem Deal stehenden strategischen Logik sowie der Preisfindung und bilden damit eine zentrale Voraussetzung für den Erfolg der Transaktion.
- Verwandte Tätigkeitsgebiete lassen auf eine gewisse "strategische Nähe" schliessen. Die höhere Erfolgswahrscheinlichkeit wird damit begründet, dass Skaleneffekte wahrscheinlicher sind und die Integration leichter zu bewältigen ist.
- Des Weiteren wird eine überschaubare Grösse der Transaktion als wichtig angesehen. Massgebliches Erfolgsargument ist hier die insgesamt geringere Komplexität in allen Phasen der Transaktion.
- Viel diskutiert wird darüber hinaus der Einfluss der kulturellen Unterschiede zwischen Erwerber und Objekt. Hervorgehoben wird hier das Ausmass der zu erwartenden Integrationsschwierigkeiten durch Widerstände der Mitarbeiter, welche den M&A-Erfolg zu torpedieren drohen.
- Auch ein überhöhter Kaufpreis kann zu einem "technischen Scheitern" der Transaktion führen, indem die Erzielung einer ausreichenden Rendite auf das investierte Kapital von vornherein aussichtslos ist.
- Ähnliches gilt für eine gesunde Bilanzsituation: Die Integrationskosten werden bei einer maroden Finanzsituation um etwaige Sanierungskosten erhöht, was zu lasten der Rentabilität geht.
- Last-but-not-least wird die M&A-Erfahrung der Akteure genannt. Die Fehlerwahrscheinlichkeit ist trotz der Einzigartigkeit jedes M&A in allen Phasen der Transaktion geringer und beeinflusst damit den Transaktionserfolg positiv.

Die Hebel zur Gestaltung des M&A-Erfolges scheinen also einerseits vor dem Closing bei der Wahl des Objektes und der Vorbereitung der Transaktion zu liegen. Als entscheidend wird jedoch andererseits die Vorbereitung und Gestaltung der dem Zusammenschluss folgenden Integrationsphase angesehen. Dies unterstreicht die Bedeutung des Gegenstands der vorliegenden Arbeit.

III   Unternehmensintegrationen als Gegenstand

1   Überblick

In Kapitel III sollen die für die weitere Problembearbeitung erforderlichen formalen Grundlagen geschaffen werden. Es umfasst zwei weitere Abschnitte:

- Um den betrachteten Gegenstand abzugrenzen, wird in Abschnitt 2 der Begriff der Unternehmensintegration definiert. Des Weiteren werden Unternehmensintegrationen als Massnahmen der Strategieimplementierung charakterisiert und damit in den Kontext des strategischen Managements eingeordnet.
- Als Basis für die Erfassung der Literaturaussagen in Kapitel IV sowie für die Datenerhebung und -auswertung im Rahmen des Case-Research-Projektes in Kapitel VI erscheint es angebracht, den komplexen Gegenstand der Unternehmensintegration zumindest grob zu strukturieren. Abschnitt 3 enthält einen Vorschlag zur Faktorisation der Unternehmensintegration in Teilaufgaben.

2   Begriff und Einordnung der Unternehmensintegration

2.1   Begriff der Unternehmensintegration

Etymologisch leitet sich der Begriff der Integration aus dem lateinischen "integrare" (vervollständigen), "integer" (ganz, unversehrt, vollständig) resp. "integratio" (Wiederherstellung eines Ganzen) her[81] und wird "zur Kennzeichnung eines Vorgangs ... verwendet, durch den aus sich gegenseitig ergänzenden Teilen eine neue umfassende Einheit geschaffen wird."[82] Gleichzeitig bezeichnet man mit dem Wort Integration auch das Resultat dieses Prozesses.[83]

Im Hinblick auf die gestaltungsorientierte Zielsetzung der Arbeit erscheint das prozessuale Verständnis des Begriffs der Integration als der geeignete Ansatzpunkt. Eine Übertragung auf den spezifischen Anlass der Unternehmensintegration erfordert eine Konkretisierung folgender Elemente:

- Objekte (Was wird integriert?),
- Akteure (Wer integriert?),
- Ziele (Warum wird integriert?) und
- eingesetzte Mittel (Womit resp. wodurch wird integriert?).

In **Abbildung III-1** sind insgesamt zwölf Definitionen des Begriffs der Unternehmensintegration wiedergegeben. Wie in **Abbildung III-2** gezeigt wird, werden in den Definitionsansätzen unterschiedliche Schwerpunkte gesetzt:

- Bezüglich der Integrationsobjekte gibt es Aussagen auf zwei Konkretisierungsstufen: Auf der einen Seite wird umschrieben, welche Arten von wirtschaftlichen Einheiten von der Integration betroffen sind (1). Auf der anderen Seite wird präzisiert, was innerhalb des Unternehmens integriert wird (2). Auf der ersten Konkretisierungsstufe beschränken einige Autoren ihre Ausführungen auf die Integration von Unternehmen. Andere beziehen sich auf wirtschaftliche Einheiten beliebiger Natur, also zum Beispiel auch auf Non-Profit-Organisationen oder Verwaltungen (1a). Des Weiteren können ausschliesslich Akquisitionen und Fusionen oder aber auch losere Formen von Zusammenschlüssen, etwa Joint Ventures oder strategische Allianzen, eingeschlossen werden (1b). Dabei wird entweder nur das erworbene Unternehmen betrach-

---

[81]   Vgl. Jansen (2000 a), S. 213

[82]   Lehmann (1980), S. 976; zitiert bei Gerds (2000), S. 14 oder Gerpott (1993), S. 114 ff.

[83]   Vgl. Lehmann (1980), S. 976, vgl. auch Schoenauer (1967), S. 32; beide zitiert bei Gerds (2000), S. 14 oder Gerpott (1993), S. 114 ff.

tet oder es werden sowohl erwerbende als auch erworbene Unternehmung einbezogen (1c). Auf der zweiten Konkretisierungsstufe beschreiben einige Autoren, beispielsweise Jansen, das Integrationsobjekt differenzierter, indem sie Teilprobleme der Integration unterscheiden (2a). Alternativ wird allgemein von der Integration unternehmerischer Ressourcen gesprochen (2b). Dabei präzisiert Gerpott, dass materielle wie auch immaterielle Ressourcen betroffen sind. Haspeslagh/Jemison sowie Sautter beziehen sich ausschliesslich auf strategisch relevante Ressourcen.

- Als Akteure der Integration werden allgemein die Mitarbeiter bezeichnet. Einzelne Autoren beschränken jedoch auf das erwerbende Unternehmen als hauptsächlichen Initiator, andere beziehen explizit auch die Mitarbeiter des Objektes ein.

- Als Hauptziel der Integration wird das Funktionieren als Ganzes angegeben, das sich letztlich in der Erzielung wirtschaftlicher Erfolge widerspiegelt.

- Die Autoren identifizieren als Mittel der Integration Anpassungs-, Abstimmungs- und Lernprozesse resp. allgemein Interaktionen zwischen den Akteuren. Damit wird in den meisten Quellen der Prozesscharakter der Unternehmensintegration hervorgehoben. Die Mehrzahl der Verfasser sieht ein planerisch gestaltendes Vorgehen mittels geeigneter Steuerungsinstrumente als charakteristisch an. Aber auch eine evolutionäre Entwicklung wird nicht selten unterstellt.

Das einer wissenschaftlichen Arbeit zugrunde liegende Begriffsverständnis sollte eine adäquate Basis für die weitere Problembearbeitung schaffen. Gleichzeitig darf es dem Common Sense in der Literatur nicht entgegenlaufen. Wie die bisherigen Ausführungen zeigen, existiert bislang noch kein geschlossenes Begriffssystem für den Gegenstand der Unternehmensintegration, auf dem die Arbeit aufbauen könnte. Es ist also unter Bezugnahme auf die Vorschläge aus der Literatur ein eigener Definitionsvorschlag zu unterbreiten, welcher der Problemstellung der Arbeit gerecht wird.

Die vorliegende Arbeit zielt auf eine ganzheitliche Betrachtung des Gegenstands der Unternehmensintegration. Es wird deshalb von einer allzu differenzierenden und damit einschränkenden Begriffsumschreibung abgesehen.

Quelle	Definition
Gerds (2000), S. 17	"Aufbauend auf .. [der] ressourcenorientierten Betrachtungsweise werden (Post Merger) Integrationen ... dynamisch als Prozesse von Ressourcentransfers definiert, die in Folge von Fusionen bzw. Akquisitionen nach dem Vertragsabschluss zwischen den beteiligten Unternehmen durchgeführt werden."
Jansen (2000a), S. 213	Es "wird vorgeschlagen, Integration als einen graduell hinsichtlich seiner Intensität und Asymmetrie differierenden gemeinsamen Prozess der abgestimmten Koordination von Entscheidungen auf den Integrationsebenen Strategie, Organisation/Administration, Personal, Kultur und Operationen im Sinne einer internen Integration und als einen parallel laufenden, die interne Integration wechselseitig beeinflussenden Prozess der externen Integration von Kunden, Zulieferern, Aktionären, Analysten und anderen Stakeholdern zu verstehen. Dies bedeutet für die interne Integration konkret einen Abstimmungs- und Anpassungsprozess, einen Veränderungs- und Reorganisationsprozess und einen Aufbau- und Diffusionsprozess von z.B. Management-, Prozess-, Produkt- und Kunden-Know-how. Für die in Theorie und Praxis vernachlässigte externe Integration bedeutet das zum einen eine (zumindest kommunikative) Integration der Anspruchsgruppen und zum anderen die Nachhaltigkeit des Kundenfokus in der Integrationsphase."
Reed-La Joux (1998), S. 4	"The term 'M&A integration' refers primarily to the art of combining two or more companies - not just on paper, but in reality - after they have come under common ownership. ... This term can also apply to entities other than companies (for example, nonprofit and governmental organizations) and to transactions other than mergers or acquisitions (for example joint ventures, strategic alliances, and partial acquisitions)."
Pablo (1994), S. 806	"Integration can be defined as the making of changes in the functional activity arrangements, organizational structures and systems, and cultures of combining organizations to facilitate their consolidation into a functioning whole."
Gerpott (1993), S. 115	"Aufbauend auf dem ... Verständnis strategischer Wertsteigerungsmöglichkeiten und -hindernisse im Zusammenhang mit Akquisitionen wird ... unter Integration verstanden • der hauptsächlich vom erwerbenden Unternehmen (= Integrationsinitiator) vorangetriebene evolutionäre Prozess, • in dem primär über Interaktionen (Integrationsmittel) der Mitarbeiter des Akquisitionssubjektes und -objektes • immaterielle Fähigkeiten/Know-how bei beiden Unternehmen beeinflusst u. zwischen ihnen übertragen werden (= Integrationsobjekt I) • sowie Veränderungen in der Nutzung materieller Ressourcen zumindest beim Akquisitionsobjekt herbeigeführt werden (= Integrationsobjekt II), • um durch die Akquisition eröffnete Potentiale zur Steigerung des Gesamtwertes beider Unternehmen zu realisieren (= Integrationsziel)."

Abbildung III-1: Definitionsansätze des Begriffs der Unternehmensintegration

Quelle	Definition
Haspeslagh/ Jemison (1992), S. 130	"Integration ist ein interaktiver, gradueller Prozess, in dem die Mitarbeiter zweier Unternehmen zusammenzuarbeiten lernen und gemeinsam strategische Fähigkeiten übertragen."
Chakrabarti (1990), S. 263 zitiert bei Gerds (2000), S. 14	"Integration is defined as the quality of the state of collaboration between the organizational units."
Leimer (1989), S. 68 zitiert bei Gerpott (1993), S. 116	"Bei der Integration handelt es sich ... um eine evolutionäre Konzeption, das heisst, die resultierende Gesamtunternehmung ist nicht das Ergebnis einer planenden und gestaltenden Vernunft, sondern das Resultat von Wachstums- und Entwicklungsprozessen, bei denen zwar der menschliche Konstruktionswille eine Rolle spielt, die entstehende Integration aber nie daraus allein erklärt werden kann. Die Integration weist daher die Grundstruktur eines evolutionären Problemlösungsprozesses auf, bei dem es sich um einen Versuchs-Irrtum-Prozess handelt."
Reineke (1989), S. 10 zitiert bei Gerds (2000), S. 14	"Unter 'Eingliederung' oder 'Einbindung' sind die von der ... Unternehmung mittels geeigneter Instrumente und Prozesse eingeleiteten Kultur-, Struktur- und Ablaufänderungen vor allem bei der übernommenen Tochtergesellschaft."
Sautter (1989), S. 257 zitiert bei Gerds (2000), S. 14 oder Gerpott (1993), S. 116	"Die Integration beinhaltet die Einbindung des akquirierten Unternehmens in die strategische Informationsstruktur des gesamten Konzerns."
Scheiter (1989), S. 7 zitiert bei Gerds (2000), S. 14 oder Gerpott (1993), S. 116	"Der ... Integrationsbegriff ... bedeutet die Zusammenführung und Verschmelzung von Systemen, Strukturen, Ressourcen und Kulturen zweier Unternehmungen zur Erreichung einer wirtschaftlichen Zielsetzung."
Lindgren (1982), S. 61 zitiert bei Gerds (2000), S. 14 oder Gerpott (1993), S. 116	"The concept of integration refers to the process through which changes in various systems in the acquired subsidiary are undertaken."

Elemente			mögliche inhaltliche Ausprägungen	Gerds (2000)	Jansen (2000 a)	Reed-La Joux (1998)	Pablo (1994)	Gerpott (1993)	Haspeslagh/Jemison (1992)	Chakrabarti (1990)	Leimer (1989)	Reineke (1989)	Sautter (1989)	Scheiter (1989)	Lindgren (1982)
Objekte	1	a	Unternehmen			X		X		X		X	X	X	X
		a	Unternehmensteile			X		X		X		X	X	X	X
		a	wirtschaftliche Gebilde beliebiger Natur			X									
		b	Fusionen	X				X					X		X
		b	Akquisitionen	X				X					X		X
		b	beliebige Arten von Zusammenschlüssen					X							
		c	erworbene Unternehmung										X	X	
		c	erwerbende und erworbene Unternehmung							X					
	2	a	technische und administrative Funktionen			X		X							
		a	Organisationsstrukturen			X		X				X		X	
		a	Informationsstrukturen									X			
		a	Abläufe und Systeme									X		X	X
		a	Strategien			X									
		a	Kulturen			X		X				X		X	
		a	Personen (Mitarbeiter, Kunden, Aktionäre etc.)			X									
		b	Ressourcen	X										X	
		b	immaterielle und materielle Ressourcen							X					
		b	strategisch relevante Ressourcen								X		X		
Akteure			Mitarbeiter							X	X				
			Mitarbeiter des Erwerbers							X					
			Mitarbeiter des Objektes								X				
Ziele			Konsolidierung zu funktionierendem Ganzen						X						
			Erreichung gemeinsamer wirtschaftlicher Ziele											X	
			Steigerung des Gesamtwertes							X					
Mittel			Anpassungs- und Abstimmungsprozesse			X				X					
			Lernprozesse			X				X					
			Interaktionsprozesse			X				X	X				
			planerisch gestaltendes Vorgehen				X	X		X		X	X	X	X
			evolutionär ablaufende Entwicklung			X				X	X	X			

Abbildung III-2: In den Definitionsansätzen beschriebene Elemente und ihre inhaltlichen Ausprägungen

Unternehmensintegration wird im Folgenden verstanden als

- ein weitgehend rational gestalteter Prozess
- der Abstimmung von Marktpositionen, Angebotsmerkmalen und Ressourcen (in weiterem Sinne)
- von mindestens zwei wirtschaftlichen Gebilden nach einem Zusammenschluss
- mit dem Ziel der Herstellung eines funktionierenden Ganzen, das die Realisierung von Synergiepotentialen resp. die Erreichung gemeinsamer strategischer Zielsetzungen ermöglicht.

Hierzu scheinen folgende Bemerkungen angebracht:

- Es wird in Anlehnung an die Mehrzahl der Definitionsansätze grundsätzlich von einem planerisch gestaltenden Vorgehen ausgegangen. Gleichzeitig wird jedoch mit Jansen, Gerpott, Haspeslagh/Jemison und Leimer anerkannt, dass das Integrationsergebnis auch ein Produkt von Entwicklungsprozessen ist, die nicht vollumfänglich gesteuert werden können. Dies zum einen aufgrund der Vielschichtigkeit, Kontextabhängigkeit und damit hohen Komplexität solcher Prozesse. Zum anderen, weil die Beteiligten in ihren Handlungen letztlich nur bedingt beeinflussbar sind. Für die Steuerung von Integrationsprozessen ergeben sich daraus besondere, im Weiteren zu berücksichtigende Anforderungen.
- Als Integrationsobjekte werden Marktpositionen, Angebotsmerkmale und Ressourcen unterschieden. Damit wird Bezug auf die Ebenen unternehmerischer Erfolgspotentiale genommen und Unternehmensintegrationen werden als Massnahme der strategischen Führung, genauer der Strategieimplementierung, positioniert.[84] Von einer feineren Untergliederung der Integrationsobjekte, wie etwa bei Jansen, wird auf der Stufe der Begriffsdarlegung abgesehen, da auf diese Art und Weise der Gegenstand zwar differenziert, aber unter Umständen nicht abschliessend erfasst wird. Die von Gerds, Gerpott, Haspeslagh/Jemison und Sautter zugrunde gelegte ressourcenorientierte Sichtweise ist hingegen in der eigenen Definition impliziert. Dabei werden Ressourcen in weiterem Sinne verstanden und somit wie bei Gerpott sowohl materielle als auch immaterielle Ressourcen eingeschlossen. Der von Gerpott und Sautter vorgenommenen Einschränkung auf strategisch relevante Ressourcen wird indessen nicht gefolgt, da auch operative Belange einen unabdingbaren Bestandteil der Integrationsarbeit darstellen.
- Wie bei Reed-La Joux spielt es für die vorliegende Arbeit keine Rolle, ob es sich bei den zu integrierenden Einheiten um Unternehmen, Unternehmensteile

---

[84] Vgl. hierzu die Ausführungen des folgenden Unterabschnittes

oder andere wirtschaftliche Gebilde handelt. Ebenso ist es irrelevant, auf welche Art der Zusammenschluss erfolgt ist. Um die Ausführungen sprachlich nicht zu überfrachten, wird im Folgenden jedoch primär vom "Normalfall" der Akquisition eines Unternehmens durch ein anderes gesprochen.

- M&A basieren im Idealfall auf einer durchdachten, auf Wertsteigerung ausgerichteten Strategie. Allerdings bleibt die Realisierung auch bei abgeschlossener Konsolidierung ein noch auszuschöpfendes Potential. Der Auffassung von Pablo folgend, bildet ein gemeinsames, auf die Realisierung von Synergiepotentialen resp. strategischen Zielen ausgerichtetes Funktionieren hierfür eine Grundvoraussetzung und damit Zweck der Integration.

2.2   Unternehmensintegration als Massnahme der Strategieimplementierung

Im vorangegangenen Unterabschnitt wurden Unternehmensintegrationen als Massnahme der Strategieimplementierung charakterisiert, mit welcher der Transaktion zugrunde liegende strategische Ziele erreicht werden sollen. Aus diesem Grund scheint es angebracht, Unternehmensintegrationen im Kontext der strategischen Führung klar zu positionieren.

Strategische Führung dient dazu, die obersten Unternehmensziele, wie etwa Existenzsicherung und dauerhafte Erzielung angemessener Gewinne, langfristig zu erreichen. Massgebliche Bezugspunkte sind dabei Merkmale der Unternehmenssituation, welche den langfristigen Erfolg beeinflussen. Sogenannte Erfolgspotentiale existieren auf drei Ebenen:[85]

- Attraktive Wettbewerbspositionen auf spezifischen Absatzmärkten sind mit
- Wettbewerbsvorteilen im Angebot sowie
- Entsprechenden Wettbewerbsvorteilen bei den Ressourcen zu erreichen.

Diese Erfolgspotentiale gilt es im Rahmen der strategischen Planung zu definieren und mittels Massnahmen der Strategieimplementierung zu realisieren. Die strategische Kontrolle als dritte Teilaufgabe der strategischen Führung begleitet die strategische Planung und die Strategieimplementierung. Während die strategische Planung ausschliesslich strategisch relevante Aspekte umfasst, bewegen sich Strategieimplementierung und -kontrolle auf der Schnittstelle zwischen strategischer und operativer Führung.[86]

---

[85] Vgl. Grünig/Kühn (2002), S. 9 ff.
[86] Vgl. Grünig/Kühn (2002), S. 19 f.

Resultat der strategischen Planung und Basis der strategischen Führung stellen die strategischen Pläne dar. In der Literatur werden zwei Arten von strategischen Plänen unterschieden:[87]

- Die Gesamtstrategie (Corporate-Strategy) legt für das Unternehmen als Ganzes fest, auf welchen Märkten mit welchen Produkten agiert und welche Wettbewerbspositionen dabei erreicht werden sollen.
- Geschäftsstrategien (Business-Strategies) definieren pro Tätigkeitsbereich die Wettbewerbsvorteile auf den Ebenen der Angebote und der Ressourcen.

M&A stellen neben dem Wachstum aus eigener Kraft einen weiteren möglichen Weg der Realisierung strategischer Optionen auf der Stufe Gesamtunternehmen dar: Je nach Art der Transaktion erlauben sie auf rasche Art und Weise eine Erweiterung des Tätigkeitsgebietes resp. eine Stärkung bestehender Geschäfte.[88]

Mit der Unterzeichnung des Vertragswerkes ist jedoch nur der erste Schritt getan. Erst mit der anschliessenden Integration werden die angestrebten strategischen Ziele nachhaltig realisiert:[89]

- Nicht nur die Konkurrenz, sondern auch das Verbundunternehmen muss sich an die durch den Zusammenschluss veränderte Marktsituation anpassen. Chancen und Gefahren sind neu zu bewerten und in einer Verbundstrategie zu verarbeiten.
- Auf der Stufe des Gesamtunternehmens können weiter Vorteile erwachsen, indem etwa finanzielle Ressourcen gepoolt, eine gemeinsame Corporate Identity gepflegt, oder Managementkonzepte ausgetauscht werden.
- Insbesondere bei horizontalen M&A sind die Angebote hinsichtlich Breite, Qualität und Marktkommunikation aufeinander abzustimmen und die Ressourcenausstattung ist neu zu konfigurieren.

Unternehmensintegrationen betreffen somit die Strategieimplementierung auf Stufe Corporate- und/oder auf Stufe Business-Strategy. In diesem Sinne sind im Rahmen der Integration die mit der Transaktion verfolgten Ziele auf die operative Ebene herunterzubrechen und zu realisieren.

---

[87] Vgl. Grünig/Kühn (2002), S. 15
[88] Vgl. Grünig/Kühn (2002), S. 247 ff.; Miller/Dess (1996), S. 254 ff.; Trautwein (1990), S. 290 ff.; Gomez/Weber (1989) zitiert bei Jansen (2000 a), S. 95
[89] Vgl. Trautwein (1990), S. 290; Gomez/Ganz (1992), S. 47

3   Teilaufgaben der Unternehmensintegration

Integrationsprozesse sind schwierig zu überschauen, da sowohl beim Erwerber als auch beim Objekt potentiell sämtliche Unternehmensbereiche auf allen Hierarchieebenen von Änderungen betroffen sind und zudem mannigfaltige Verstrickungen mit dem Umfeld existieren. Des Weiteren erhöhen der in der Regel lange Zeitraum und die sich dadurch ergebende Notwendigkeit der Berücksichtigung der Situationsdynamik die Komplexität zusätzlich.

Aus diesem Grund wird die Strukturierung der Integrationsaufgabe integralen Bestandteil der zu entwickelnden Empfehlungen darstellen. Hierzu bedarf es jedoch eines vertieften Verständnisses des Untersuchungsgegenstandes im Kontext, das im Forschungsprozess erst nach Abschluss des Case-Research-Projektes zur Verfügung stehen wird. Für die Datenerhebung und -auswertung bei der Analyse des Falls wie auch für die Erfassung der Literaturaussagen ist dennoch zumindest eine grobe Strukturierung des Untersuchungsgegenstandes erforderlich.

Aus der Literatur kann eine lange Liste von im Rahmen von Unternehmensintegrationen üblicherweise auftretenden Teilproblemen resp. Teilaufgaben generiert werden. Solche Aufzählungen sind zwar selten abschliessend und basieren meist nicht auf einer systematischen Erhebung, sondern auf dem persönlichen Erfahrungshorizont des jeweiligen Verfassers. Dennoch kann die Analyse solcher Auflistungen zur Strukturierung des Gegenstands der Unternehmensintegration nützlich sein: **Abbildung III-3** zeigt eine anhand von nur drei Quellen zusammengestellte Auflistung von Integrationsschwierigkeiten, wobei die Darstellung bewusst in der Diktion der jeweiligen Autoren belassen wurde. Die genannten Aspekte betreffen ein sehr weites Aufgabenspektrum, welches sich grob in die drei in der Abbildung aufgeführten Telaufgaben unterteilen lässt:

- Die erste Teilaufgabe betrifft die Erfüllung der eigentlichen Integrationsaufgaben. Dabei geht es um Tätigkeiten in Zusammenhang mit der konkreten Abstimmung von Marktpositionen, Angebotsmerkmalen und Ressourcen der Transaktionspartner.
- Um die Erfüllung der eigentlichen Integrationsaufgaben zu koordinieren sind Massnahmen zum Management des Integrationsprozesses erforderlich. Sie bilden die zweite Teilaufgabe der Unternehmensintegration und beinhalten im Wesentlichen Projektmanagementaufgaben.
- Schliesslich sind als dritte Teilaufgabe zentrale Integrationsentscheide zu treffen, welche den Fokus und den Stil der Integrationsarbeit massgeblich prägen.

Teilaufg. / Quelle	Erfüllung der eigentlichen Integrationsaufgaben	Management des Integrationsprozesses	Treffen zentraler Integrationsentscheide
Jansen (2000 c), S. 336	• unzureichende Kommunikation • Nur Top-down-Kommunikation • zu geringe Beachtung unternehmenskultureller Aspekte • kein systematisches Wissensmgt. • Know-how-Verlust durch Fluktuation • Keine Perspektive für Kernbelegschaft • unzureichende Qualifizierungs- und Trainingsmassnahmen für Mitarbeiter • keine neue/einheitliche Produkt-/Leistungspositionierung • langsame Anpassung von Incentivestruktren/Steuerungssystemen • keine neuen Konzepte der Kundenkooperation • unabgestimmte Strategie bei der Marktsegmentierung/Preispolitik	• Überlastung der Integrationsverantwortlichen • schlechte Planung des Integrationsprozesses • zeitliche Verzögerung des Integrationsprozesses • kein Einsatz von Post-Merger-Audit-Systemen • keine Dokumentation der Lernerfahrungen	• unzureichende Einbeziehung der Mitarbeiter • Fokus auf Kostensynergien statt auf Innovation • mangelnde Ausnutzung von Cross-Selling-Potentialen
Davidson/Neumann (1997), o.S.	• Vertrauen der Mitarbeiter sowie der Wille zur Kooperation geht verloren • Übertragung der Best-Practises stösst auf Widerstände bei Mitarbeitern • Vertrauensverlust der Kunden	• Entscheidungen erfolgen zu schnell und mit unzureichender Detailkenntnis	• Realisierung der Kostensynergien tritt zu stark in den Vordergrund • Integrationsziele entsprechen nicht dem in der Realität machbaren
Müller-Stevens et al. (1992 a, b, c, d), jeweils o.S.	• Problem "kultureller" Verweigerung • Übernahme der gesamten Technikmannschaft durch einen Wettbewerber • Ausfall eines Grosskunden • fehlende Einschätzung der sozialen Kosten	• Komplexität der Integrationsaufgabe wird nicht gesehen • Koordinations-/Kommunikationsprobleme • mangelnde Vorbereitung der Mitglieder des Integrationsteams • mangelnde resp. fraktionierte Detailkenntnis des Zielunternehmens • fehlende Projektorganisation • Zuspätkommen der Integrationsplanung	• nicht ausreichend durchdachtes Integrationskonzept • Fehlbewertung der politischen und wirtschaftlichen Rahmenbedingungen

Abbildung III-3: Zuordnung von Integrationsschwierigkeiten zu Teilaufgaben der Unternehmensintegration

IV   Literaturaussagen zur Unternehmensintegration

1   Überblick

In Kapitel IV werden die in Zusammenhang mit der vorliegenden Arbeit interessierenden Literaturaussagen dargestellt. Die Ausführungen gliedern sich wie folgt:

- Zunächst werden in Abschnitt 2 einige grundsätzliche Überlegungen angestellt. Sie beziehen sich auf die Auswahl der Quellen und die Kategorisierung der Literaturaussagen.
- Darauf erfolgt in Abschnitt 3 die Erfassung der Literaturaussagen entlang des zuvor definierten Rasters.
- Eine zusammenfassende Bewertung schliesst in Abschnitt 4 den Literaturteil der Arbeit ab.

2 Grundsätzliche Überlegungen zur Erfassung der Literaturaussagen

2.1 Auswahl der Quellen

Bei Unternehmensintegrationen handelt es sich um eine interdisziplinäre Problemstellung. Die Integrationsliteratur bietet demzufolge einen reichhaltigen Fundus an Quellen, welche den Gegenstand aus den verschiedensten thematischen Blickwinkeln betrachten. Bei der Auswahl der Quellen ist neben inhaltlichen Fragen auch der Background der Verfasser zu berücksichtigen:

- Bei der Integrationsproblematik handelt es sich um ein erst in den letzten zehn Jahren während des M&A-Booms zwischen 1990 und 2000 wieder belebtes Wissenschaftsgebiet. Insbesondere die Beratungspraxis hat in dieser Zeit aktiv publiziert und eine Reihe von Grundlagen und Empfehlungen zum Body-of-Knowledge beigesteuert. Bei der Erfassung der Literaturaussagen werden also sowohl Quellen mit wissenschaftlichem als auch solche mit praktischem Background als relevant betrachtet.
- Inhaltlich sind entsprechend der Zielsetzung der Arbeit alle Literaturaussagen zur Unternehmensintegration relevant, welche den Gegenstand aus einer ganzheitlichen Perspektive betrachten. Quellen, die sich ausschliesslich mit einzelnen Integrationsaufgaben wie etwa der kulturellen Integration oder den mit dem Betriebsübergang verbundenen personalrechtlichen Fragen bei Cross Border-Transaktionen beschäftigen werden aus der Analyse ausgeklammert.

Des Weiteren gibt es nicht direkt mit dem Gegenstand der Unternehmensintegration verbundene Themenkreise, die vor dem Hintergrund der Zielsetzung der Arbeit aus rein methodischer Sicht von Relevanz sind. Es handelt sich dabei um die Literatur zum Projektmanagement zum einen und zum Changemanagement zum anderen. Unternehmensintegrationen sind typische Change-Prozesse und werden üblicherweise als Projekte resp. Programme geführt:

- Die Literatur zum Change-Management setzt den Fokus im Bereich der Verhaltensdimension: In der Literatur zum Changemanagement werden Änderungsprozesse als gruppendynamisches Phänomen verstanden. Der Fokus liegt damit bei der Beeinflussung des Verhaltens der beteiligten Individuen und Gruppen. Dieses Literaturgebiet betrifft also lediglich einzelne, Mitarbeiter-bezogene Integrationsaufgaben und wird damit der Zielsetzung der Arbeit entsprechend ausgeklammert.
- Das durch die Literatur des Projektmanagements zur Verfügung gestellte Instrumentarium hingegen ist in Zusammenhang mit der Planung und Steue-

rung von Integrationsprozessen von hoher Relevanz. Auf eine ausführliche Darstellung dieser methodischen Grundlagen wird jedoch verzichtet, da es sich um im betriebswirtschaftlichen Schrifttum breit abgestütztes, ausgereiftes Methodengut handelt, das auch in der Praxis bereits seit mehreren Jahrzehnten breite Anwendung findet.

2.2 Kategorisierung der Literaturaussagen

Wie **Abbildung IV-1** zeigt, werden als Gliederungskriterien für die Kategorisierung der Literaturaussagen die Aussagenkategorien der praktisch-normativen BWL[90] sowie die Teilaufgaben der Unternehmensintegration[91] herangezogen: Die Aussagenkategorien der praktisch-normativen BWL liefern ein generisches Raster zur Erfassung von Literaturaussagen, während die Teilaufgaben der Unternehmensintegration diese inhaltlich strukturieren.

relevante Aussagenkategorien der prakt.-norm. BWL — Teilaspekte der Unternehmensintegration	substantielle Grundlagen			Empfehlungen			
	Einzelbeispiele	empirische Erhebungen	Theorien + Hypothesen	präskriptive Bezugsrahmen	methodische Empfehlungen	substantielle Empfehlungen	Kriterien
eigentliche Integrationsaufgaben	3.1	3.2		3.4			
Management des Integrationsprozesses	3.1	3.2		3.4	3.5	3.6.1	3.7
zentrale Integrationsentscheide	3.1	3.2	3.3			3.6.2	

Nummern = Unterabschnitt, in dem die Literaturaussagen der jeweiligen Kategorie dargelegt sind
leer = durch die Integrationsliteratur nicht abgedeckt

Abbildung IV-1: Kategorien relevanter Literaturbeiträge

Da auf die formalen Grundlagen bereits weiter oben[92] eingegangen wurde, beschränken sich die Ausführungen auf die Erfassung der Literatur zu den verschiedenen substantiellen Grundlagen sowie zu den Empfehlungen:

---

[90] Vgl. Kapitel I, S. 7 ff.
[91] Vgl. Kapitel III, S. 50 ff.
[92] Vgl. Kapitel III, S. 41 ff.

- Einzelbeispiele und Berichte über empirische Erhebungen existieren zu allen Teilaufgaben der Unternehmensintegration. Umfassende Theorien und einzelne Hypothesen finden sich schwergewichtig im Bereich der zentralen Integrationsentscheide.
- Bei den Empfehlungen finden sich zunächst Bezugsrahmen, welche streng genommen zu den formalen Grundlagen gehören. Jedoch gibt es in der Literatur eine Reihe von Strukturierungsvorschlägen für den Inhalt und den Ablauf der Integrationsarbeiten, welch präskriptiven, gestaltungsorientierten Charakter besitzen. Sie werden deshalb zu den Empfehlungen gerechnet. Methodische Empfehlungen in Form von Verfahren existieren nur ansatzweise und beschränken sich dann auf den Bereich der Integrationsplanung und -kontrolle. Hingegen gibt es eine Reihe relevanter substantieller Empfehlungen zum Management des Integrationsprozesses und zu den zentralen Integrationsentscheiden. Schliesslich existieren Literaturaussagen zu den Erfolgsfaktoren der Unternehmensintegration, welche Empfehlungen in Form von Kriterien darstellen.

3 Darstellung relevanter Literaturaussagen zur Unternehmensintegration

3.1 Einzelbeispiele

Die betriebswirtschaftliche Forschung verzeichnet, sei es aus forschungspro-grammatischen Überlegungen oder aus Gründen des damit verbundenen Aufwands, ein generell geringes Interesse an der Erfassung und Auswertung konkreter Fälle. Einzelbeispiele werden primär eingesetzt, um theoretische oder methodische Texte anzureichern und die Ausführungen zu illustrieren. Meist handelt es sich dann um Ausschnitte und die Darstellung erfolgt entlang des jeweils behandelten Themas. Diese Art von Berichten über Einzelbeispiele kann im Rahmen einer wissenschaftlichen Arbeit nicht als substantielle Grundlage herangezogen werden. Interessant sind hingegen Fallbeschreibungen, welche Inhalt und Ablauf von Integrationsprozessen realitätsgetreu wiedergeben. Solche finden sich vorwiegend in Praktikerpublikationen.

Abbildung IV-2 gibt einen chronologisch geordneten Überblick über 29 Berichte über Einzelbeispiele, welche den genannten Anforderungen entsprechen und somit in die Auswertung einbezogen wurden. 17 kürzere Beispiele entstammen Quellen mit wissenschaftlichem Background und zwölf umfassendere Fallbeschreibungen wurden von Praktikern verfasst.

Zunächst ist festzuhalten, dass der Natur von Fallbeschreibungen entsprechend in der Regel alle in Kapitel III unterschiedenen Teilaufgaben der Unternehmensintegration mit folgenden Schwerpunkten thematisiert werden:

- In Zusammenhang mit den eigentlichen Integrationsaufgaben nimmt die Beschreibung von Problemen und Lösungsansätzen in Zusammenhang mit Einzelaufgaben wie etwa die kulturelle Integration oder die Integrationskommunikation besonders viel Raum ein. In einigen Fällen werden die eigentlichen Integrationsaufgaben in ein grobes Raster gefasst, um die Vielfalt an Einzelaufgaben zu strukturieren. **Abbildung IV-3** zeigt, wie dies in den betroffenen Beispielen gehandhabt wurde. In allen Fällen wird eine detaillierte, an den jeweiligen Aktivitätsbereich angepasste Einteilung der Integration administrativer Funktionen vorgenommen. Bei Price Waterhouse/Coopers & Leybrand und Daimler/Chrysler umfasst die Gliederung auch den Bereich der Leistungserstellung: Währen beim Berater nach Arte von Dienstleistungen unterteilt wird, liegen bei Daimler/Chrysler funktionale Gliederungskriterien zugrunde.

Quelle	Background	Seitenumfang	Fall	Aussagen zu den Teilaspekten der Unternehmensintegration		
				eigentliche Integrationsaufgaben	Management des Integrationsprozesses	zentrale Integrationsentscheide
Stegkemper/Seisl (2002), S. 20 ff	Unternehmenspraxis	9	• Dasa / Casa / Aerospatiale Matra (EADS) • Luft- und Raumfahrt • Fusion • ca. 2000 - heute	• Abgrenzung von Integrationsfeldern und Aufgabenbereichen • Thematisierung einzelner Aufgabenbereiche	• standardisierter Ablauf • Integrationsplanung weit im Vorfeld • mehrstufige Integrationsorganisation • IT-gestütztes Controlling nach Integrationsfeldern	• Schwerpunkt Scale • sach- und mitarbeiterorientiert • hoher Integrationsgrad • differenzierte Vorstellungen zum Tempo für jedes Integrationsfeld
Feldhaus/Rokita (2001), S. 571 ff.	Unternehmenspraxis	6	• Siemens KWU / Westinghaus • Kraftwerksbau • Fusion • ca. 1998 - 2001	Thematisierung einzelner Aufgabenbereiche	• Integrationsplanung weit im Vorfeld, jedoch wegen unzureichender Informationen nutzlos • mehrstufige Integrationsorganisation • funktionierendes "Alarmsystem" erforderlich	• Schwerpunkt Scale und Scope • zügiges Tempo
Kriegesmann et al. (2001), S. 515 ff.	Unternehmenspraxis	7	• RWE / VEW • Energie • Fusion • keine Angaben zum betrachteten Zeitraum	Thematisierung einzelner Aufgabenbereiche	mehrstufige Integrationsorganisation mit Abstimmung im Gegenstromverfahren	• Schwerpunkt Scale • mitarbeiterorientiert • zügiges Tempo

Abbildung IV-2: Berichte über Einzelbeispiele zur Unternehmensintegration

Quelle	Background	Seiten-umfang	Fall	Aussagen zu den Teilaspekten der Unternehmensintegration		
				eigentliche Integrationsaufgaben	Management des Integrationsprozesses	zentrale Integrationsentscheide
Müller-Stewens (2001), o.S. UBS AG/ Müller-Stewens (2000), o.S.	Forschung	2	• Price Waterhouse / Coopers & Leybrand • Beratung • Fusion • ca. 1997 - 2002	Abgrenzung von Integrationsfeldern und Aufgabenbereichen	• standardisierter Ablauf • mehrstufige Integrationsorganisation	gemässigtes Tempo
		1	• Daimler / Chrysler • Automobil • Fusion • ca. 1998	Abgrenzung von Integrationsfeldern und Aufgabenbereichen	• mehrstufige Integrationsorganisation • IT-gestütztes Controlling	• Schwerpunkt erst Scope, später Scale • vorerst geringer Integrationsgrad • gemässigtes Tempo
		2	• Hypo Vereinsbank • Bank • Art der Transaktion nicht genannt • ca. 1997 - 2000	Abgrenzung von Integrationsfeldern und Aufgabenbereichen	standardisierter Ablauf	gemässigtes Tempo
		2	• Schw. Bankgesellschaft / Bankverein (UBS) • Bank • Fusion • ca. 1997 - 1999		• standardisierter Ablauf • Controlling mit Hilfe der Merger-Scorecard	• Schwerpunkt Scale • hoher Integrationsgrad • zügiges Tempo
		1	• Elan / Athena • Pharma • Akquisition • ca. 1996			• Schwerpunkt Scope • geringer Integrationsgrad
		1	• GE-Capital, diverse Fiananzdienstleistung • Akquisitionen • betrachteter Zeitraum nicht genannt		standardisierter Ablauf	

Quelle	Background	Seiten-umfang	Fall	Aussagen zu den Teilaspekten der Unternehmensintegration		
				eigentliche Integrationsaufgaben	Management des Integrationsprozesses	zentrale Integrationsentscheide
Addo (2000), S. 57 ff.	Unternehmenspraxis	3	• Paramount / Viacom • Medien • Akquisition • ca. 1994 - 1997	Thematisierung einzelner Aufgabenbereiche	3-köpfiges Integrationsteam	
Büttgenbach (2000), S. 57 ff.	Forschung	4	• Bayer, diverse • Chemie • Akquisition • bis ca. 1998	Thematisierung einzelner Aufgabenbereiche	• Zeitplan • Koordination innerhalb Geschäftsbereich • Controlling der Transaktionsziele	
		3	• AGFA / Du Pont • Chemie • Akquisition • ca. 1996 - 1998	Thematisierung einzelner Aufgabenbereiche	• Integrationsverantwortung in den Ländergesellschaften • Reviews nach dem ersten und dem dritten Jahr	• mitarbeiterorientiert • hoher Integrationsgrad
		3	• DKV / Previasa • Versicherungen • Akquisition • ca. 1997 - 1998	Thematisierung einzelner Aufgabenbereiche	• Integrationsverantwortlicher zur Koordination • Controlling nur Geschäftsergebnisse	• bewusst keine Synergierealisierung • mitarbeiterorientiert • geringer Integrationsgrad
		6	• Price Waterhouse / Coopers & Leybrand • Beratung • Fusion • ca. 1997 - 1998	Thematisierung einzelner Aufgabenbereiche	• sachliche und zeitliche Integrationsplanung • keine Kostenplanung aber Dokumentation der Integrationskosten	• Schwerpunkt Scope • mitarbeiterorientiert • hoher Integrationsgrad • zügiges Tempo
Hofer/ Kolf (2000), S. 15	Unternehmenspraxis	1	• Dasa / Casa / Aerospatiale Matra (EADS) • Luft- und Raumfahrt • Fusion • ca. 2000	Thematisierung einzelner Aufgabenbereiche	• Projektteam zur Integrationsplanung • mehrstufige Integrationsorganisation	• Schwerpunkt Scope • gemessen am Umfang hohes Tempo

Quelle	Background	Seiten-umfang	Fall	Aussagen zu den Teilaspekten der Unternehmensintegration		
				eigentliche Integrationsaufgaben	Management des Integrationsprozesses	zentrale Integrationsentscheide
Weismüller (2000), 195 ff.	Unterneh-menspraxis	9	• Mannesmann VDO / PCS • Elektronik • Akquisition • ca. 1998 - 1999	Thematisierung einzelner Aufgabenbereiche	Controlling via Zielvereinbarungen Top-down, Prämissenkontrolle	
Fischer (1999), o.S.	Unterneh-menspraxis	9	• Elan, diverse • Pharma • Akquisition • ab 1996	Thematisierung einzelner Aufgabenbereiche		• Schwerpunkt Scope • mitarbeiterorientiert • geringer Integrationsgrad • zügiges Tempo
Ashkenas et al. (1998), S. 165 ff.	Beratungs-praxis	11	• GE-Capital, diverse • Finanzdienstleistung • Akquisition • ca. 1994 - 1998	Thematisierung einzelner Aufgabenbereiche	• Abgrenzung von Integrationsphasen • Fokus Integrationsplanung 100 Tage • begleitendes Audit	• sach- und mitarbeiterorientiert • zügiges Tempo
Fischer (1998), S. 70 ff.	Unterneh-menspraxis	8	• Ciba Geigy / Sandoz (Novartis) • Pharma • Fusion • ca. 1996 - 1999	Thematisierung einzelner Aufgabenbereiche	sachliche Integrationsplanung vor dem Closing Top-down, anschliessend Verifizierung Bottom-up	• Schwerpunkt zuerst Scale, später Scope • sach- und mitarbeiterorientiert • hoher Integrationsgr. • zügiges Tempo
Rifkin (1998), o.S.	Beratungs-praxis	16	• IBM / Lotus • Softwareentwicklung • Akquisition • ca. 1995 - 1997	Thematisierung einzelner Aufgabenbereiche	Integrationsverantwortung beim Target	• Schwerpunkt Scope • mitarbeiterorientiert • ger. Integrationsgrad • gemässigtes Tempo
Rifkin (1997), o.S.	Beratungs-praxis	21	• Cisco Systmes, diverse • Softwareentwicklung • Akquisition • ca. 1993 - 1997	Thematisierung einzelner Aufgabenbereiche	mehrstufige Integrationsorganisation	• Schwerpunkt Scale • sach- und mitarbeiterorientiert • hoher Integrationsgrad • zügiges Tempo

Price Waterhouse / Coopers & Leybrand (PWC)	Daimler / Chrysler	Hypo Vereinsbank
Services/Markets • Assurance & Business Advisory Services • Tax & Legal Services • Financial Advisory Services • Management • Consulting • Middle Market • Client Relations Operations • Human Ressources • Pensions • Finance/Accounting & Reporting/ Property • Internal IT • Risk and Quality • Management • Partner Affairs/ Partnership Agreement • Legal Structure	Global Automotive Topics • Product Creation • Volume Production • Global Sales • Procurement & Supply • Strategy Integration Group-Wide Functions and Non-Automotive Topics • Non-automotive Services • Corporate Finance • HR/Orga/Culture Support • Corporate Development & Strategy • Information Technology • Communications • Research & Technology	Unternehmensstrategie Aufbauorganisation / Besetzung Personalinstrumente Informationssysteme Steuerungssysteme Kapitalmarkttransaktionen

Abbildung IV-3: Strukturierung des Inhalts der eigentlichen Integrationsaufgaben in Einzelbeispielen[93]

- Was das Management des Integrationsprozesses betrifft, wird in erster Linie auf organisatorische Regelungen eingegangen. Als Extremvarianten kristallisieren sich die Bestimmung eines Integrationsverantwortlichen zur informellen Koordination der in der Linie geführten Integration auf der einen Seite sowie eine formalisierte, mehrstufige Integrationsorganisation auf der anderen Seite heraus. Des Weiteren erfolgt häufig ein Hinweis auf die Notwendigkeit eines funktionierenden Integrationscontrollings. Interessant sind die in **Abbildung IV-4** dargestellten Versuche, den Ablauf des Integrationsprozesses zu strukturieren: Die Schrittsequenzen entsprechen dem Schema Analyse-Planung-Umsetzung und sind damit sehr generisch. Lediglich GE-Capital, ein sehr transaktionsaktives Unternehmen, beschreibt zumindest für die Pre Deal-Phase ein differenziertes Vorgehen. Price Waterhouse/Coopers & Leybrand wie auch GE-Capital unterteilen die Phase nach dem Closing in Teilschritte.

---

[93] Quelle: In Anlehnung an Müller-Stewens (2001), o.S.; UBS AG/Müller-Stewens (2000), o.S.

Dasa / Casa / Aerospatiale Matra (EADS)	Price Waterhouse / Coopers & Leybrand (PWC)	GE-Capital, diverse M&A	Schw. Bankgesell-schaft / Bankverein (UBS)
Stegkemper/Seisl (2002), S. 20 ff.	Müller-Stewens (2001), o.S. resp. UBS AG/Müller-Stewens (2000), o.S.	Ashkenas et al. (1998), o.S.	Müller-Stewens (2001), o.S. resp. UBS AG/Müller-Stewens (2000), o.S.
1 Set-up phase 2 Project generation phase 3 Project implementation phase 4 Hand-over to line-organization	1 Decision to merge (bis Bekanntgabe) 2 Integration Planning Phase I (bis OK Wettbewerbs-behörde) 3 Integration Planning Phase II (bis Closing) 4 Preparatory measures 5 Implementation first 100 Days 6 Implementation first Year 7 Implementation three Years	1 Preacquisiton •Due Diligence •Negotiation and Announcement •Close 2 Foundation Building •Acquisition integration workout •Strategy formulation 3 Rapid integration •Implementation •Course Assessment and Adjustment 4 Assimilation •Long-term plan evaluation and adjustment •Capitalizing on success	1 Preparing and Planning integration 2 Realizing integration and preparing customer migration 3 Customer migration

Abbildung IV-4: Strukturierung des Ablaufs der eigentlichen Integrationsaufgaben in den Einzelbeispielen[94]

- Hinsichtlich der zentralen Integrationsentscheide wird meist das strategische Kalkül der Transaktion dargelegt, es wird auf Integrationsgrad und -tempo eingegangen und es finden sich Hinweise auf die Prinzipien, welche dem Umgang mit den Mitarbeitern zugrunde liegen. In welchem Zusammenhang diese Aspekte stehen, wird nicht dargelegt resp. nur angedeutet.

---

[94] Quelle: In Anlehnung an Stegkemper/Seisl (2002), S. 20 ff.; Müller-Stewens (2001), o.S.; UBS AG/Müller-Stewens (2000), o.S.

3.2 Berichte über empirische Erhebungen

In der Literatur findet sich eine Vielzahl von Berichten über empirische Erhebungen zum Thema M&A.[95] Integrationsthemen bilden dabei jedoch vergleichsweise selten den ausschliesslichen Gegenstand. Viele der breiter angelegten Befragungen behandeln jedoch "unter anderem" integrationsrelevante Aspekte. **Abbildung IV-5** zeigt eine Übersicht der 16 in die Auswertung einbezogenen Studien.

Sie stammen zum überwiegenden Teil aus Quellen mit wissenschaftlichem Background. Fünf der Erhebungen wurden von Beratungsunternehmen durchgeführt. Jedoch ist festzustellen, dass Wissenschaft und Praxis hier nicht selten eine Zusammenarbeit suchen.[96] Einbezogen wurden ausschliesslich jüngere, nach 1990 entstandene Studien. In diesem Zeitraum ist parallel zum jüngsten M&A-Boom auch im deutschsprachigen Raum eine Art "Aufschwung" zu verzeichnen.

Inhaltlich behandeln die meisten der Studien schwerpunktmässig eine der Teilaufgaben der Unternehmensintegration. Dies hat sicherlich auf der einen Seite forschungsstrategische Gründe, da breit angelegte empirische Erhebungen auf eine saubere und zur Einschränkung des Erhebungsaufwands eher enge Abgrenzung des Gegenstands angewiesen sind. Auf der anderen Seite rücken erst die jüngeren, nach dem Jahrtausendwechsel erschienenen Publikationen prozessuale Aspekte in den Mittelpunkt und unterstellen die Integrationsproblematik damit einer ganzheitlicheren Sichtweise:

- Bezüglich der eigentlichen Integrationsaufgaben wird in der Mehrzahl der Studien lediglich auf die nicht zum Gegenstand der Arbeit gehörenden einzelnen Teilaufgaben eingegangen. Besonders häufig thematisiert werden Soft Factors wie die Kommunikation, die kulturelle Angleichung, die Integration des Personalwesens oder der Umgang mit Widerständen.
- Die Erforschung der zentralen Integrationsentscheide hat in Zusammenhang mit der Untersuchung des M&A-Erfolges eine weiter zurückreichende Tradition: Insbesondere der Zusammenhang von Transaktionszielen, Schwerpunk-

---

[95] Vgl. Kapitel II, S. 35 ff.; Gesprochen wird von weit über 100 Studien in den letzten 30 Jahren. Vgl. Jansen (2000 d), S. 388
[96] Vgl. explizit etwa Jansen (2000 d), S. 388 ff.; Jansen (2000 c), S. 334
Darüber hinaus tauchen häufig Namen wissenschaftlicher Autoren in ähnlichem Zusammenhang in beratungsgetriebenen Publikationen oder auf den Homepages der grossen Beratungsunternehmen auf, so dass zumindest von einer Unterstützung ausgegangen werden darf.

ten der Integration und Integrationsgrad ist vor dem Hintergrund der Bildung und Auflösung der Konglomerate in vorherigen M&A-Wellen[97] ein intensiv diskutiertes und demzufolge auch wissenschaftlich breiter erforschtes Gebiet. Die nach 1990 durchgeführten Studien erweitern die Betrachtung um Aussagen zum Integrationstempo und zum Integrationsapproach.

- In den frühen 90er Jahren des letzten Jahrtausends wurde das Management des Integrationsprozesses zwar als relevant erkannt, jedoch lediglich indirekt über die Integrationsorganisation einbezogen: Die meisten der Studien äussern sich zur Existenz und zur Bedeutung von Integrationsverantwortlichen und -teams sowie zur Koordination zwischen Linien- und Integrationsarbeit. Erst in den nach dem Jahr 2000 erschienen Studien werden der Ablauf des Integrationsprozesses sowie die Integrationsplanung und -kontrolle zum Gegenstand von empirischen Untersuchungen.

Die meisten der aufgeführten Studien behandeln explanatorische Forschungsfragen, wobei es in der Regel um die Untersuchung der Zusammenhänge zwischen Integrationsarbeiten, Kontextmerkmalen und dem M&A- resp. Integrationserfolg geht. Eine rein deskriptive Fragestellung stellt selten den primären Zweck der Analyse dar, erfolgt jedoch in der überwiegenden Anzahl der Erhebungen als Basis für die Untersuchung von Zusammenhängen. Dieser deskriptive Teil deckt dabei in der Regel ein relativ breites, über die eigentliche Forschungsfrage hinausgehendes Spektrum des Untersuchungsgegenstandes ab. Nur zwei der aufgeführten Studien erfolgen vor dem Hintergrund einer ausschliesslich deskriptiven Fragestellung.

3.3 Umfassende Theorien und einzelne Hypothesen

Die Forschung ist heute noch weit entfernt von einer geschlossenen Theorie der Unternehmensintegration. Dies zum einen, weil es sich um ein relativ junges, erst in den letzten zehn Jahren breiter bearbeitetes Forschungsgebiet handelt. Zum anderen ist die theoretische Fundierung eines komplexen, in einen dynamischen Kontext eingebundenen Gegenstand ein äusserst anspruchsvolles Unterfangen: Letztlich besitzt jeder Fall sehr spezifische Eigenheiten und ist somit einzigartig. Eine Theorie, welche den Anspruch auf Allgemeingültigkeit erhebt, muss vereinfachend von diesen abstrahieren und läuft damit Gefahr, dem Untersuchungsgegenstand nicht gerecht zu werden.

---

[97] Vgl. Kapitel II, S. 25 ff.

Autor	Sample	Forschungsfrage	relevante Resultate
KPMG (2002), S. 6 ff.	• 103 grosse Unternehmen • Schweiz	Erfassung der Bedeutung der Integration im Ablauf von M&A und des Integrationserfolgs	• Bedeutung der Integration während der Due-Diligence • Beginn der Integrationsplanung • Erfolgsbedeutung der Integration • Zufriedenheit mit der Integration
Uder/ Kramarsch (2001), S. 324 ff.	• NOP Business Consulting Research • 1999	k.A.	M&A-/Integrationsphasen und ihre Dauer
Feldman/ Spratt (2000), S. 33 ff.	• PWC (1996) • 121 Unternehmen • Fusionen	Erfassung der Determinanten des M&A- / Integrationserfolges und ihrer Bedeutung	(Miss-)Erfolgsfaktoren
Gerds (2000), S. 157 ff.	• 59 Berater involviert in 63 Transaktionen • Deutschland • 1990 - 1999	Untersuchung des Zusammenhangs zwischen Situationsmerkmalen, Integrationsarbeiten und Erfolg	• Erklärungsmodell des M&A-/Integrationserfolges • substantielle Empfehlungen zu Integrationsschwerpunkten, -approach und -tempo
Jansen (2000 c), S. 334 ff. resp. Jansen (2000 d), S. 388 ff.	• 103 Transaktionen • Fusionen • 1994 - 1998 • national + Cross Border	• Untersuchung des Zusammenhangs zwischen Situationsmerkmalen, Integrationsarbeiten und Erfolg • Erfassung der Determinanten des M&A-/ Integrationserfolges u. ihrer Bedeutung	• Bedeutung einzelner Aufgabenbereiche • eingesetzte Managementmassnahmen • substantielle Empfehlungen zu Integrationsschwerpunkten, -grad und -tempo • (Miss-)Erfolgsfaktoren
Habeck et al. (1999), S. 20 ff.	• A.T. Kearney Global PMI Survey • 115 Transaktionen	Erfassung der Determinanten des M&A-/ Integrationserfolges u. ihrer Bedeutung	(Miss-)Erfolgsfaktoren
Larsson/ Finkelstein (1999), S. 1 ff.	• 61 Fallstudien • aus der Literatur (Wissenschaft, Lehre, Presse)	Untersuchung des Zusammenhangs zwischen Situationsmerkmalen, Integrationsgrad und Synergierealisierung	• Erklärungsmodell des M&A-/Integrationserfolges • substantielle Empfehlungen zu Integrationsschwerpunkten u. -grad

Abbildung IV-5: Berichte über empirische Erhebungen zur Unternehmensintegration

Autor	Sample	Forschungsfrage	relevante Resultate
A.T. Kearney (1998 e), o.S.	• 115 Transaktionen • USA	Beschreibung von Integrationsproblemen und Erfassung des M&A-/Integrationserfolges	• Bedeutung einzelner Aufgabenbereiche • M&A-/Integrationserfolg
Pablo (1994), S. 803 ff.	• 56 Integrationsverantwortliche • Experimentaldesign mit fiktiven Situationen	Untersuchung des Zusammenhangs zwischen Situationsmerkmalen und Integrationsgrad	• Erklärungsmodell des M&A-/Integrationserfolges • substantielle Empfehlungen zum Integrationsgrad
Gerpott (1993), S. 276 ff.	Keine Angaben	Untersuchung des Zusammenhangs zwischen Situationsmerkmalen, Integrationsarbeiten und Erfolg	• Erklärungsmodell des M&A-/Integrationserfolges • substantielle Empfehlungen zur Integrationsorganisation
Müller-Stewens/Schreiber (1993), S. 275 ff.	• 130 Unternehmen • deutscher Sprachraum • 1992	Beschreibung der Organisation des M&A-/Integrationsprozesses	Bedeutung verschiedener Organisationsvarianten
Müller-Stewens et al. (1992 c), o.S.	Akquisitionen in Ost-Deutschland nach der Wende	Beschreibung von Integrationsproblemen	Bedeutung einzelner Aufgabenbereiche
Datta/Grant (1990), S. 29 ff.	• 191 Grosstransaktionen • Akquisitionen • 1980 - 1984	Zusammenhang zwischen Situationsmerkmalen, Integrationsgrad und M&A-/Integrationserfolg	substantielle Empfehlungen zum Integrationsgrad
Hunt (1990), S. 69 ff.	• 40 Grosstransaktionen • Grossbritannien • 1980 - 1985	Untersuchung des Zusammenhangs zwischen Situationsmerkmalen, Integrationsarbeiten und Erfolg	substantielle Empfehlungen zu Integrationsschwerpunkten, -grad, -tempo und -approach
Reissner (1990), S. 1 ff.	• 14 Integrationsverantwortliche und Berater • Expertengespräche • Deutschland	Beschreibung von M&A-Zielen und Problemen bei ihrer Erreichung	• Begriff und Arten von Synergien • praktische Probleme bei der Identifikation und Bewertung von Synergien

Dennoch finden sich in der Literatur Ansätze, welche den Body-of-Knowledge in dieser Hinsicht vorantreiben. Insbesondere Forscher, welche dem Gegenstand der Unternehmensintegration mittels breit angelegter empirischen Erhebungen zu Leibe rücken, legen ihrer Untersuchung Einzelhypothesen oder Hypothesensysteme zugrunde:

- Einzelhypothesen bilden, wenn sie auch nicht immer explizit dargelegt werden, die Basis jeder empirischen Untersuchung. So werden in sämtlichen in Unterabschnitt 3.2 zitierten Studien im Vorfeld Annahmen über die Relevanz von Variablen, über ihre Ausprägung und über Zusammenhänge getroffen. Zu nennen sind hier insbesondere die Erfolgsfaktorenstudien, welche den Einfluss einzelner Situationsvariablen und/oder der Integrationsgestaltung und dem Transaktionserfolg untersuchen. Hier resultiert eine Vielzahl von empirisch validierten Einzelhypothesen, je nach untersuchtem Sample jedoch teilweise mit widersprüchlichen Ergebnissen. Auf eine umfassende Darstellung dieser Einzelhypothesen wird verzichtet.

- Einige Autoren[98] stellen mehrere Variablen in einen Zusammenhang und bilden damit Hypothesensysteme. Dabei wird die Beziehung zwischen einzelnen Situationsvariablen, den zentralen Integrationsentscheiden und dem Transaktionserfolg dargestellt. Auch diese Ansätze sind zwar empirisch validiert, kommen aber je nach Anlage der Untersuchung zu unterschiedlichen Ergebnissen. Zudem sind die Fragestellungen und damit die betrachteten Ausschnitte des Integrationsgeschehens sehr unterschiedlich, so dass ein direkter Vergleich selten möglich ist. Beispielhaft seien in **Abbildung IV-6** und **Abbildung IV-7** zwei dieser Erklärungsmodelle gezeigt: Das Modell von Gerds deckt mit seinen fünf Gruppen von Erfolgsdeterminanten das Integrationsgeschehen relativ breit ab. Als Basis für die empirische Überprüfung wird das Modell "messtheoretische verdichtet".[99] Die Wahl der zu erfassenden Items wurde dabei derart selektiv vorgenommen, dass eine empirische Validierung letztlich nur partiell anerkannt werden kann. Larsson/Finkelstein gestalten ihr Hypothesensystem hingegen mit Hilfe spezifischer Variablen und grenzen den Untersuchungsgegenstand damit wesentlich enger ein. Trotzdem die bedien Arbeiten grundsätzlich der gleichen Fragestellung nachgehen, weisen sie auch was die untersuchten Zusammenhänge angeht erhebliche Unterschiede auf. Etwa unterstellen Larsson/Finkelstein im Gegensatz zu Gerds keinerlei direkten Zusammenhang zwischen Integrationskontext und Integrationserfolg.

---

[98] Vgl. Gerds (2000), S. 63; Larsson/Finkelstein (1999), S. 13 ff.; Pablo (1994), S. 803 ff.; Datta/Grant (1990), S. 29 ff.
[99] Vgl. Gerds (2000), S. 155

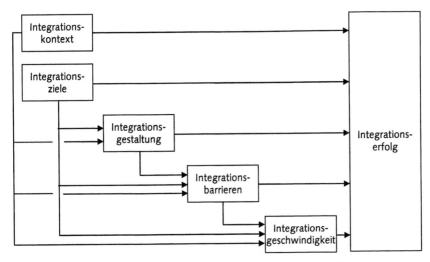

Abbildung IV-6: Modell zur Erklärung des Integrationserfolges von Gerds[100]

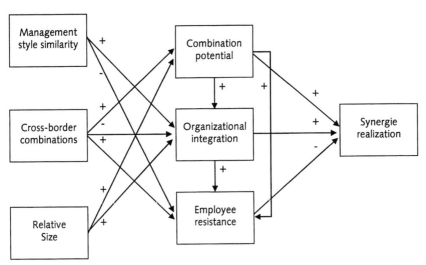

Abbildung IV-7: Modell zur Erklärung des Integrationserfolges von Larsson/Finkelstein[101]

---

[100] Quelle: In Anlehnung an Gerds (2000), S. 63
[101] Quelle: In Anlehnung an Larsson/Finkelstein (1999), S. 13

3.4 Präskriptive Bezugsrahmen

Die Literatur liefert eine Vielzahl sogenannter präskriptiver Bezugsrahmen. Dabei handelt es sich um in der Regel grafische Darstellungen, welche den Gegenstand der Unternehmensintegration handlungsleitend strukturieren. Es lassen sich inhaltliche, ablauforientierte und kombinierte Ansätze unterscheiden:

- Die inhaltlichen Ansätze[102] versuchen, den eigentlichen Integrationsaufgaben eine Struktur zu geben. Die Vorschläge unterscheiden sich sehr stark in der Breite der Abdeckung und im Differenzierungsgrad: Während beispielsweise Müller-Stewens die vier Ebenen "Strukturell, Kulturell, Personell, Politisch"[103] unterscheidet und eine Gliederung von McKinsey "Purpose, Power, Project-Management und People"[104] beinhaltet, bezieht das in **Abbildung IV-8** gezeigte "7-K-Modell" der Integration nach Jansen weit mehr Aspekte in die Betrachtung ein.

- Die ablauforientierten Ansätze[105] schlagen eine Schrittsequenz zum Management des Integrationsprozesses vor. **Abbildung IV-9** zeigt einen Vergleich von vier verschiedenen Ablaufschemata. Auch hier lässt sich ein sehr unterschiedlicher Differenzierungsgrad feststellen. Tendenziell vermögen die Vorschläge den Integrationsprozess bis kurz nach dem Closing gut zu greifen. Für den Zeitraum danach stellen die Vorschläge jedoch keine hinreichend konkrete Grundlage dar.

- Die kombinierten Ansätze verwenden sowohl inhaltliche als auch ablauforientierte Strukturierungskriterien.[106] Sehr häufig muten die Verknüpfungen dabei eher willkürlich an und werden auch nicht weiter begründet. Ein weitgehend nachvollziehbar aufgebautes Modell stammt von Wisskirchen et al. und ist in **Abbildung IV-10** zusammengefasst.

---

[102] Vgl. Müller-Stewens (2001), S. 15; Jansen (2000), S. 215 ff.; Müller-Stewens (2000), o.S.; Habeck et al. (1999), S. 153; Viscio et al. (1999), S. o.S.; Haspeslagh/Jemison (1992), S. 203; Müller-Stewens/Krüger (1994), S. 18; Foote/Suttie (1991), S. 126; Achtmeyer/Daniell (1988), S. 31; Searby (1969), S. 6

[103] Vgl. Müller-Stewens (2001), S. 15; Müller-Stewens (2000), o.S.

[104] Vgl. Foote/Suttie (1991), S. 126

[105] Vgl. Accenture (2003), S. 5, Gadiesh et al. (2003), S. 40; KPMG (2003), S. 1; Jansen (2000), S. 212; Habeck et al. (1999), S. 25, Viscio et al. (1999), o.S.; Ashkenas et al. (1998), S. 167; Löhner (1991), S. 34

[106] Vgl. Wisskirchen et al. (2003). S. 312; Roland Berger (2002), S. 30; Ott (2001), S. 15; Looser (1998), S. 271; Nadler/Limpert (1994), S. 86; Bragado (1991), S. 25 ff.; Howell (1970), S. 68 f.

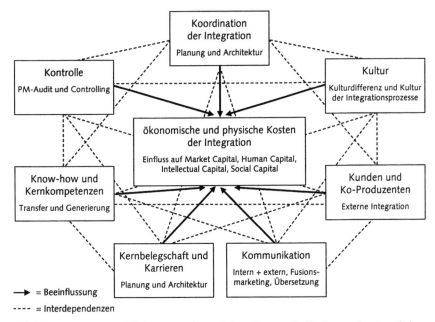

Abbildung IV-8: 7-K-Modell der Unternehmensintegration zur Strukturierung der eigentlichen Integrationsaufgaben nach Jansen[107]

[107] Quelle: In Anlehnung an Jansen (2000), S. 215

71

Gadiesh et al. (2003)	Viscio et al. (1999)	Ashkenas et al. (1998)	Löhner (1991)
Set the stage Design the new company Make it happen • Make major announcement • Operate as one business • Execute integration plans • Hand-off to operating managers	Approval and announcement Post-Merger Planning Closing Post-Merger Integration Post-Merger Redesign	Pre-Acquisition • Due Diligence • Negotiation and announcement • Close Foundation Building • Launch • Acquisition integration workout • Strategy formulation Rapid Integration • Implementation • Course assessment and adjustment Assimilation • Long-term plan evaluation and adjustment • Capitalizing success	Pre-Merger Planning • Determine the right approach • Identify and quantify value drivers Post-Merger Environment • Appoint a merger manager • Set expectations soon after announcement • Create joint task forces • Establish a new mission/vision Implementation/control • Design the master plan • Manage rationalization process • Manage capability transfer

Abbildung IV-9: Vergleich von fünf Ablaufschemata zum Management des Integrationsprozesses[108]

---

[108] Quelle: In Anlehnung an Gadiesh et al. (2003), S. 40; Viscio et al. (1999), o.S.; Ashkenas et al. (1998), S. 167; Löhner (1991), S. 34

Schritte und Unterschritte		Themen
Strukturierung der Transaktion	Entwicklung der betriebswirtsch. Logik	• Strategische Vision • Quantifizierung der Synergieziele
	Geschäftsmodell für die Post-Integrations-phase	• Integrationsgrad • Top-Level Organisation • Kernelemente für die Infrastruktur
	Finanzieller und recht-licher Rahmen	• Bewertung/Preis • Formales/rechtliches Integrationsmodell • Zeitpunkt für die rechtliche Fusion
	Führungsstruktur und Machtverteilung	• Besetzung der Führungspositionen • Entscheidungsmechanismen • Identifikation von Schlüsselentscheidungen
Durchführung der Fusion	Organisation/Planung der Implementierung	• Vorgehensplan • Projektorganisation
	Design neues Untern.	Operationalisierter Entwurf
	Gleichrichtung der Geschäftsbetriebe	• Duale Kunden • Abgrenzung Geschäftsbereiche / Kundensegmentierung
	Fusion der Geschäfts-systeme	• Implementierung der neuen Organisationsstruktur (Personal-selektion, Kundenmigration) • Integration der Infrastruktur (Standorte, IT) • Produkt-/Prozessvereinheitlichung
Schutz der be-stehenden Ge-schäftsbasis	Mitarbeiterbindung	• Kommunikationsstrategie • Personalselektion • Angleichung der Kompensationssysteme
	Kundenbindung	• Kommunikationsstrategie • Migrationsunterstützung • Loyalitätsanreize
	Beibehaltung des Ge-schäftsfokus	• Budgetierung/Controlling Integrationsphase • Spezielle Verkaufsinitiativen
Entwicklung eines neuen strategischen Rahmens für die einzelnen Geschäfts-bereiche		• Operationalisierter Wertbeitrag (Neubewertung der wesentli-chen Gestaltungshebel, Kundensegmentierung, Vertriebskanä-le, Produkte, Geschäfts-/Vertriebsorganisation) • Verknüpfung quantitative Fusionsziele/ Produktivitätstreibern
Erreichung des operativen Full Potential	• Realisierung der Synergien • Adaption des neuen Geschäftsmodells • Strategische Quali-tätssicherung	• Spezifische Realisierungspläne für Geschäftseinheiten (Perso-nalabbau, Standorte/geographische Konsolidierung) • Controlling-System • Unterstützende Massnahmen, z.B. Transfer von Mitarbeitern • Kompletter Übergang zum Zielprozess inkl. IT-Verstärkung • Überprüfung der Konsistenz von Geschäftsbereichs-Blueprints mit Unternehmensvision • Entwicklung spezifischer Initiativen für Geschäftsbereiche • Implementierung strategische Initiativen für Geschäftsbereiche

Abbildung IV-10: Strukturierung des Ablaufs des Integrationsprozesses und des Inhaltes der eigentlichen Integrationsaufgaben nach Wisskirchen et al.[109]

---

[109] Quelle: In Anlehnung an Wisskirchen et al. (2003), S. 312 ff.

3.5 Methodische Empfehlungen

Methodische Empfehlungen existieren in der Integrationsliteratur nur ansatzweise. Sie betreffen ausschliesslich das Management des Integrationsprozesses und kreisen dort um die Integrationsplanung und -kontrolle. Im Folgenden seien die wichtigsten Literaturaussagen anhand einer geringen Auswahl an Quellen zusammengefasst.

Die Integrationsplanung sollte keinesfalls vernachlässigt werden. Es wird empfohlen, ausgehend vom strategischen Kalkül der Transaktion die kritischen Prozesse und Fähigkeiten zu identifizieren und anschliessend einen konkreten Aktionsplan abzuleiten.[110]

Dabei ist in einem rollenden Planungs- und Kontrollprozess der Fokus der Integrationsplanung laufend zu hinterfragen und zu adjustieren.[111]

Zudem wird vorgeschlagen, den Integrationsprozess durch ein risikoorientiertes Integrationscontrolling zu begleiten.[112] Dabei wird darauf hingewiesen, dass insbesondere das Tracking des Integrationsprozesses in der Praxis oftmals vernachlässigt wird. Als pragmatische Form der Umsetzung wird eine Kennzahlen-gestützte Erfassung des Integrationsfortschritts und der Integrationswirkungen vorgeschlagen.[113] Auch wird die Bedeutung eines rückwirkenden Audits des Integrationsprozesses zur Sicherstellung des Erfahrungstransfers für künftige Transaktionen herausgestellt.[114]

3.6 Substantielle Empfehlungen

Die Integrationsliteratur liefert eine unüberschaubare Menge an substantiellen Empfehlungen zur Unternehmensintegration, von denen nur wenige relevant sind. Dies aus folgenden Gründen:

---

[110] Vgl. Reed-Lajoux (1998), S. 45 ff.; Löhner (1991), S. 35
[111] Vgl. Roland Berger (2002), S. 29
[112] Vgl. UBS AG/Müller-Stewens (2001), S. 36 f.; Müller-Stewens (2000), o.S.
[113] Vgl. Wisskirchen et al. (2003), S. 330 ff.
[114] Vgl. Jansen (2000), S. 220 f.

- Viele Publikationen beschränken sich auf allgemeine Erfolgsrezepte. Diese "goldenen Regeln"[115] werden unter deutlich überstrapazierter Begriffsauslegung und mit Absolutheitsanspruch als "Erfolgsfaktoren"[116] dargestellt und es wird selten präzisiert, auf welcher Grundlage sie beruhen. Solche Pauschalaussagen werden nicht als wissenschaftlich verwertbar betrachtet und darum aus der Erfassung der Literaturaussagen ausgeschlossen.
- Weiterhin beschäftigt sich eine grosse Zahl von Publikationen mit einzelnen Aufgabenbereichen bei den eigentlichen Integrationsaufgaben.[117] Sie wurden in Abschnitt 2 aufgrund der Zielsetzung der Arbeit aus der Betrachtung ausgeschlossen.

Es verbleiben zweierlei in vorliegendem Zusammenhang relevante Arten von substantiellen Empfehlungen, welche sich nicht auf Einzelprobleme beschränken und zudem durch Grundlagen fundiert und differenziert ausformuliert wurden:

- Zum einen existieren im Bereich des Managements des Integrationsprozesses Empfehlungen zur Gestaltung der Integrationsorganisation.
- Zum anderen finden sich Ansätze im Bereich der zentralen Integrationsentscheide, indem Empfehlungen zur Identifikation von Synergiepotentialen und zur Abstimmung zentraler Integrationsentscheide unterbreitet werden.

3.6.1 Gestaltung der Integrationsprojektorganisation

Hinsichtlich der Integrationsprojektorganisation wird verschiedentlich auf die Bedeutung des Einsatzes von Integrationsteams hingewiesen, welche die Durchführung der Integrationsarbeit abseits vom Daily Business sicherstellen.[118] Das erforderliche Ausmass einer paritätischen Besetzung wird dabei in erster Linie vom Integrationsgrad abhängig gemacht, das heisst bei umfassendem Integrationsauftrag sollten die Teams aus Mitarbeitern beider Transaktionspartner bestehen.[119]

---

[115] Vgl. o.V. (1997 d), S. 126

[116] Erfolgsfaktoren sind Variablen, welche einen massgeblichen Einfluss auf den Erfolg ausüben. Vgl. in anderem Zusammenhang Grünig (2002), S. 118

[117] Von knapp 250 durch die Verfasserin gesichteten Quellen beschäftigten sich über hundert ausschliesslich mit einzelnen Aufgabenbereichen. Von diesen fanden sich in 75 Empfehlungen zu den Soft Factors der Integration, also der kulturellen Angleichung, der Integrationskommunikation sowie personenbezogenen Problemen wie dem Umgang mit dem "Merger-Syndrom" oder Widerständen. Probleme der sachlichen Integration wurden hingegen nur in 35 Quellen behandelt.

[118] Vgl. z.B. Wisskirchen et al. (2003), S. 328 ff.; Marks/Mirvis (1992), S. 150 ff.

[119] Vgl. Müller-Stewens/Schreiber (1993), S. 275 ff.

Zur Koordination werden je nach Grösse der Transaktion ein Integrationsverantwortlicher oder Steering-Comitees auf verschiedenen Ebenen vorgeschlagen, welche unter Umständen administrativ durch Stäbe oder Integration-Offices unterstützt werden.[120]

Einen differenzierten Vorschlag unterbreiten Müller-Stewens/Schreiber. Sie unterscheiden drei Organisationsansätze:[121]

- Beim Experten-Ansatz wird die Integration durch die Geschäftsleitung und die Abteilungen Finanzen, Controlling oder Steuern geführt. Die Fach- oder Geschäftsbereiche werden nur fallweise beigezogen.
- Beim Team-Ansatz sind neben der Geschäftsleitung die betroffenen Divisionsleiter sowie eine Vielzahl von Fachbereichen beteiligt.
- Schliesslich sind beim Abteilungs-Ansatz eine der Geschäftsleitung angegliederte, institutionalisierte M&A-Abteilung sowie die Leiter der betroffenen Geschäftsbereiche und darüber hinaus gegebenenfalls Fachbereiche involviert.

Alle drei Organisationsansätze können durch externe Berater ergänzt werden.

3.6.2 Identifikation von Synergiepotentialen resp. Integrationsschwerpunkten

Die Identifikation von Synergiepotentialen ist eine für die Integrationsplanung zentrale Grundlage. Zur Identifikation von Synergiepotentialen nutzbringend einsetzbar erscheinen Synergietypologien sowie die Wertkette nach Porter.

(1) Synergietypologien

Das Wort "Synergie" hat seinen Ursprung in der griechischen Sprache und bezeichnet den Prozess des "Zusammenwirkens" oder auch "Zusammenarbeitens" von eigenständigen Komponenten.[122] Der Begriff fand im Rahmen der Diversifikationsdiskussion Mitte der 60er Jahre Eingang in die betriebswirtschaftliche Literatur.[123] Im Anschluss an die Begriffsprägung entwickelten sich verschiedene Klassi-

---

[120] Vgl. z.B. Wisskirchen et al. (2003), S. 328 ff.; Marks/Mirvis (1992), S. 150 ff.
[121] Vgl. Müller-Stewens/Schreiber (1993), S. 277 ff.
[122] Ehrensberger(1993), S.14f.; Kogeler (1992), S.4; Reissner (1992), S.104; Sandler (1991), S.8
[123] Ehrensberger (1993), S. 15; Reissner (1992), S. 105
    In der Folge schuf das Schrifttum eine Vielzahl von Synonymen wie etwa Verbundeffekt, Verbundvorteil, Verbundwirkung, 2+2=5-Effekt etc. Vgl. Ehrensberger (1993), S. 17 f.; Reissner (1992), S. 105

fikationsansätze zur Unterscheidung von Arten von Synergien, über die **Abbildung IV-11** einen Überblick gibt:

- Nach der Art der Synergiewirkung werden positive und negative Synergien unterschieden. Dabei treten Dyssynergien häufig als Begleiterscheinung der Realisierung positiver Synergiepotentiale auf und können deren wertsteigernde Wirkung schmälern oder gar vernichten. Positive Synergien zeigen sich als Kosteneinsparungen oder bewirken Differenzierungseffekte. Auf der Passivseite stehen Koordinierungs-, Kompromiss- und Inflexibilitätskosten.[124]
- Die Einteilung nach dem Ort des Auftretens der Synergien geht auf Ansoff zurück. Er behandelt das Thema in Zusammenhang mit der Wahl von Absatzmärkten und unterscheidet finanzielle Holding-, Verkaufs-, Produktions- und

Dimensionen	Ausprägungen					
Art	positiv			negativ		
	Kosteneinsparungs-effekte	Differenzierungs-effekte	Koordinie-rungskosten	Kompromiss-kosten	Inflexibili-tätskosten
Ort des Auftretens	Märkte			Ressourcen und Prozesse		
Wirkmechanismus	Scale-Effekte			Scope-Effekte		
Zeitpunkt des Auftretens	früh			spät		
Häufigkeit des Auftretens	einmalig			dauerhaft		
organisatorische Verankerung			Funktionen			
Natur	materiell			immateriell		
Verhältnis	substituierbar		komplementär	unabhängig		

Abbildung IV-11: Ansätze zur Klassifikation von Synergien[125]

---

[124] Vgl. Porter (1999), S. 410 ff.
[125] Quelle: Eigene Darstellung in Anlehnung an Ehrensberger (1993), S. 87, Kogeler (1992), S. 37; Porter (1999), S. 433 ff.; Gälweiler (1989) zitiert bei Reissner (1992), S. 108; McCann/Gilkey (1988), S. 36 f.; Chatterjee (1986), S. 121 f.

Management-Synergien.[126] Später folgende Arbeiten variieren und verfeinern diese Einteilung sowohl auf der Ebene der Märkte als auch bei den Ressourcen und Prozessen.[127]

- Weiterhin kann nach Wirkmechanismen unterschieden werden: Sogenannte Economies of Scale lassen sich durch den effizienteren Einsatz von Produktionsfaktoren erzielen, wobei es sich vielfach um mengenabhängige Kapazitätsauslastungseffekte handelt. Economies of Scope entstehen hingegen durch den artfremden Einsatz der zur Verfügung stehenden Ressourcen, etwa wenn technologisches Know-how zusätzliche Verwendung finden oder durch Cross-Selling eine breitere Kundenbasis aufgebaut werden kann.[128]

- Schliesslich werden nach dem zeitlichen Eintreten der Synergiewirkung früh und spät realisierbare sowie einmalige und dauerhafte Synergien unterschieden. In diesem Zusammenhang fällt in der Literatur zuweilen der Begriff "Economies of Speed".[129]

- Die Beschreibung von Synergien nach der organisatorischen Verankerung der Ausgangsressourcen erfolgt häufig entlang funktionaler Gliederungen oder anderer Organisationskriterien.[130]

- Nach der Natur der für die Synergien ursächlichen Ressourcen können materielle und immaterielle Synergien unterschieden werden.[131]

- Schliesslich können nach dem Verhältnis der Ausgangsressourcen auf abhängigen, das heisst substituierbaren oder komplementären und unabhängigen Ausgangsressourcen basierende Synergien unterschieden werden.[132]

(2) Wertkette nach Porter

Ursprünglicher Zweck des Porter'schen Modells ist die Identifikation von Kosten- und Differenzierungspotentialen durch Verknüpfung der verschiedenen Wertaktivitäten innerhalb der Wertkette eines Unternehmens, wie sie in **Abbildung IV-12** dargestellt ist.[133]

---

[126] Vgl. Ehrensberger (1993), S. 88 ff.
[127] Vgl. z.B. für eine Übersicht Ehrensberger (1993), S. 87 und Kogeler (1992), S. 37 ; ausserdem Porter (1999), S. 433 ff.; Gälweiler (1989), Sp. 1935 zitiert bei Reissner (1992), S. 108; McCann/Gilkey (1988), S. 36 f.; Chatterjee (1986), S. 121 f.
[128] Vgl. Ehrensberger (1993), S. 30 ff.; Sandler (1991), S. 28 ff.
[129] Vgl. Ehrensberger (1993), S. 96; Sandler (1991), S. 128 ff.
[130] Vgl. Porter (1999), S. 66 ff.
[131] Vgl. Porter (1999), S. 417 ff.; Ehrensberger (1993), S. 196 ff.; Clarke (1987), S. 13
[132] Vgl. Reissner (1992), S. 108 ff.; Sandler (1991), S. 156 ff.
[133] Vgl. Porter (1999), S. 66 ff.

78

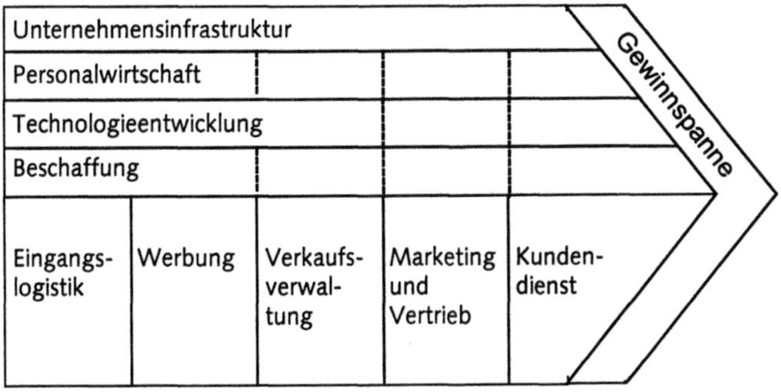

Unternehmensinfrastruktur					
Personalwirtschaft					
Technologieentwicklung					
Beschaffung					

| Eingangs-logistik | Werbung | Verkaufs-verwal-tung | Marketing und Vertrieb | Kunden-dienst |

Gewinnspanne

Abbildung IV-12: Wertkette nach Porter[134]

Der Ansatz kann gemäss Porter über das einzelne Unternehmen hinaus erweitert werden, indem die Wertketten von zwei Transaktionspartnern auf Möglichkeiten der Verschmelzung und/oder Verknüpfung hin untersucht werden. Dabei wird betrachtet, ob substituierbare Wertaktivitäten und damit Doppelspurigkeiten existieren und/oder ob sie komplementär in einem Input-Output-Verhältnis zueinander stehen, woraus sich Differenzierungspotentiale ergeben.[135]

Porter liefert ausführliche, aber nicht abschliessende Checklisten möglicher Verschmelzungen oder Verknüpfungen. Des Weiteren weist er darauf hin, dass sich mit der Realisierung der positiven Synergien auch negative Effekte ergeben können. Dies in Form von zusätzlichen Koordinierungskosten, Kompromisskosten oder Inflexibilitätskosten. Auch hier unterbreitet er konkrete Checklisten, welche je nach konkreter Tätigkeit zu adaptieren resp. zu ergänzen sind.[136]

3.6.3 Abstimmung der zentralen Integrationsentscheide

Die oben zitierten empirischen Studien belegen Zusammenhänge zwischen Integrationsschwerpunkten, Integrationsgrad, Integrationstempo und Erfolg. Aus diesem Beleg für Abstimmungsbedarf heraus haben sich verschiedene Ansätze zur Festlegung dieser zentralen Aspekte in Integrationsprofilen entwickelt. Im Folgenden werden zwei im Schrifttum bereits etablierte Ansätze vorgestellt.

---

[134] Quelle: Porter (1999), S. 66
[135] Vgl. Porter (1999), S. 66
[136] Vgl. Porter (1999), S. 436 ff.

(1) Integrationsprofile nach Haspeslagh/Jemison

Haspeslagh/Jemison beschäftigen sich mit der Wahl der Integrationsschwerpunkte, des Integrationsgrades und des Integrationstempos in Abhängigkeit von den Transaktionszielen: Sie gehen davon aus, dass der Integrationsgrad sich nach dem Ausmass zu richten habe, in welchem die Erreichung der Transaktionsziele einen Transfer oder die Erhaltung von strategischen Fähigkeiten erfordert. Entsprechend müssen Interdependenzen zwischen den Transaktionspartnern geschaffen oder es muss organisatorische Autonomie garantiert werden. Zur Identifikation des Bedarfs an strategischen Interdependenzen und/oder organisatorischer Autonomie liefern die beiden Wissenschaftler Fragenkataloge.[137]

Entlang der beiden Dimensionen unterscheiden Haspeslagh/Jemison drei Integrationsprofile gemäss **Abbildung IV-13**. Die vierte Form der "Holding" wird nicht als Integration im eigentlichen Sinne betrachtet:[138]

- Bei der "Absorption" wird einer Scale-orientierten Logik folgend durch ein hohes Mass an Interdependenz rasch eine weitreichende Integration erreicht, organisatorische Autonomie erscheint bei diesen in der Regel horizontalen Transaktionen nicht erforderlich. "Integration bedeutet in diesem Fall eine vollständige Konsolidierung der Aktivitäten, der Organisation und der Unternehmenskulturen der beiden Firmen."[139]
- Die "Erhaltung" ist sinnvoll, wenn ein niedriges Mass an Interdependenzen vorliegt. Im Zentrum steht ein hoher Grad an organisatorischer Autonomie zum Schutz der besonderen Fähigkeiten des Transaktionspartners. Dies erscheint immer dann angebracht, wenn es sich bei der Transaktion um ein für das Erwerberunternehmen komplett neues Tätigkeitsgebiet handelt. Die Integrationsarbeit beschränkt sich dann auf die Führung "an der langen Leine" bei gleichzeitiger Förderung des akquirierten Unternehmens. Darüber hinaus kommt es höchstens zu Anpassungen im administrativen Bereich.
- Die "Symbiose" stellt das komplexeste Integrationsprofil dar, da sowohl Bedarf nach strategischer Interdependenz als auch nach organisatorischer Autonomie besteht: Integration und Erhaltung von besonderen Eigenschaften der Transaktionspartner stehen also nebeneinander. Die erforderlichen Anpassungen erfolgen bei diesen Transaktionen, bei denen die Partner meist in einem

---

[137] Vgl. Haspeslagh/Jemison (1992), S. 166 ff.
[138] Vgl. Haspeslagh/Jemison (1992), S. 166 ff.
[139] Haspeslagh/Jemison (1992), S. 176

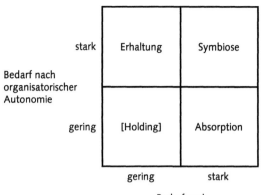

Abbildung IV-13: Integrationsprofile nach Haspeslagh/Jemison[140]

ähnlichen aber doch nicht deckungsgleichen Kontext stehen, entsprechend schrittweise und das Integrationsmanagement hat solange für eine ausreichende Boundary-Protection Sorge zu tragen, bis sich die zu erhaltenden strategischen Fähigkeiten im Verbund etabliert haben.

(2) Integrationsprofile nach Bragado

Abbildung IV-14 zeigt die Integrationsprofile nach Bragado, welche die Bestimmung des Integrationstempos anhand der organisatorischen Nähe und der Transaktionsziele zum Gegenstand haben:

- Das Ausmass der organisatorischen Nähe ist von verschiedenen Situationsfaktoren abhängig: Das relative Grössenverhältnis, der Integrationsbedarf, die Ähnlichkeit von Führungs- und Informationssystemen sowie die Vereinbarkeit der Kulturen und der Personalpolitik. Die sich aus der Gegenüberstellung der Transaktionspartner ergebenden Konstellationen werden hinsichtlich ihres Einflusses auf das Integrationstempo anhand einer Rating-Skala von 1 (sehr langsam) bis 5 (sehr schnell) bewertet und zu einer Grösse zusammengefasst, welche die "Intrinsic Compatibility Speed-Index" ausdrückt.

---

[140] Quelle: Haspeslagh/Jemison (1992), S. 174

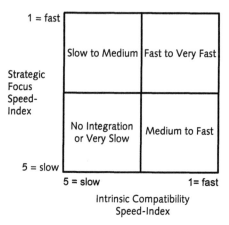

Abbildung IV-14: Integrationsprofile nach Bragado[141]

- Die Bewertung des "Strategic Focus" wird nach gleicher Manier anhand der Transaktionsziele und der "Thoroughness" der Integrationsplanung vorgenommen. Während Bragado für die Bewertung des Einflusses der Situationsvariablen einen differenzierten Kriterienkatalog und ein Bewertungsraster ausformuliert, beschränkt er seine Empfehlungen zur Berechnung des "Strategic Focus Speed-Index" auf die Nennung zweier Kriterien, nämlich dem "Strategic Purpose" der Transaktion und die "Thoroughness" der Integrationsplanung. Wie diese zu erfassen und hinsichtlich des Integrationstempos zu bewerten sind, wird nicht dargelegt.

Die anschliessende Darstellung der beiden Indizes in einer zweidimensionalen Matrix ermöglicht die Bestimmung des adäquaten Integrationstempos. Dies kann bezogen auf den Integrationsprozess insgesamt wie auch für einzelne Abschnitte oder Aufgabenbereiche geschehen.[142]

3.7 Kriterien

Einige der in Abschnitt 3.2 zitierten Studien untersuchen auf empirischen Weg die Erfolgsfaktoren der Unternehmensintegration. Die Resultate können als Empfehlungen in Form von Gestaltungskriterien gelten. **Abbildung IV-15** gibt einen

---

[141] Quelle: In Anlehnung an Bragado (1991), S. 27
[142] Vgl. Bragado (1991), S. 24 ff.

identifizierte Erfolgsfaktoren	beeinflusst Erfolg	Jansen (2000 c, d)	Feldman/ Spratt (2000)	Habek et al. (1999)
Abgleich Kundenstrukturen und Angebote	positiv	X		
Klärung der Führungsstrukturen	positiv	X		
Angleichung der Gehalts-strukturen	positiv	X		
Schaffung von Anreizsystemen	positiv	X	X	
Kommunikation	positiv	X	X	
Widerstand der Kernbelegschaft	negativ	X		X
Integrationsprojektorganisation	positiv	X	X	
Integrationserfahrung der Manager	positiv			X
Integrationsplanung	positiv	X		
Überlastungserscheinungen bei den beteiligten Mitarbeitern	negativ	X		

Abbildung IV-15: Erfolgsfaktoren der Unternehmensintegration[143]

Überblick, welche generellen Leitplanken für eine erfolgreiche Unternehmensintegration abgeleitet werden. Sie entsprechen nach der Literaturkenntnis der Verfasserin auch den Aussagen aus nicht empirisch fundierten Publikationen.

Auch hier ist festzuhalten, dass die Empfehlungen schwerpunktmässig um einzelne Aufgabenbereiche unter den eigentlichen Integrationsaufgaben kreisen, welche aus der Zielsetzung der Arbeit ausgegrenzt wurden. Die verbleibenden Aussagen sind vor dem Hintergrund der Situationsabhängigkeit von Integrationsprozessen sehr genereller Natur.

---

[143] Quelle: Vgl. Feldman/Spratt (2000), S. 34 ff.; Jansen (2000 c), S. 334 ff.; Jansen (2000 d), S. 388 ff.; Habeck et al. (1999), S. 20 ff.

4 Zusammenfassende Beurteilung der Literaturaussagen zur Unternehmensintegration

Abbildung IV-16 zeigt eine zusammenfassende Bewertung der Relevanz der Literaturaussagen als Grundlage für die Entwicklung der angestrebten Empfehlungen.

relevante Aussagenkategorien der prakt.-norm. BWL / Teilaspekte der Unternehmensintegration	substantielle Grundlagen			Empfehlungen			
	Einzelbeispiele	empirische Erhebungen	Theorien + Hypothesen	präskriptive Bezugsrahmen	methodische Empfehlungen	substantielle Empfehlungen	Kriterien
eigentliche Integrationsaufgaben	++	+		+++			
Management des Integrationsprozesses	++	+		+++	+	+	+
zentrale Integrationsentscheide	++	++	+			++++	
leer = nicht erfasst	+ = geringe Relevanz		++ = gewisse Relevanz		+++ = grosse Relevanz		++++ = sehr grosse Relevanz

Abbildung IV-16: Relevanz der Literaturaussagen zur Unternehmensintegration für die Entwicklung der Empfehlungen

Einzelbeispiele besitzen als substantielle Grundlage eine gewisse Relevanz, weil sie einen guten Einblick in das vielfältige Integrationsgeschehen zu geben vermögen. Als besonders wertvoll werden die in den Beispielen dargestellten Ansätze zur Strukturierung des Inhalts der eigentlichen Integrationsaufgaben und des Ablaufs des Integrationsprozesses betrachtet. Dies, obschon die präsentierten Lösungen nicht vom Kontext des Falls gelöst werden und damit nicht als Best Practise gelten können. Zudem werden letztlich jeweils nur Auszüge aus dem Integrationsgeschehen gezeigt. Die Darstellungen sind also weder umfassend noch differenziert genug, um eine ausreichende Grundlage für die Entwicklung der Empfehlungen darzustellen.

In Zusammenhang mit der empirischen Erfassung des Untersuchungsgegenstands der Unternehmensintegration besteht immer noch vergleichsweise grosser Forschungsbedarf: Die Erfassung der eigentlichen Integrationsaufgaben und des Managements des Integrationsprozesses in empirischen Erhebungen ergibt für die Entwicklung der Empfehlungen so gut wie keine verwertbaren Aussagen.

Hingegen können die durch die Studien nachgewiesenen Zusammenhänge zwischen den zentralen Integrationsentscheiden in die weiteren Betrachtungen einbezogen werden.

Die Bedeutung der wenigen existierenden Hypothesensysteme zur Erklärung des Integrationserfolges wird als gering eingestuft: Die existierenden Modelle vermögen den Gegenstand selten vollständig abzudecken und tragen insbesondere der Bedeutung der Kontextvariablen zu wenig Rechnung.

Die in der Literatur aufzufindenden präskriptiven Bezugsrahmen bieten Ansatzpunkte für eine generische Strukturierung der Integrationsaufgaben und des Integrationsprozesses, fokussieren jedoch insgesamt noch zu stark auf die Pre Deal-Phase. Hier besteht noch weiterer Bedarf an gut fundierten und differenziert ausformulierten gestaltungsorientierten Vorschlägen für die Phase nach dem Closing.

Die Empfehlungen zum Vorgehen bei der Integrationsplanung und -kontrolle sind sehr genereller Natur und darum von geringer Relevanz.

Gleiches gilt für die substantiellen Empfehlungen zur Integrationsorganisation. Hingegen werden sich die in Einzelbereichen relativ ausgereiften Empfehlungen zur Bewältigung der zentralen Integrationsentscheide nutzbringend in die weiteren Ausführungen einbringen lassen.

Die Kriterien in Form von Erfolgsfaktoren zur Unternehmensintegration schliesslich werden wiederum als Literaturaussagen von geringer Relevanz eingestuft. Die aus der Analyse empirisch fundierter Quellen hervorgegangene Liste von Erfolgsfaktoren gibt nur wenig konkrete Hinweise und ist zudem nicht als abschliessend zu werten.

Zusammenfassend existieren im Sinne der Zielsetzung der Arbeit verwertbare Literaturaussagen insbesondere in Form von präskriptiven Bezugsrahmen und substantiellen Empfehlungen. Erstere decken die Teilaufgaben der Erfüllung der eigentlichen Integrationsaufgaben und des Managements des Integrationsprozesses, letztere die Unterstützung der zentralen Integrationsentscheide ab.

V   Case-Research als zentrale Forschungsmethode

1   Überblick

Kapitel V beinhaltet Ausführungen zu der in der Dissertation eingesetzten Forschungsmethode des Case-Research:

- Nach dem Überblick werden in Abschnitt 2 zunächst Begriff und Geschichte
  des Case-Research dargelegt.
- Anschliessend geht es in Abschnitt 3 darum, das Case-Research als Forschungsmethode gegenüber anderen Case-basierten Forschungsmethoden
  abzugrenzen und seine Funktionen im Forschungsprozess zu präzisieren.
- Schliesslich enthält Abschnitt 4 Empfehlungen zur Planung und Durchführung
  eines Case-Research-Projektes.

2 Begriff und Geschichte des Case-Research

2.1 Begriff des Case-Research

In Zusammenhang mit der Analyse von Einzelfällen werden die verschiedensten Begriffe verwendet. Sehr häufig wird von Fallstudie, Case-Study oder Case-Study-Research gesprochen, was in der Vergangenheit häufig zu einer impliziten Gleichsetzung des Einsatzes in der Forschung mit dem in der Lehre führte, welche jedoch völlig anderen Ansprüchen gerecht werden müssen.[144] Deswegen wird der Begriff "Case-Study" vollständig vermieden und von Case-Research gesprochen.

Zerlegt man den Ausdruck Case-Research, so geht es um das Erforschen eines Falls.[145] Das Verständnis des Begriffs "Fall" resp. "Case" bildet deshalb den Ausgangspunkt der Begriffsklärung.

Ein Case resp. ein Fall ist ein durch einen spezifischen Kontext geprägtes Objekt, das als Beispiel für die untersuchte Problemklasse oder das betrachtete Phänomen gelten kann.[146] Kontextbezug, Spezifität und Beispielcharakter stellen also die zentralen begrifflichen Merkmale dar:

- Ein Fall umfasst Untersuchungsgegenstand und Kontext, wobei die Grenzen zwischen ihnen nicht immer klar definiert sind.
- Ein Fall ist spezifisch, das heisst er bezieht sich stets auf einen bestimmten Zeitpunkt resp. Zeitraum und einen bestimmten Ort.
- Ein Fall ist in erster Linie ein Beispiel für etwas, das heisst er steht in unmittelbarer Beziehung zum betrachteten Problem oder Phänomen.

Ausgehend davon kann Case-Research als Untersuchung einer Problemklasse oder eines Phänomens anhand von mindestens einem spezifischen Fall bezeichnet werden. Dabei werden neben der Analyse interessierender Aspekte des Untersuchungsgegenstandes auch die Kontextbedingungen explizit mit einbezogen. Case-Research ist damit stets ganzheitlich angelegt und umfasst sowohl quantitative als auch qualitative Gesichtspunkte.[147]

---

[144] Vgl. Yin (2003 a), S. 10
[145] Vgl. Hamel et al. (1993), S. 1
[146] Vgl. Abbott (1994), S. 55; Ragin (1994 a), S. 6
[147] Vgl. Yin (2003 a), S. 13; Saunders et al. (2000), S. 99; Sekaran (2000), S. 128; Zikmund (2000), S. 107; Tellis (1997 b), S. 1; Emroy/Cooper (1991), S. 142 f.; Orum/Feagin (1991), S. 2; Eisenhardt (1989), S. 534

2.2 Geschichte des Case-Research

Die Entwicklung des Case-Research nahm ihren Anfang in naturwissenschaftli-
chen Disziplinen - insbesondere der klinischen Psychiatrie - als Alternative und
Erweiterung zum Experiment. Heute wird Case-Research in erster Linie mit den
Sozialwissenschaften und dort hauptsächlich mit der Anthropologie und der So-
ziologie in Verbindung gebracht.[148] Seine eigentliche Blüte erlebte es dort zu Beginn des 20. Jahrhunderts mit der sogenannten "Chicagoer Schule", welche die
sozialen Strukturen und Probleme in einem sich durch Zuwanderung und Indust-
rialisierung rasch entwickelnden städtischen Umfeld unter anderem mit Case-
Research untersuchte. Bestandteile der eingesetzten Forschungsmethodik waren
teilnehmende Beobachtung, Befragung direkt betroffener Personen sowie detaillierte Erfassung und explizite Berücksichtigung der Kontextbedingungen.[149]

Die im Rahmen dieser Untersuchungen eingesetzte Case-basierte Forschungsmethodik wurde als qualitative Forschung positivistischer Prägung wahrgenommen.
Die Chicagoer Schule erfuhr denn auch harsche Kritik von den mit empirisch-
analytischen Forschungsmethoden arbeitenden Wissenschaftlern der Columbia
University in New York. Der Disput zwischen den beiden Institutionen wurde
schliesslich von den Vertretern der Columbia University "gewonnen". Zwei Kri-
tikpunkte am Case-Research waren dafür vor allem verantwortlich:[150]

- Mangel an Genauigkeit bei der Datenerhebung und -analyse bedingt durch
  den qualitativen Charakter der Daten.
- Unzureichende Generalisierbarkeit der auf wenigen Fällen basierten und be-
  gründeten Aussagen.

Als Konsequenz verlor das Case-Research in der Folge deutlich an Bedeutung.
Ihm wurde fortan lediglich im Rahmen von Vorabklärungen ein gewisser Wert
beigemessen.[151]

Case-Research erlebte erst in den 60er und 70er Jahren des 20. Jahrhunderts aufgrund der Arbeiten der beiden Soziologen Glaser und Strauss nicht nur in ihrer
Wissenschaft, sondern auch in anderen sozialwissenschaftlichen Disziplinen wie-

---

[148] Vgl. Tellis (1997 a), S. 3; Hamel et al. (1993), S. 1 ff.
[149] Vgl. Yin (2003 a), S. 12; Tellis (1997 a), S. 2; Hamel et al. (1993), S. 1 ff.
[150] Vgl. Yin (2003 a), S. 9 ff.; Yin (2003 b), S. 46 f.; Say (1997), S. 1; Tellis (1997 a), S. 3; Witt
(1996), S. 2 ff.; Hamel et al. (1993), S. 18 ff.; Sjoberg et al. (1991), S. 44 ff.
[151] Vgl. Yin (2003 a), S. 12 und S. 103; Say (1997), S. 1; Witt (1996), S. 2 ff.; Sjoberg et al.
(1991), S. 29 ff.

der grössere Verbreitung.[152] An den zuvor genannten Kritikpunkten ansetzend, entwickelten sie methodische Ansätze zur Erfassung und systematischen Analyse qualitativer Daten.[153] Als zentrale Bestandteile dieses als "Grounded Theory" bezeichneten "Analysestils"[154] sind zu nennen:[155]

- Herausfiltern und beschreiben von aus wissenschaftlicher Sicht zentralen Aspekten, sogenannten Kategorien. Sie werden durch den Vorgang des "Kodierens" hervorgebracht, bei dem in den Daten systematisch nach Indikatoren für das interessierende Phänomen gesucht wird. Dabei werden neben dem betrachteten Phänomen auch Ursachen und Konsequenzen, der Kontext sowie beobachtete Verhaltensweisen berücksichtigt.
- Analyse der Daten durch "fortlaufenden Vergleich" bereits während des Kodierens zur schrittweisen Verdichtung der Ergebnisse.
- Anwendung des Prinzips des "analytischen Sampling", das eine schrittweise Erweiterung des hinzugezogenen Datenmaterials nach Massgabe der noch zu erzielenden theoretischen Sättigung verlangt.

Die Daseinsberechtigung des Case-Research ist inzwischen unbestritten, da eine Vielzahl von Fragestellungen einer breiten empirischen Erhebung nicht zugänglich sind, sondern nur über detaillierte und gleichzeitig ganzheitlich angelegte Untersuchungen angegangen werden können.[156] Trotzdem fehlt eine allgemein anerkannte Methodik. Es gibt nur wenige Quellen, welche Case-Research umfassend behandeln.[157]

---

[152] Vgl. Yin (2003 b), S. 44; Hamel et al. (1993), S. 27; Eisenhardt (1989), S. 532 f.
[153] Vgl. Böhm (2000), S. 475 ff.; Glaser/Strauss (1998), S. 1 ff.; Strauss (1998), S. 1 ff.
[154] Strauss (1998), S. 30
[155] Vgl. Glaser/Strauss (1998), S. 107 ff.; Strauss (1998), S. 30
[156] Vgl. Sjoberg et al. (1991), S. 52 f.
[157] Stellvertretend sei insbesondere auf die Werke von Yin (2003 b) und (2003 a) hingewiesen.

3   Einordnung und Funktionen des Case-Research

In der sozialwissenschaftlichen Forschung werden Fälle auf drei Arten eingesetzt:

- Im Rahmen von Case-Research-Projekten,
- im Rahmen von Action-Research-Projekten und
- als Case-Examples.

Case-Research wird eingesetzt, um den Untersuchungsgegenstand zu entfalten, das heisst ihn zu erfassen und zu beschreiben. Dabei steht der Forscher ausserhalb des Geschehens und nimmt die Position eines lernenden Beobachters ein. Voraussetzung ist lediglich die konkrete Ausformulierung des Forschungsinteresses, um die Untersuchung auf die relevanten Aspekte zu fokussieren.[158]

Action-Research dient der Überprüfung und Verbesserung von Gestaltungsempfehlungen, wobei der Forscher steuernd in die Situation eingreift, indem er sie anwendet und die Wirkung der Massnahmen erfasst. Praktische Problemlösung und Beantwortung einer wissenschaftlichen Frage bilden damit im Action-Research eine Einheit: Der Forscher nimmt gleichzeitig die Rolle eines aktiven Gestalters und die Position eines lernenden Beobachters ein. Voraussetzung ist, dass hypothetische Empfehlungen in einem für die Anwendung ausreichenden Konkretisierungsgrad zur Verfügung stehen.[159]

Mit dem Case-Example schliesslich werden vorderhand kommunikative Zwecke verfolgt: Die Fallbeschreibung wird verwendet, um bereits validierte Forschungsergebnisse zu exemplifizieren und damit einem externen Publikum zugänglicher zu machen. Der Forscher lernt nicht mehr aus dem Fall, sondern bedient sich der Geschichte des Falls und betätigt sich somit quasi als Romancier.[160] Das Case-Example bildet damit nicht Bestandteil des eigentlichen Forschungsprozesses sondern dient nachgelagert der Darstellung der Forschungsergebnisse.

Abbildung V-1 fasst die zentralen Elemente der drei Einsatzgebiete von Fallanalysen in wissenschaftlichem Kontext zusammen.

---

[158] Vgl. stellvertretend Yin (2003 a), S. 1 ff.
[159] Vgl. Grünig/Gut (2002), S. 21 f.
[160] Vgl. Yin (2003 a), S. 15

	Case-Research	Action-Research	Case-Example
Zweck	Entfaltung des Untersuchungsgegenstandes	Überprüfung und Verbesserung von Empfehlungen	Exemplifizierung von Forschungsergebnissen
Voraussetzungen	spezifiziertes Forschungsinteresse	hypothetische Empfehlungen	bereits validierte Forschungsergebnisse
Rolle des Forschers	lernender Beobachter	aktiver Gestalter und lernender Beobachter	Journalist resp. Romancier

Abbildung V-1: Case-Research, Action-Research und Case-Example

Case-Research ist somit in praktisch-normativen Forschungsprojekten vorwiegend auf Explorationsstufe situiert, aufgrund des typischerweise zirkulären Charakters des Forschungsprozesses jedoch keineswegs auf diese beschränkt:[161]

- Auf Explorationsstufe wird mit Case-Research ein vertieftes Verständnis des Untersuchungsgegenstands innerhalb des Kontextes bezweckt. Dabei geht es einerseits um die Erfassung von Anhaltspunkten zur Entwicklung der Gestaltungsempfehlungen. Andererseits werden mit dem Case-Research die Anwendungsbedingungen geklärt und konkretisiert.

- Je nach Anlage der Untersuchung kann Case-Research auch auf Evaluationsstufe eingesetzt werden, um hypothetische Annahmen über den Untersuchungsgegenstand zu überprüfen. Aus Gründen der eingeschränkten Generalisierbarkeit und des dabei mit einem solchen Projekt verbundenen Aufwands wird dieser Weg jedoch seltener gewählt. Wird auf Evaluationsstufe Action-Research eingesetzt, so kommt es jedoch parallel zum Test der Empfehlungen automatisch zu einer weiteren Entfaltung des Untersuchungsgegenstandes und des Kontextes. Jedes Action-Research-Projekt besitzt also auch Case-Research-Komponenten, indem der Forscher nicht nur hinsichtlich der auf dem Prüfstand stehenden Gestaltungsempfehlungen lernt, sondern auch sein Wissen über Untersuchungsgegenstand und Kontext erweitert.

---

[161] Vgl. Yin (2003 a), S. 1 ff.; Flick (2000 a), S. 57 ff.; Flick (2000 b), S. 253; Meinefeld (2000), S. 268; Sekaran (2000), S. 124; Glaser/Strauss (1998), S. 15; Remenyi et al. (1998), S. 51; Tellis (1997 a), S. 4; Tellis (1997 b), S. 2; Burgess (1996), S. 535; Witt (1996), S. 7 f.; Abbott (1994), S. 64; Ragin (1994 a), S. 51; Gygi/Siegenthaler (1978), S. 279 ff.; Köhler (1978), S. 192; Szyperski (1971), S. 279; Kosiol (1964), S. 747

4 Planung und Durchführung eines Case-Research-Projektes

4.1 Überblick über das Vorgehen

Abbildung V-2 zeigt das vier Schritte umfassende Vorgehen zur Planung und Durchführung von Case-Research-Projekten im Überblick.[162]

```
┌─────────────────────────────────────────────────────────────────────┐
│ 1  Planung des Case-Research-Projektes                               │
│                                                                       │
│    • Rekapitulation der Zielsetzungen des Case-Research und          │
│      Konkretisierung der Analysethemen                               │
│    • Festlegung des Case-Design                                      │
│    • Planung des zeitlichen Ablaufs und der einzusetzenden Ressourcen │
└─────────────────────────────────────────────────────────────────────┘
                                    ↓
┌─────────────────────────────────────────────────────────────────────┐
│ 2  Datenerhebung                                                     │
│                                                                       │
│    • Festlegung der Techniken der Datenerfassung                     │
│    • Datensammlung                                                   │
│    • Organisation des Datenmaterials                                 │
└─────────────────────────────────────────────────────────────────────┘
                                    ↓
┌─────────────────────────────────────────────────────────────────────┐
│ 3  Datenauswertung                                                   │
│                                                                       │
│    • Festlegung der Techniken der Datenanalyse                       │
│    • Aufbereitung des Datenmaterials                                 │
│    • Durchführung der Datenanalyse                                   │
└─────────────────────────────────────────────────────────────────────┘
                                    ↓
┌─────────────────────────────────────────────────────────────────────┐
│ 4  Darstellung der Ergebnisse                                       │
│                                                                       │
│    • Festlegung von Form und Struktur des Case-Reports               │
│    • Verfassen des Case-Report                                       │
└─────────────────────────────────────────────────────────────────────┘
```

Abbildung V-2: Vorgehen zur Planung und Durchführung von Case-Research-Projekten

---

[162] Vgl. Yin (2003 a), S. 18 ff.; Say (1997), S. 1 ff.; Tellis (1997 b), S. 1 ff.; Hamel et al. (1993), S. 40 ff.; Eisenhardt (1989), S. 533

Wie weiter oben[163] dargelegt, stellt Case-Research nur eine der möglichen Formen der Feldarbeit auf Explorations- und/oder Evaluationsstufe dar. Das im Folgenden vorgestellte Vorgehen bezieht sich demzufolge nur auf ein Case-Research-Projekt auf einer Stufe im Forschungsprozess.[164] Es wird dabei vom in praktisch-normativen Forschungsprojekten klassischen Anwendungsfall in explorativem Zusammenhang ausgegangen. Das Vorgehen ist jedoch mit einigen Adaptionen und Erweiterungen auch auf Action-Research-Projekte übertragbar.

4.2 Planung des Case-Research-Projektes

Die Planung beginnt mit der Rekapitulation der Zielsetzungen des Case-Research im Forschungsprozess. Dabei geht es entweder um die Entwicklung resp. Exploration von wissenschaftlichen Aussagen oder um deren Überprüfung resp. Validierung. Wie bereits dargelegt, dient Case-Research in praktisch-normativen Forschungsprojekten primär explorativen Zwecken. Die mit dem Case-Research anvisierten Teilresultate sollten jedoch als Grundlage für die weitere Planung noch einmal explizit genannt und stufengerecht präzisiert werden.[165]

Ausgehend von den Zielsetzungen des Case-Research-Projektes folgt als Grundlage zur Steuerung der Datenerhebung und -auswertung die Ausarbeitung konkreter Analysethemen. Sie dienen einer Fokussierung der Untersuchung auf die wesentlichen Aspekte und damit der Vermeidung von Datenfriedhöfen sowie der Schaffung einer kohärenten Datenbasis.[166]

Darauf folgt das Case-Design, mit dem festgelegt wird, wie viele und welche Fälle zu analysieren sind und welches Zeitfenster sie betreffen:

- Wie **Abbildung V-3** zeigt, lassen sich nach Anzahl der Fälle und der Anzahl der Analyseeinheiten das Single und Multiple sowie das Embedded und Holistic Case-Design unterscheiden: Beim Single Case-Design wird ein einzelner, beim robusteren Multiple Case-Design werden mehrere Fälle untersucht.

---

[163] Vgl. Kapitel I, S. 7 ff.

[164] Viele Vorgehensvorschläge aus der Literatur beziehen Case-Research auf den gesamten Forschungsprozess. Vgl. z.B. Eisenhardt (1989), S. 532 ff.; Bonoma (1985), S. 204 ff.
Dies erachtet die Verfasserin nicht als sinnvoll, da die Planung der Feldarbeit schrittweise und stufengerecht entsprechend der Teilziele der jeweiligen Stufe erfolgen sollte.

[165] Vgl. Yin (2003 a), S. 20 f.

[166] Vgl. Yin (2003 a), S. 69 ff.; Eisenhardt (1989), S. 536

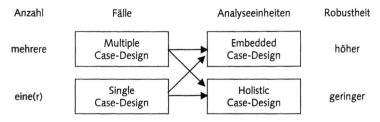

Anzahl	Fälle	Analyseeinheiten	Robustheit
mehrere	Multiple Case-Design	Embedded Case-Design	höher
eine(r)	Single Case-Design	Holistic Case-Design	geringer

Abbildung V-3: Anzahl Fälle und Analyseeinheiten im Case-Design

Wenn ein Fall mehr als eine Analyseeinheit umfasst, spricht man von Embedded Case-Design. Im Holistic Case-Design erfolgt die Analyse hingegen global über den gesamten Fall hinweg. Zur Abgrenzung von Analyseeinheiten sind unterschiedliche Kriterien denkbar: Beispielsweise können verschiedene Unternehmensbereiche oder Personengruppen Analyseeinheiten darstellen. Die Abgrenzung sollte so erfolgen, dass die Analyse von Gemeinsamkeiten und Unterschieden von für die Zielsetzung relevanten Teilaspekten ermöglicht wird. Falls Analyseeinheiten abgegrenzt werden können, ist das Embedded Case-Design zu bevorzugen, da so eine differenziertere Datenbasis und damit eine höhere Dichte und Robustheit der Aussagen erlangt werden kann.[167]

- Die Auswahl der Fälle folgt dem analytischen Sampling-Prinzip. Im Unterschied zum statistischen Sampling spielen Quotenmerkmale einer Grundgesamtheit hier keine Rolle. Einziges Auswahlkriterium ist der Bezug zur betrachteten Problemklasse. Werden mehrere Fälle untersucht, orientiert sich die Auswahl zudem an ihrem potentiellen Beitrag zur Verdichtung der Aussagen. Dabei kommen sowohl ähnliche als auch kontrastierende Fälle in Frage.[168]

- Als Zeitfenster steht entweder das zeitpunkt- resp. zeitraumbezogene Querschnittsdesign oder das dynamische Längsschnittdesign zur Verfügung. Die Entscheidung für ein bestimmtes Zeitfenster kann letztlich nur vor dem Hintergrund der jeweiligen Zielsetzungen erfolgen. Aufgrund des generell höheren Zeitbedarfs von Case-basierten Forschungsmethoden wird häufig das zeitraumbezogene Querschnittsdesign gewählt.[169]

---

[167] Vgl. Yin (2003 a), S. 38 ff.; Eisenhardt (1989), S. 534

[168] Vgl. Yin (2003 a), S. 30 ff.; Diekmann (2000), S. 325 ff.; Flick (2000 a), S. 79 ff.; Merkens (2000), S. 286 ff.; Zikmund (2000), S. 54 ff.; Glaser/Strauss (1998), S. 53 ff.; Strauss (1998), S. 70 f.; Tellis (1997 a), S. 4; Tellis (1997 b), S. 2; Eisenhardt (1989), S. 537 ff.

[169] Vgl. Yin (2003 a), S. 113 ff.; Diekmann (2000), S. 168 und 266 ff.; Flick (2000 b), S. 255 f.; Haigh (2000), S. 4; Sekaran (2000), S. 138 ff.; Emroy/Cooper (1991), S. 141 f.

Schliesslich ist das Projekt als Grundlage für einen effizienten Ablauf und das Tracking der Aktivitäten, gegebenenfalls pro Fall, ressourcenmässig und zeitlich zu planen. Die zeitliche Planung sollte die wichtigsten Milestones und Termine fixieren. Des Weiteren sind die zur Verfügung stehenden Forschungsressourcen aufzuführen. Dabei geht es nicht nur um finanzielle Mittel, sondern auch und in erster Linie um ganz praktische Dinge wie Büroräumlichkeiten, Computer und andere Materialen sowie um die personellen Ressourcen. Sind mehrere Personen in das Case-Research-Projekt involviert, so ist eine Minimalorganisation sicherzustellen, indem Verantwortlichkeiten zugeteilt und Ansprechpartner im Falle von Problemen angegeben werden.[170]

4.3 Datenerhebung

Schritt 2 betrifft die Datenerhebung, welche zunächst die Festlegung der Techniken der Datenerfassung beinhaltet. Darüber hinaus ist parallel zur Datensammlung die Organisation des erhobenen Materials zu bewerkstelligen.

Zunächst ist zu bestimmen, welche Datenarten erfasst werden sollen und welche Erhebungstechniken demzufolge zum Einsatz kommen. Zudem sind die durchführenden Personen auszuwählen und zu schulen:

- Case-Research ist ganzheitlich ausgerichtet und schliesst deshalb à priori keine Datenarten aus: Es können qualitative wie auch quantitative Primär- und/oder Sekundärdaten erfasst werden. Die Kombination von Informationen unterschiedlicher Art und Herkunft fördert das Verständnis und ermöglicht daneben eine Kontrolle durch einen Quervergleich der Informationen.[171]
- Demnach werden meist mehrere Erhebungstechniken parallel eingesetzt, wobei die zur Verfügung stehenden Forschungsressourcen unter Umständen eine Beschränkung darstellen. Das Spektrum reicht von der Dokumentenanalyse über die Beobachtung bis zum Interview. **Abbildung V-4** zeigt die gängigsten Erhebungstechniken mit ihren Vor- und Nachteilen. Der parallele Einsatz verschiedener Methoden dient zudem einem ersten Konsistenz-Check und einer Verdichtung der Erkenntnisse.[172]

---

[170] Vgl. Yin (2003 a), S. 63 ff.
[171] Vgl. Yin (2003 a), S. 78 ff.; Eisenhardt (1989), S. 534 ff.
[172] Vgl. Yin (2003 a), S. 78 ff.; Eisenhardt (1989), S. 537 f.

Erhebungs-technik	Vorteile	Nachteile
Beobachtung	• unmittelbare Erfassung von Untersuchungsgegenstand und Kontext • aufschlussreich bzgl. Verhalten und Motiven	• zeit- und personalaufwendig • Gefahr der Selektionsverzerrung • Gefahr der Wahrnehmungs-verzerrung • insb. bei teilnehmender Beobachtung Gefahr der Beeinflussung durch den Beobachter resp. seine blosse Anwesenheit • Gefahr der Produktion von Datenfriedhöfen
Interview	• fokussiert auf spezifische Frage-stellung • aufschlussreich bzgl. Ansichten und Meinungen • Ergiebig zur Identifikation weiterer Datenquellen	• abhängig von der Qualität der Fragen und der Qualifikation des Interviewers • Gefahr falscher Antworten • Gefahr falsch verstandener Fragen und/oder Antworten • Gefahr der Beeinflussung durch den Interviewer
Dokumenten-analyse	• archivierbar • nicht beeinflussbar • inhaltliche Vielfalt	• Gefahr der Selektionsverzerrung • Gefahr falscher Inhalte • Gefahr von Fehlinterpretationen • Gefahr eingeschränkten Zugangs • Gefahr der Produktion von Datenfriedhöfen

Abbildung V-4: Gängige Erhebungstechniken und ihre Vor- und Nachteile[173]

- Schliesslich sind die mit der Durchführung der Datenerhebung betrauten Personen zu bestimmen und zu schulen. Der Einsatz mehrerer Beobachter ist anzuraten, wann immer die Forschungsressourcen dafür zur Verfügung stehen, da so Ergebnisse nach dem Prinzip "vier Augen sehen mehr als zwei" zusätzlich abgesichert werden können. Die Schulung sollte sich nicht auf die Anwendung von Erhebungstechniken beschränken, sondern auch die Zielsetzungen und den groben theoretischen Background des Case-Research-Projektes umfassen. Dies, da bei Case-basierten Forschungsmethoden keine statistische Routinen zur Anwendung kommen und die Feldarbeit nur bis zu einem gewissen Grad planbar ist: Jede beteiligte Person muss also in der Lage sein, die Situation eigenständig zu beurteilen und entsprechend zu reagieren.[174]

---

[173] Quelle: In Anlehnung an Yin (2003 a), S. 80
[174] Vgl. Yin (2003 a), S. 55 ff. und S. 94

Die Absicherung von Fakten und Interpretationen durch mehrfache Erhebung auf unterschiedlichen Wegen wird Triangulation genannt.[175] **Abbildung V-5** fasst die im Rahmen der Datenerfassung einsetzbaren Triangulationsstrategien zusammen.

Daten-Triangulation	Verwendung verschiedener Datenquellen
Methoden-Triangulation	Einsatz unterschiedlicher Erhebungstechniken
Beobachter-Triangulation	Einsatz mehrerer Beobachter

Abbildung V-5: Triangulationsstrategien im Rahmen der Datenerfassung[176]

Zur Steuerung der Datensammlung ist basierend auf den Analysethemen pro untersuchtem Fall und/oder Analyseeinheit ein Fragenkatalog resp. eine Checkliste zu erstellen. Insbesondere am Anfang sollten jedoch möglichst viele unterschiedliche Aspekte aufgenommen werden. Dies bietet Gelegenheit zur Überprüfung und Verbesserung des Fragenkatalogs resp. der Checkliste. Je weiter die Datensammlung fortschreitet, desto gezielter kann sie sich auf die interessierenden Aspekte konzentrieren.[177]

Neben der Sammlung und Protokollierung der Fakten sollten regelmässig sogenannte Feldnotizen mit einer ersten Interpretation der Ereignisse verfasst werden. Sie sind zwar spontan und intuitiv, können jedoch später wertvolle Hinweise auf zentrale, im Rahmen der Datenauswertung weiterzuverfolgende Zusammenhänge liefern. Zudem gewährleisten solche Notizen eine ganzheitliche Sichtweise auf die Daten, da sie die erhobenen Fakten in einen Zusammenhang stellen.[178]

Parallel zur Datensammlung schliesst die Organisation des erhobenen Datenmaterials den Schritt der Datenerhebung ab. Dazu ist eine Case-Database anzulegen, welche alle erhobenen Dokumente, Interview- und Beobachtungsprotokolle sowie die während der Datenerhebung verfassten Notizen enthält. Die Strukturierung der Unterlagen richtet sich nach den Zielsetzungen des Case-Research-Projektes und dem Case-Design. Generell sollten jedoch Fakten und Interpretationen getrennt voneinander aufgehoben werden, damit Objektives nicht mit Sub-

---

[175] Das Konzept der Triangulation ist der Geometrie entliehen: Jeder Punkt in einem geometrischen Raum kann durch drei Vektoren präzis beschrieben werden.
Vgl. Yin (2003 b), S. 69
[176] Quelle: In Anlehnung an Yin (2003 a), S. 92
[177] Vgl. Yin (2003 a), S. 69 ff.; Böhm (2000), S. 476; Eisenhardt (1989), S. 536
[178] Vgl. Yin (2003 a), S. 90 ff.; Glaser/Strauss (1998), S. 111 ff.; Strauss (1998), S. 35 ff.

jektivem vermengt wird. Fakten sollten jeweils mit Angaben versehen werden, woher sie stammen, unter welchen Umständen sie erhoben wurden und welchen Bezug sie zu den Erhebungsfragen aufweisen. Beim Verfassen der Feldnotizen sollten Fakten ausgiebig zitiert werden. Dies ermöglicht später die Konstruktion einer Chain-of-Evidence, in der Interpretationen und Schlussfolgerungen mit Daten belegt werden können.[179]

4.4 Datenauswertung

In Schritt 3 geht es um die Datenauswertung. Der Schritt umfasst die Festlegung der Techniken der Datenanalyse, die Aufbereitung des Datenmaterials und schliesslich die Durchführung der Datenanalyse.

Zunächst sind die Techniken der Datenanalyse festzulegen. Aufgrund der Vielfalt der vorliegenden Daten können die verschiedensten Analysetechniken von der Inhaltsanalyse[180] bis hin zur statistischen Auswertung[181] zur Anwendung kommen.[182] Da in der Regel qualitative Daten überwiegen, sind die Techniken der Inhaltsanalyse von zentraler Bedeutung. Dabei können drei komplementäre Arten der Bearbeitung des Datenmaterials zur Anwendung kommen:[183]

*   Zusammenfassungen reduzieren das Datenmaterial auf einen überschaubaren Kurztext. Die Inhalte werden dabei bereits auf einem höheren Abstraktionsniveau dargestellt als die Quelldaten.
*   Explikationen zielen in die entgegengesetzte Richtung, indem Phänomene anhand von Beispielen näher untersucht werden. Das Datenmaterial wird also im Hinblick auf den Untersuchungsgegenstand aufgeschlüsselt.
*   Bei der Strukturierung werden die Daten anhand vorher festgelegter Kriterien gefiltert. Dies ermöglicht Frequenzanalysen, mit deren Hilfe auch qualitative Daten in grob quantifizierter Form ausgewertet werden können. Abhängig vom Analyseziel kann sich die Datenauswertung jedoch auch auf rein qualitative Aspekte beschränken.

---

[179] Vgl. Yin (2003 a), S. 94
[180] Vgl. Diekmann (2000), S. 481 ff.; Mayring (2000), S. 468 ff.
[181] Vgl. stellvertretend Trochim (2000), o.S.
[182] Vgl. Eisenhardt (1989), S. 539 ff.
[183] Vgl. Flick (2000), S. 212; Mayring (2000), S. 472 f.; Glaser/Strauss (1998), S. 107 ff.

Mayring verwendet eine sehr eingängige Analogie zur Verdeutlichung der drei Techniken der Inhaltsanalyse: "Man stellte sich vor, auf einer Wanderung plötzlich vor einem gigantischen Felsbrocken (vielleicht ein Meteorit?) zu stehen. Ich möchte wissen, was ich da vor mir habe. Wie kann ich dabei vorgehen? Zunächst würde ich zurücktreten, auf eine nahe Anhöhe steigen, von wo ich einen Überblick über den Felsbrocken bekomme. Aus der Entfernung sehe ich zwar nicht mehr die Details, aber ich habe das 'Ding' als Ganzes in groben Umrissen im Blickfeld, praktisch in einer verkleinerten Form (Zusammenfassung). Dann würde ich wieder herantreten und mir bestimmte besonders interessant erscheinende Stücke genauer ansehen. Ich würde mir einzelne Teile herausbrechen und untersuchen (Explikation). Schliesslich würde ich versuchen, den Felsbrocken aufzubrechen, um einen Eindruck von seiner inneren Struktur zu bekommen. Ich würde versuchen, einzelne Bestandteile zu erkennen, den Brocken zu vermessen, seine Grösse, seine Härte, sein Gewicht durch verschiedene Messoperationen festzustellen (Strukturierung)."[184]

Daraufhin ist das Datenmaterial zweckmässig entsprechend der gewählten Analysetechniken aufzubereiten: Es muss geordnet und bereinigt werden, indem Fakten chronologisch oder nach anderen Kriterien gelistet, beschrieben oder grafisch dargestellt werden.[185] Eine gängige Operation ist zudem die Kodierung des Datenmaterials entlang relevanter Eigenschaften des Untersuchungsgegenstandes. Diese Dimensionen können sich auf formale oder inhaltliche Aspekte beziehen und skalierende resp. typisierende Ausprägungen besitzen. So kann beispielsweise die formale Dimension "Alter" skalierend in Jahren oder Altersklassen erfasst werden. Die inhaltliche Dimension "Berufsgruppe" hingegen besitzt typisierende Ausprägungen wie etwa Lehrer, Berater, Handwerker usw. Hilfreich ist dabei die Entwicklung eines sogenannten Kodierschemas als Überblick über die getroffenen Unterscheidungen sowie zugehöriger Kodierregeln.[186]

Schliesslich folgt die eigentliche Datenanalyse, das heisst die Anwendung der Analysetechniken, bei der es folgende Prinzipien zu beachten gilt:[187]

- Bei der Untersuchung von mehreren Fällen und/oder Analyseeinheiten ist ein Bottom-up Approach anzuwenden: Zuerst erfolgt die Untersuchung der Ana-

---

[184] Mayring (1993) zitiert bei Diekmann (2000), S. 512 f.
[185] Vgl. Yin (2003 a), S. 102 f., Eisenhardt (1989), S. 540
[186] Vgl. Flick (2000), S. 216; Strauss (1998), S. 54 ff.
[187] Vgl. Yin (2003 a), S. 103 ff.; Eisenhardt (1989), S. 539 ff.

lyseeinheiten. Die Ergebnisse werden dann pro Fall in Bezug gesetzt, bevor Schlussfolgerungen über alle Fälle hinweg gezogen werden können.

- Zur Fokussierung der Analyse auf die wesentlichen Aspekte sollten die Analysethemen als Leitlinie zur Datenauswertung dienen. Das sogenannte Pattern-Matching, das heisst der Vergleich der Daten mit den zuvor erarbeiteten theoretischen Konzepten, stellt dabei ein effizientes Vorgehen dar.
- Auch bei der Datenanalyse empfiehlt sich der Einsatz von Triangulationsstrategien. In Frage kommen etwa der parallele Einsatz verschiedener Analysetechniken, die Wiederholung von Auswertungen, die Gruppierung der Daten nach unterschiedlichen Kriterien sowie die Überprüfung von rivalisierenden theoretischen Konzepten. Die Auswahl der Analysetechniken muss natürlich den Zielsetzungen angemessen sein, ist aber letztlich auch abhängig von den zur Verfügung stehenden Forschungsressourcen.
- Um die Schlussfolgerungen zu untermauern, sollten die relevanten Felddaten exzessiv zitiert werden und auch externe Expertise sollte soweit als möglich einbezogen werden.

4.5   Darstellung der Ergebnisse

In Schritt 4 folgt die Darstellung der Ergebnisse. Form und Struktur richten sich nach den inhaltlichen Zielsetzungen des Case-Research-Projektes, nach dem Case-Design sowie nach dem anvisierten Zielpublikum:[188]

- Einzelne Fälle können entweder chronologisch, wenn die zeitliche Abfolge der Ereignisse eine Rolle spielt, oder entlang spezieller Charakteristika des Untersuchungsgegenstandes, wenn diese schrittweise aufgeschlüsselt werden sollen, dargestellt werden.
- Im Multiple- resp. Embedded Case-Design erfolgt die Darstellung Bottom-up von den Analyseeinheiten über die Fälle bis hin zur Cross-Case Analyse.
- Für das Fachpublikum ist vor allem der wissenschaftliche Wert der Schlussfolgerungen interessant. Für Praktiker zählt hingegen der praktische Wert der Erkenntnisse und ob sie verständlich dargestellt sind. Expertengremien werden sich auf die methodischen Aspekte konzentrieren. Schirmherren und Sponsoren wird schliesslich interessieren, ob die Ergebnisse den Erwartungen entsprechen und ob sie als gesichert gelten können. Entsprechend dem Adressaten-

---

[188] Vgl. Yin (2003 a), S. 120 ff.

kreis ist einzelnen Teilen des Case-Reports mehr oder weniger Gewicht einzuräumen.

Das Verfassen des Case-Reports sollte schrittweise mit dem Fortschreiten des Case-Research-Projektes vonstatten gehen: Sobald die Planung des Case-Research-Projektes abgeschlossen ist, kann mit der Darlegung der Methodik begonnen werden. Im Anschluss an die Datenerhebung geht es an das Zusammentragen der rein deskriptiven Texteile bevor mit Abschluss der Datenanalyse die Schlussfolgerungen gezogen werden. Auf diese Art und Weise wird gewährleistet, dass der jeweils vorangehende Schritt noch einmal reflektiert wird. Ebenso sollte die Vertraulichkeit sowohl was den Fall insgesamt als auch was die Aussagen von Einzelpersonen innerhalb des Falls betrifft abgeklärt und sorgfältig eingehalten werden. Darüber hinaus ist ein Review des Reports durch die Hauptinformanten empfehlenswert. Sie müssen sich wiederfinden, nicht was die Schlussfolgerungen, aber was die Wiedergabe der Fakten betrifft.[189]

---

[189] Vgl. Yin (2003 a), S. 141 ff.

VI   Case-Research-Projekt zur Unternehmensintegration

1   Überblick

Im Rahmen von Kapitel VI wird ein Case-Research-Projekt zur Unternehmensintegration dargestellt. Es besteht neben dem Überblick aus weiteren sieben Abschnitten:

- Zunächst werden in Abschnitt 2 die Zielsetzungen der Arbeit auf das Projekt herunter gebrochen und Analysethemen definiert. Des Weiteren wird das gewählte Forschungsdesign begründet.
- In Abschnitt 3 werden sodann die Ausgangslage und der Grobablauf des Projektes beschrieben. Neben einer Kurzvorstellung der beteiligten Unternehmen und der mit der Übernahme verbundenen strategischen Ziele wird ein Überblick über den Ablauf der Integration und über das Case-Research-Projekt gegeben.
- Abschnitt 4 enthält Ausführungen zum Vorgehen bei der Datenerhebung, -aufbereitung und -analyse sowie Gedanken zur Darstellung der Analyseergebnisse. Damit wird die Nachvollziehbarkeit gewährleistet und eine Reflexion der Ergebnisse aus forschungsmethodischer Sicht ermöglicht.
- Die Abschnitte 5 bis 7 beinhalten sodann die Untersuchungsergebnisse zur Strukturierung der Integrationsarbeiten, zum Management des Integrationsprozesses sowie zu den zentralen Integrationsentscheiden. Die Darstellung orientiert sich an den in Abschnitt 2 definierten Analysethemen.
- Schliesslich erfolgt in Abschnitt 8 eine zusammenfassende Bewertung der Ergebnisse des Case-Research-Projektes im Hinblick auf die Entwicklung der Empfehlungen.

2   Zielsetzungen des Case-Research-Projektes und Case-Design

2.1   Zielsetzungen des Case-Research-Projektes

Das Ziel der Arbeit besteht darin, einen ganzheitlichen Ansatz zur Planung und Steuerung von Unternehmensintegrationen zu entwickeln. Wie die Erfassung der Literaturaussagen in Kapitel IV aufzeigt, hat sich die Forschung mit dem Gegenstand der Unternehmensintegration hauptsächlich in Form von empirischen Erhebungen auseinandergesetzt, welche zwar eine breite Erfassung des Phänomens ermöglichen, aber kein vertieftes Verständnis solcher Prozesse ergeben. Nicht zuletzt aus diesem Grund werden die in der Literatur unterbreiteten Empfehlungen dem Gegenstand sehr häufig nicht wirklich gerecht. Dessen profunde Kenntnis scheint für die Erreichung der Zielsetzungen der Arbeit jedoch unerlässlich.

Das vorliegende Case-Research-Projekt dient deshalb zur Herstellung einer ausreichend dichten materiellen Basis zur Erarbeitung der Gestaltungsempfehlungen. Im Forschungsprozess ist das Projekt somit auf der Explorationsstufe angesiedelt.

Konkret sollen mit dem Case-Research-Projekt

- Inhalt und Ablauf der im Rahmen der Integration zu bewältigenden Teilaufgaben beschrieben und eine Struktur abgeleitet werden,
- Inhalt und Ablauf der Massnahmen zum Management des Integrationsprozesses dargelegt und ihre Auswirkungen untersucht werden sowie
- Gegenstände zentraler Integrationsentscheide im Zeitablauf erfasst und ihr Einfluss analysiert werden.

Diese Analysethemen beziehen sich somit auf die in Kapitel III hergeleiteten und bereits der Literaturanalyse in Kapitel IV zugrunde liegenden Teilaufgaben der Unternehmensintegration.

2.2   Case-Design

In der vorliegenden Untersuchung wird ein Single-Embedded Case-Design verwendet: Für die Erreichung der Zielsetzungen ist eine dichte Erfassung und ein vertieftes Verständnis der Ereignisse zentral. Aufgrund des mit einer solchen Untersuchung verbundenen hohen Zeitbedarfs und der beschränkten Forschungsressourcen war die Analyse von mehr als einem Fall nicht möglich. Nachdem auf der Explorationsstufe eine Verallgemeinerung der Ergebnisse nicht das primäre Ziel darstellt, schien dies jedoch vertretbar. Zur Erhöhung der Robustheit der Ergebnisse wurden im Projekt jedoch Analyseeinheiten abgegrenzt.

Beim betrachteten Fall handelt es sich um die Integration eines mittelständigen Pharma-Herstellers in die Pharma-Sparte eines grösseren Konzerns. Die Firma wurde im Rahmen einer Nachfolgeregelung durch den Konzern erworben. Der geforderte Bezug zur Problemklasse der Unternehmensintegration ist damit gegeben. Inwieweit spezifische Charakteristika der Transaktion, wie etwa Branche, Unternehmensgrösse etc., zu einer Relativierung der Ergebnisse führen, wird im Rahmen einer Reflexion der Forschungsergebnisse abschliessend zu diskutieren sein.

Das Case-Research-Projekt wurde von Anfang 2000 bis Mitte 2001 durchgeführt. Das Zeitfenster umfasste damit einen Zeitraum von etwa 18 Monaten und deckte mehr oder weniger die gesamte Dauer der Integration ab. Das zeitraumbezogene Querschnittsdesign wurde gewählt, weil der Zeitfaktor in Integrationsprozessen als bedeutsam betrachtet wird. Eine differenzierte Erfassung der Ereignisse über mehr oder weniger die gesamte Integrationsdauer erschien somit unumgänglich.

3 Ausgangslage und Grobablauf des Integrationsprojektes

3.1 Kurzvorstellung der beteiligten Unternehmen

Das Käuferunternehmen, die Nica Holding AG (im Folgenden kurz Nica)[190], ist in sämtlichen Wertschöpfungsstufen der Pharmabranche aktiv. Wie **Abbildung VI-1** zeigt präsentiert sich die Nica mit ihren fünf Sparten im Jahr 2000 als integrierter Pharmakonzern.

Abbildung VI-1: Die Sparten der Nica

Die Pharma-Sparte der Nica umfasste vor der Übernahme der PlantaVent-Gruppe (im Folgenden kurz PlantaVent) vier im Inland und zwei im Ausland operierende Tochtergesellschaften. **Abbildung VI-2** gibt einen Überblick über die Tochtergesellschaften und ihre Tätigkeit. Wie die Zusammenfassung der Umsatzanteile und der Mitarbeiterzahlen in der Abbildung zeigt, werden die Aktivitäten einzelner Tochtergesellschaften gemeinsam geführt. So etwa das Geschäft ausserhalb des Heimmarktes Schweiz sowie auf dem Heimmarkt die Aktivitäten im Bereich der Parapharmazie. Die in der Medikamentenherstellung tätigen Tochtergesellschaften agieren jedoch weitgehend autonom.

Durch die Übernahme der PlantaVent konnte das Wachstum der Pharma-Sparte massgeblich vorangetrieben werden: Die PlantaVent ist mit ihren zum Übernahmezeitpunkt knapp 100 Mitarbeitern und auch vom Umsatzvolumen her die zweitgrösste der im Inland operierenden Tochtergesellschaften. Sie hat sich in der Vergangenheit in einigen Nischen des Schweizerischen Pharmamarktes gut positionieren können. Dies sowohl mit eigenen Präparaten als auch mit Vertretungsprodukten, die via Vertriebslizenz für Hersteller aus dem europäischen Ausland in der Schweiz vertrieben werden. Gleichzeitig arbeitet die PlantaVent als Auftragshersteller für einen ausländischen Pharma-Pharmaproduzenten.

Wie **Abbildung VI-3** zeigt, hat die PlantaVent trotz ihrer überschaubaren Grösse drei Tochtergesellschaften. Jede juristische Einheit deckt eines der Standbeine im Tätigkeitsgebiet der PlantaVent ab: .

---

[190] Die Firmennamen wurden aus Gründen der Vertraulichkeit geändert.

Tochter-gesellschaft	geografische Abdeckung	Wertschö-pfungsstufe	Vertriebs-wege	Indikation[3]	Umsatzanteil 2000	Anzahl Mitarbeiter 2000
Substanz X World AG	weltweit ausser EU-Staaten	Entwicklung Produktion Vertrieb	ethisch[1]	Mineralstoff-Mangel	38%	100
Substanz X Europa AG	EU-Staaten	Vertrieb	ethisch[1]	Mineralstoff-Mangel		
Cold AG	CH	Entwicklung Produktion Vertrieb	OTC[2] ethisch[1]	Erkältung Gynäkologie	28%	
Zitrus AG	CH	Entwicklung Produktion Vertrieb	OTC[2]	Vitamin-mangel	10%	280
Pflaster AG	CH	Vertrieb	OTC[2]	Para-pharmazie[4]	24%	
Beauty AG	CH	Vertrieb	OTC[2]	Para-pharmazie[3]		

[1] = Vertrieb über Verschreibung durch den behandelnden Arzt
[2] = Over-the-Counter-Vertrieb ohne Verschreibung über Apotheken und Drogerien
[3] = Therapiegebiet
[4] = Wundversorgung, medizinische Körperpflege

Abbildung VI-2: Tochtergesellschaften der Pharma-Sparte der Nica vor Übernahme der PlantaVent

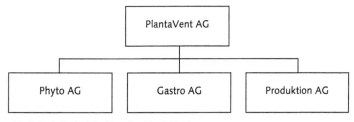

Abbildung VI-3: Juristische Struktur der PlantaVent

- Eine relativ alte Produkt-Gruppe aus der Erkältungsmedizin wird unter dem Firmennamen "PlantaVent" vertrieben. Der Absatz unterliegt starken saisonalen Schwankungen und die Produkte haben einen geringen Umsatzanteil.

- Die wachstumsstärksten Produkte der PlantaVent sind auf pflanzlichen Wirkstoffen basierende Präparate, die unter der Dachmarke "Phyto" zusammengefasst sind. Zum Zeitpunkt der Übernahme werden Präparate in fünf Indikationen angeboten: Leichte bis mittelschwere Depressionen, beginnende Hirnleistungsstörungen, unspezifische Verdauungsstörungen, Verstopfung und nervöse Herzbeschwerden. Die PlantaVent nimmt nur Produkte in ihre Phyto-Gamme auf, die der sogenannten rationalen Phyto-Therapie zugeordnet werden können: Zur Herstellung werden ausschliesslich Pflanzenextrakte konstanter Qualität und Konzentration verwendet und die Wirksamkeit der Medikamente wird in klinischen Studien belegt. Es wird somit vollständig auf Phyto-Produkte verzichtet, deren Wirksamkeit nicht nachweisbar ist.

- Daneben bildet die Gastroenterologie (= Magen-Darm-Heilkunde) das zweite Standbein der PlantaVent. Hier ist sie mit Medikamenten auf der Grundlage synthetischer Wirkstoffe, welche zur Therapie schwerer, chronisch-entzündlicher Darmleiden eingesetzt werden. Diese unter der Dachmarke "Gastro" vertriebenen Produkte weisen ein besonders gutes Wirkprofil auf, das nicht nur durch die Wirkstoffkombination, sondern auch durch die Entwicklung einer besonderen, auf das spezifische Krankheitsbild abgestimmten Galenik (= Verabreichungsform) bedingt ist. Im Laufe der Jahre hat sich die PlantaVent hier eine Kernkompetenz aufbauen können.

- Die Produktion AG schliesslich bildet das Gefäss für die Auftragsherstellung. Hauptauftraggeber ist der Lizenzgeber der "Gastro"-Produkte im Bereich chronisch-entzündlicher Darmleiden.

Der Absatz der Medikamente erfolgt zum Grossteil im ethischen Vertriebkanal, also über den verschreibenden Arzt, durch medizinisch qualifizierte Aussendienstmitarbeiter. Die wenigen direkt an Apotheken abgesetzten Produkte werden mit einem bescheidenen Budget durch Direct Mails und Inserate vermarktet.

3.2 Strategische Ziele der Transaktion

Das Marktumfeld zum Zeitpunkt der Übernahme und während der Integration ist durch eine Umstrukturierung des schweizerischen Pharmamarktes geprägt: Das neue Heilmittelgesetz und die Revision des Krankenversicherungsgesetzes beabsichtigen eine Kostensenkung im Gesundheitswesen und beeinflussen damit die preispolitischen Möglichkeiten der Marktteilnehmer. Zudem wird eine Harmonisierung der nationalen mit den internationalen Zulassungsbedingungen für Medikamente angestrebt. Darüber hinaus steht die durch die Untersuchung der Wettbewerbskommission ausgelöste Auflösung des Verbandes der gesamten schweizerischen Pharmabranche Sanphar bevor. Gleichzeitig führt der fortlaufende Konzentrationsprozess im internationalen Pharmamarkt auch in der Schweiz zu einer erhöhten Zahl von Zusammenschlüssen und Übernahmen sowie zur Bildung von brancheninternen Partnerschaften und Netzwerken.[191]

Mit dem Kauf der PlantaVent bezweckte die Nica das Vorantreiben des Wachstums der Pharma-Sparte: Das Umsatzvolumen konnte massgeblich gesteigert werden und mit ihrem ausgezeichneten Unternehmensergebnis vermochte die PlantaVent einen nicht unbedeutenden Beitrag zur Rentabilität zu leisten. Man erwartete von der neuen Tochter die Fortschreibung dieser positiven Entwicklung und strebte ein jährliches Wachstum von etwa 4 % an. **Abbildung VI-4** zeigt den die PlantaVent betreffenden Auszug der Bereichsstrategie der Pharma-Sparte.

---

1 Marschrichtung

- Implementierung einer neuen Organisation der PlantaVent und Gewährleistung ihrer Integration in die Nica. Erzeugen einer dynamischen Unternehmenskultur und Gewährleistung eines hohen wissenschaftlichen Kompetenzniveaus.
- Entwicklung eigener Produkte in den Nischen "Phytotherapie" und "Gastroenteologie" im Hinblick auf eine Internationalisierung.

2 Ziele 2000

- Vorbereitung der Internationalisierung ab 2001 und Aufbau der hierzu notwendigen Kompetenzen.
- Erarbeitung einer Strategie für die Bereiche "Phytotherapie" und "Gastroenteologie", die als Rahmen für Entscheidungen bei Neulancierung von Produkten dienen kann.

3 Umsetzungsprogramme

- Einführung eines Controlling-Systems nach den Prinzipien der Nica.
- Weiterführung der Entwicklung eigener Produkte.
- Aufbau einer Forschungskooperation mit einer Universität im Bereich Phyto.
- Aktive Suche nach Akquisitionsobjekten und Kooperationspartnern in der Schweiz und international, wobei die Kontrolle bei der PlantaVent verbleiben muss.

Abbildung VI-4: Auszug aus der Strategie der Pharma-Sparte der Nica über die PlantaVent[192]

---

[191] Vgl. Geschäftsbericht Nica (1999), S. 10 f.; Geschäftsbericht Nica (2000), S. 42 f.; Geschäftsbericht Nica (2001), S. 52 f.
[192] Quelle: In Anlehnung an PlantaVent (2000), o.S.

3.3 Ablauf der Integration

Im Verlaufe der Datenerhebung wurden insgesamt 102 Aktivitäten dokumentiert, die zusammengerechnet 480 Monate in Anspruch nahmen. Jede Aktivität hat also während durchschnittlich 4,7 Monaten Ressourcen gebunden, wobei die Integrationsarbeit durch die Betroffenen in der Regel neben ihrer eigentlichen Funktion im Unternehmen bewältigt werden musste.

Der Grossteil der Aktivitäten und auch des korrespondierenden Aufwands entfiel mit 85 % auf die eigentlichen Integrationsaufgaben. 15 % betrafen das Management des Integrationsprozesses. Daneben wurden acht zentrale Integrationsentscheide identifiziert.

Legt man die Aktivitäten zur Erfüllung der eigentlichen Integrationsaufgaben und des Managements des Integrationsprozesses sowie die zentralen Integrationsentscheide auf die Zeitachse, so ergibt sich der in **Abbildung VI-5** gezeigte Ablauf der Integration.

Die Integrationsarbeiten begannen bereits im Vorfeld des Closing und waren bei Abschluss des Case-Research-Projektes noch nicht vollständig abgeschlossen: Einzelne waren noch fortzusetzen; wenige starteten noch nicht einmal. Seinen endgültigen Abschluss fand der Integrationsprozess erst im Herbst 2002, also gut ein Jahr nach dem Abschluss des Case-Research-Projektes, mit dem Umzug von Marketing & Verkauf und Geschäftsleitung an den Hauptsitz des Konzerns. Die PlantaVent fungiert damit an ihrem Standort heute nur noch als Produktionsstätte.

Die Abbildung zeigt weiterhin, dass die Hauptlast der Integrationsarbeit erst mit einer leichten Verzögerung nach dem Closing im März 2000 begann, ab September/Oktober 2000 etwas abnahm, dann bis zum Ende der Datenerhebung in kontinuierlich gleichem Umfang weiterlief und sodann nach und nach auslief. Die zentralen Integrationsentscheide wurden direkt zu Beginn des Prozesses getroffen, jedoch nach etwa einem halben Jahr und auch nach Abschluss des Case-Research-Projektes noch einmal adjustiert.

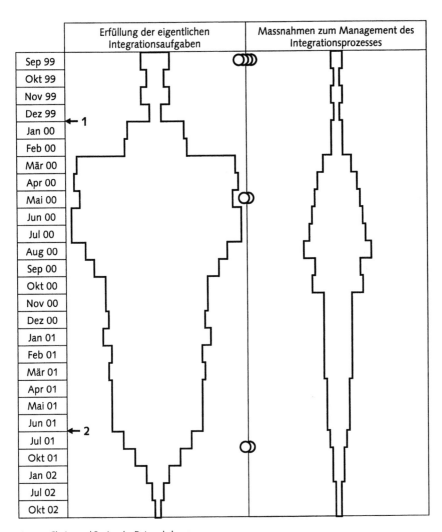

	Erfüllung der eigentlichen Integrationsaufgaben	Massnahmen zum Management des Integrationsprozesses
Sep 99		
Okt 99		
Nov 99		
Dez 99	← 1	
Jan 00		
Feb 00		
Mär 00		
Apr 00		
Mai 00		
Jun 00		
Jul 00		
Aug 00		
Sep 00		
Okt 00		
Nov 00		
Dez 00		
Jan 01		
Feb 01		
Mär 01		
Apr 01		
Mai 01		
Jun 01	← 2	
Jul 01		
Okt 01		
Jan 02		
Jul 02		
Okt 02		

1 = Closing und Beginn der Datenerhebung
2 = Abschluss der Datenerhebung
☐ = Integrationsarbeiten, die Breite symbolisiert das Aktionsniveau
○ = zentrale Integrationsentscheide

Abbildung VI-5: Überblick über den Ablauf der Integration

3.4 Ablauf des Case-Research-Projektes

Nach einer kurzen Planungsphase begann die Datensammlung mit dem Closing Anfang 2000 und erfolgte mehr oder weniger während der gesamten Dauer der Integration bis Mitte 2001. Parallel wurde anhand der so aufgebauten Case-Database mit der Aufbereitung des Datenmaterials begonnen, das heisst mit der Erstellung eines Integrationsberichtes zuhanden der Konzernleitung der Nica sowie einer systematischen Auflistung aller Integrationsarbeiten. Diese Arbeiten konnten gut zwei Monate nach Abschluss der Datenerhebung im Spätsommer 2001 weitgehend abgeschlossen werden, wurden aber im weiteren Verlauf der Auswertungsarbeiten teilweise noch leicht angepasst. Anschliessend folgte im Verlaufe des Jahres 2002 mit Unterbrechungen die Datenanalyse. Nach einem letzten Update konnte das Case-Research-Projekt mit der Darstellung der Ergebnisse zu Beginn 2003 abgeschlossen werden. **Abbildung VI-6** visualisiert den zeitlichen Ablauf des Case-Research-Projektes.

Während der Datensammlung, das heisst während eines Zeitraums von gut 18 Monaten, war die Verfasserin zu 50 % bis 70 % in einem Büro vor Ort. Die übli-

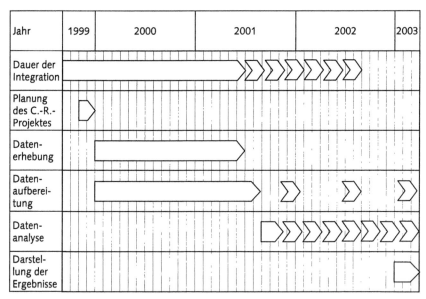

Abbildung VI-6: Zeitlicher Ablauf des Case-Research-Projektes

che Ausstattung wie Computer, Telefon, Kopierer etc. war vorhanden. Die anfallenden Spesen, insbesondere die Fahrtkosten, wurden vom Unternehmen getragen. Neben der Verfasserin wirkte der mit der Integration beauftragte Manager aktiv bei der Datensammlung mit. Das Case-Research-Projekt wurde damit mit den der Verfasserin sowie dem Integrationsverantwortlichen persönlich zur Verfügung stehenden Kapazitäten bewältigt. Aufgrund des überschaubaren Personenkreises waren keine organisatorischen Regelungen erforderlich.

4 Vorgehen bei der Datenerhebung, -aufbereitung und -analyse sowie Gedanken zur Darstellung der Analyseergebnisse

Im Verlaufe der Datenerhebung wurden hauptsächlich qualitative Daten erfasst. Neben der teilnehmenden Beobachtung durch die Verfasserin und dem Integrationsverantwortlichen fanden zahlreiche Gespräche - halbstrukturiert wie auch informell - sowohl mit Mitarbeitern der PlantaVent als auch mit Verantwortlichen der Muttergesellschaft statt. Es wurde eine Umfrage bei den Mitarbeitern organisiert und eine grosse Anzahl von Dokumenten gesichtet. Damit kamen bewusst Triangulationsstrategien zum Einsatz, um Informationen von mehreren Seiten abzusichern: Es wurden unterschiedliche Datenquellen verwendet, mehrere Erhebungstechniken angewandt sowie mit der Verfasserin und dem Integrationsverantwortlichen mehrere Beobachter eingesetzt.

Inhaltlich stellten die in Abschnitt 2.1 formulierten Analysethemen die Grundlage der Datenerhebung dar. Zu Beginn wurde die Datenerhebung relativ offen angegangen und fokussierte erst im Verlaufe der Zeit mit zunehmendem Verständnis des Unternehmens und des Integrationsgeschehens mehr und mehr auf ausgewählte Aspekte: Anfänglich wurde "lediglich" auf eine regelmässige und sorgfältige Protokollierung aller Ereignisse und Gespräche geachtet und es wurden alle Dokumente gesammelt, welche in Zusammenhang mit der Integration relevant erschienen. Parallel wurden Checklisten erstellt, laufend optimiert und in den späteren Phasen der Datensammlung systematisch abgearbeitet.

Mit wachsendem Umfang des Datenmaterials wurde der Aufbau einer Case-Database notwendig. Dabei galten drei organisatorische Leitlinien:

- Erstens erfolgte die Ablage grundsätzlich chronologisch. Es wurde jedoch nach unternehmerischen Funktionen unterteilt, da dies der Organisation und damit den Ereignis- und Kommunikationsstrukturen in des Unternehmens am besten entsprach.
- Zweitens wurden Fakten und eigene Interpretation des Geschehens strikt getrennt erfasst. Das heisst ein Fakten-Dokument, etwa ein Gesprächsprotokoll, ist in der Regel von einer Notiz begleitet, die subjektive Eindrücke und Interpretationen des Geschehens enthält.
- Um die sachlichen Abhängigkeiten auch später noch nachvollziehen zu können und die Interpretationen mit Fakten zu unterlegen, wurde drittens darauf geachtet, dass die zum Verständnis gegebenenfalls erforderlichen Querverweise zwischen den Dokumenten vorhanden sind.

Vor dem Hintergrund der Natur des Datenmaterials war bei der Datenauswertung eine qualitative Herangehensweise vorprogrammiert. Dabei stellten der Umfang und die Vielschichtigkeit der protokollierten Ereignisse die zentralen Herausforderungen dar: Auf der einen Seite war es notwendig, das Datenmaterial zu strukturieren und damit die Komplexität auf ein überschaubares Niveau zu bringen. Auf der anderen Seite wäre es einem vertieften Verständnis des Untersuchungsgegenstands nicht zuträglich gewesen, die Komplexität auszublenden. Zur Aufbereitung des Datenmaterials wurden deshalb zwei Dokumente erstellt:

- Zuhanden der Konzernleitung der Nica wurde ein ausführlicher "Integrationsbericht" verfasst, indem anhand der Case-Database die "Story" der Integration rekapituliert wurde. Er enthält neben umfangreichen integrationsrelevanten Fakten auch die persönlichen Eindrücke der Verfasserin und damit eine zwar datengestützte, aber dennoch subjektive Interpretation des Geschehens. Er umfasst über 80 Seiten und kann deshalb schon aus Gründen des Umfangs hier nicht wiedergegeben werden. Darüber hinaus enthält er eine ganze Reihe empfindlicher Informationen über die beteiligten Unternehmen und auch Aussagen, die den Vertrauensschutz einzelner Personen gefährden würden. Um wenigstens einen groben Einblick in den Inhalt zu gewähren, ist in **Abbildung VI-7** das Inhaltsverzeichnis des Integrationsberichtes wiedergegeben.

- Basierend auf dem Integrationsbericht und unter Bezugnahme auf die Case-Database wurden darüber hinaus alle in Zusammenhang mit den eigentlichen Integrationsaufgaben stehenden Aktivitäten, die Massnahmen zum Management des Integrationsprozesses und die zentralen Integrationsentscheide aufgelistet und anhand der Schemata in **Abbildung VI-8**, **Abbildung VI-9** und **Abbildung VI-10** kodiert. Zusätzlich wurden Beginn und Ende resp. Zeitpunkt erfasst. Die in den Kodierschemata aufgeführten Konzepte und Kodes stellen für das Verständnis des Integrationsgeschehens wichtige Unterscheidungen dar. Sie basieren auf den Ausführungen der vorangehenden Kapitel und wurden darüber hinaus im Verlaufe der Datenerhebung erweitert und optimiert. Der Zuordnung lagen jeweils klare Kodierregeln zugrunde. Beispielsweise musste eine Integrationsaufgabe einen Bezug zu einer anderen als Analyse- und Planungsaufgabe charakterisierten Aktivität oder zur Due Diligence aufweisen, um als "planerisch-proaktiv angegangen" charakterisiert werden zu können. Die resultierende "Integrationsliste" sowie die zur Anwendung gelangten Kodierregeln befinden sich in **Anhang A** resp. **Anhang B**.

1 Überblick über den Integrationsbericht.. 2

2 Methodische Überlegungen zur Dokumentation und Beurteilung der Integration............ 3
   2.1   Vorgehen bei der Dokumentation.. 3
   2.2   Vorgehen bei der Beurteilung 6

3 Phase I: Vorbereitung 10
   3.1   Beschreibung der Integrationsarbeiten 10
       3.1.1   Überblick und zeitliche Abfolge.. 10
       3.1.2   Eigentliche Integrationsaufgaben... 10
       3.1.3   Management des Integrationsprozesses... 16
   3.2   Beurteilung der Phase I.. 18

4 Phase II: Gegenseitiges Abtasten und Aufrechterhaltung des operativen Geschäftes...... 20
   4.1   Beschreibung der Integrationsarbeiten 20
       4.1.1   Überblick und zeitliche Abfolge.. 20
       4.1.2   Eigentliche Integrationsaufgaben... 20
       4.1.3   Management des Integrationsprozesses... 41
   4.2   Beurteilung der Phase II... 44

5 Phase III: Studien... 47
   5.1   Beschreibung der Integrationsarbeiten 47
       5.1.1   Überblick und zeitliche Abfolge.. 47
       5.1.2   Eigentliche Integrationsaufgaben... 48
       5.1.3   Management des Integrationsprozesses... 56
   5.2   Beurteilung der Phase III.. 57

6 Phase IV: Strategische und strukturelle Neuausrichtung....................................... 58
   6.1   Beschreibung der Integrationsarbeiten 58
       6.1.1   Überblick und zeitliche Abfolge.. 58
       6.1.2   Eigentliche Integrationsaufgaben... 58
       6.1.3   Management des Integrationsprozesses... 66
   6.2   Beurteilung der Phase IV 67

7 Zentrale Integrationsentscheide 69
   7.1   Beschreibung 69
   7.2   Beurteilung 73

8 Zusammenfassende Beurteilung... 76

Abbildung VI-7: Inhaltsverzeichnis des Integrationsberichtes

Konzept	Kode		
betroffene Aufgabenbereiche im Unternehmen	unterstützende Aktivitäten		primäre Aktivitäten
	Aktivitäten der Wertkette eines Herstellers von Pharmazeutika		
Aufgabentypen	Führungsaufgaben		Sachaufgaben
Phasen der Aufgabenerfüllung	Analyse und Planung		Umsetzung
Periodizität der Aufgabenerfüllung	phasenweise		fortlaufend
Art der Aufgaben- entdeckung	ad-hoc reaktiv		planerisch proaktiv

Abbildung VI-8: Kodierschema für die eigentlichen Integrationsaufgaben

Konzept	Kode			
betroffene Projektmanagementbereiche	sachliche Prioritäten	Termine	Ressourcen	Projekt- organisation/ -leadership
betroffene Projektmanagementebenen	Einzelprojekte		Integrationsprozess insgesamt	

Abbildung VI-9: Kodierschema für die Massnahmen zum Management des Integrationsprozesses

Konzept	Kode			
betroffene Entscheidgegenstände	Integrations- schwerpunkt	Integrations- grad	Integrations- tempo	Integrations- approach

Abbildung VI-10: Kodierschema für die zentralen Integrationsentscheide

Bei der Datenanalyse kamen parallel strukturierende und verdichtende Techniken der Inhaltsanalyse zum Einsatz:

- Zunächst wurde das Material basierend auf der Integrationsliste einer Frequenzanalyse unterzogen, das heisst Inhalt und Ablauf der eigentlichen Integrationsaufgaben, der Massnahmen zum Management des Integrationsprozesses und der zentralen Integrationsentscheide wurden mittels Techniken der deskriptiven Statistik ausgewertet. Die Auswertung erfolgte dabei hinsichtlich des Aktionsniveaus, gemessen als Anzahl von Aktivitäten resp. Ereignissen bezogen auf einen Zeitraum resp. Zeitpunkt. Zudem wurde der Aufwand erfasst und dem Aktionsniveau gegenüber gestellt. Ein solcher Vergleich ermöglicht eine Relativierung und verhindert damit Verzerrungen. Beispielsweise kann eine einzige Aktivität, wie etwa im Bereich der Kommunikationsmassnahmen häufiger der Fall, sehr viel Aufmerksamkeit in Anspruch nehmen. Eine ausschliessliche Betrachtung des Aktionsniveaus, also der Anzahl der Aktivitäten, hätte zu einer Unterschätzung der Bedeutung dieser Aufgabenkategorie geführt. Genauso gab es eine ganze Reihe von "Mini-Aktivitäten", die sozusagen mit einigen Telefonaten erledigt waren, deren Bedeutung durch eine ausschliessliche Betrachtung des Aktionsniveaus überschätzt worden wäre. Da sich der tatsächliche Stundenaufwand der in der Regel durch die Linienverantwortlichen im Nebenamt geleisteten Integrationsarbeit nicht genau ermitteln liess, wurde als Ersatzmass die Dauer der Ressourcenbindung herangezogen, gemessen als Anzahl Monate, die eine Aktivität in Anspruch nahm.
- Zur Erklärung der Ergebnisse der Frequenzanalyse wurde der Integrationsbericht einbezogen. Dies zum einen, um eine ganzheitliche Sichtweise unter Einbeziehung des Kontextes zu ermöglichen, und zum anderen, um die Kommunizierbarkeit zu verbessern. Die quantitative Auswertung wurde also noch einmal den qualitativen Daten gegenübergestellt, um sie zu validieren und zu verdichten. Gleichzeitig konnten die Ergebnisse auf diese Art und Weise exemplifiziert werden.

Abbildung VI-11 zeigt das Vorgehen bei der Datenerhebung, -aufbereitung und -analyse im Überblick und stellt die Schritte in einen Zusammenhang.

Die in Abschnitt 2.1 aufgeführten Analysethemen beinhalten nicht nur die Darstellung der Geschehnisse im Bereich der drei behandelten Teilaufgaben der Unternehmensintegration, sondern auch die Herausarbeitung der sachlichen Zusammenhänge unter ihnen. Die folgenden Ausführungen werden noch zeigen, dass sie wie in **Abbildung VI-12** dargestellt untereinander stark vernetzt sind und sich nicht in einen eindeutigen Ursache-Wirkungs-Zusammenhang stellen lassen:

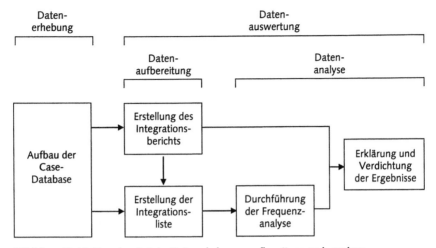

Abbildung VI-11: Vorgehen bei der Datenerhebung, -aufbereitung und -analyse

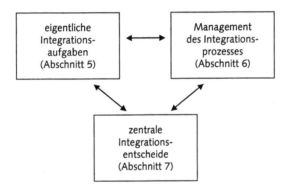

Abbildung VI-12: Zusammenhänge zwischen den Teilaufgaben der Unternehmensintegration

- Inhalt und Ablauf der eigentlichen Integrationsaufgaben werden einerseits massgeblich durch die Massnahmen zum Management des Integrationsprozesses gesteuert. Andererseits schränken die zentralen Integrationsentscheide das mögliche Spektrum ein.

- Für das Management des Integrationsprozesses sind auf der einen Seite die zentralen Integrationsentscheide handlungsleitend. Auf der anderen Seite bestimmen auch die sachlichen Erfordernisse das Vorgehen auf dieser Ebene.

- Die zentralen Integrationsentscheide wiederum müssen zum einen von den Gegebenheiten vor Ort ausgehen. Zum anderen beeinflusst das Vorgehen beim Management des Integrationsprozesses den Entscheidfindungsprozess.

Die Darstellung der Analyseergebnisse in den Abschnitten 5 bis 7 folgt deshalb nicht der inneren Logik der Ereignisse, sondern stellt in erster Linie darauf ab, auf bereits vorhandenen Informationen aufbauen zu können und damit Redundanzen zu vermeiden:

- Sie beginnt in Abschnitt 5 mit den Ergebnissen der Untersuchung der eigentlichen Integrationsaufgaben und stellt somit zunächst sämtliche Geschehnisse dar,
- geht darauf aufbauend über die Auswertung der Massnahmen zum Management des Integrationsprozesses in Abschnitt 6 und
- schliesst in Abschnitt 7 mit den Analyseergebnissen zu den zentralen Integrationsentscheiden.

Dabei wurden jeweils zuerst die inhaltlichen Gesichtspunkte, dann der zeitliche Ablauf und schliesslich die Auswirkungen auf die jeweils zuvor dargestellte(n) Teilaufgabe(n) der Unternehmensintegration thematisiert.

Auch wenn positive wie negative Aspekte des Integrationsgeschehens thematisiert wurden, dienen die Ausführungen nicht der Bewertung der Leistung einzelner Personen oder des Integrationsergebnisses, sondern der möglichst neutralen Darstellung und Erklärung von Geschehnissen. Über einen Review des Integrationsberichtes, der Integrationsliste und des vorliegenden Kapitels VI durch den Integrationsverantwortlichen sowie den Leiter der Pharmasparte der Nica wurde sichergestellt, dass die Darstellung den Tatsachen entspricht und die zur Publikation vorgesehenen Textteile den Persönlichkeitsschutz von Beteiligten und Betroffenen nicht beeinträchtigen.

5 Ergebnisse zur Strukturierung der Integrationsarbeiten

5.1 Inhalte der Integrationsarbeiten

5.1.1 Überblick

Als Ansätze zur Strukturierung der Integrationsarbeiten werden die im Kodierschema in Abbildung VI-8 aufgeführten Konzepte herangezogen.

Zunächst wird die Bedeutung der genannten Aufgabenmerkmale gemessen an den in Abschnitt 4 definierten Messgrössen Aktionsniveau und am Aufwand einzeln untersucht: Aufgabenbereiche, Aufgabentypen, Phasen der Aufgabenerfüllung, unterschiedliche Periodizität der Aufgabenerfüllung sowie verschiedene Arten der Aufgabenentdeckung. Darauf werden aufschlussreiche Merkmalskombinationen analysiert. Schliesslich werden Kategorien von Integrationsarbeiten abgeleitet.

5.1.2 Aufgabenbereiche

In **Abbildung VI-13** sind Aktionsniveau und Aufwand nach betroffenem Aufgabenbereich im Unternehmen dargestellt. Als Aufgabenbereiche wurden die Aktivitäten der Wertkette der PlantaVent definiert. Dem Porter'schen Konzept folgend, wurden primäre und unterstützende Aktivitäten unterschieden. Sie wurden jedoch auf der Grundlage des Leistungserstellungsprozesses eines Herstellers von Pharmazeutika angepasst sowie vor dem Hintergrund der Integrationssituation detailliert.

Der Löwenanteil der eigentlichen Integrationsaufgaben betraf, gemessen am Aktionsniveau, mit 75 % die unterstützenden Aktivitäten der Wertkette. Die Integration der primären Aktivitäten, also der direkt in Zusammenhang mit der Leistungserstellung stehenden Bereiche, hatte mit 25 % ein weitaus geringeres Gewicht. Diese Aufteilung resultiert jedoch sicherlich auch aus dem Umstand, dass die PlantaVent als autonome Tochtergesellschaft weiter bestehen sollte und eine Vollintegration vorhand nicht geplant war.

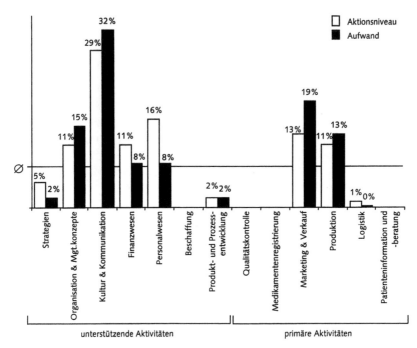

Abbildung VI-13: Aktionsniveau und Aufwand nach Aufgabenbereich

Herausragende Bedeutung hat mit einem weit überdurchschnittlichen Anteil von 29 % der Bereich Kultur & Kommunikation. In der Tat ging mit der Übernahme der PlantaVent durch die Nica eine Kehrtwende in der Unternehmenskultur einher. Dieser für die Mitarbeiter zum Teil nicht einfach nachzuvollziehende Prozess musste kommunikativ begleitet werden, um Widerstände zu vermeiden resp. abzubauen. Darüber hinaus bedurften viele Integrationsaufgaben, etwa die Umstellung der Arbeits- und Spesenreglemente oder die Integration der Buchhaltungssysteme, flankierender Kommunikationsmassnahmen. Dies weil vitale Mitarbeiterinteressen direkt betroffen waren und/oder um die jeweiligen Änderungen möglichst reibungslos über die Bühne zu bringen. Der Kommunikationsbedarf war jedoch nicht nur aufgrund der Integrationsarbeiten hoch, sondern die kulturbedingt in der angestrebten Form nicht existenten Kommunikationsstrukturen der PlantaVent mussten erst geschaffen und anschliessend ständig neu inszeniert werden, um sie mit Leben zu füllen.

Weiterhin fällt auf, dass einige unternehmerische Aufgaben, insbesondere bei den primären Aktivitäten der Wertkette, überhaupt nicht durch Integrationsarbeiten tangiert wurden. Wie bereits erwähnt, war im vorliegenden Fall eine weitgehend autonome Weiterführung der Leistungserstellung geplant. Abgesehen davon handelte es sich um Bereiche, in denen die Abläufe durch behördliche Vorgaben oder den Produktionsablauf stark vorstrukturiert waren und sich somit zumindest kurzfristig keinen wesentlichen Spielraum für Änderungen bot.

Aktionsniveau und Aufwand gehen bei der Betrachtung nach betroffenem Aufgabenbereich im Unternehmen weitgehend einher. Auffällig aber nicht signifikant ist, dass die Integrationsarbeiten in den Bereichen Organisation & Managementkonzepte, Kultur & Kommunikation, Marketing & Verkauf und Produktion tendenziell überproportional aufwendig zu sein scheinen. Zu Beginn der Integration musste man die Firma und ihren Markt zunächst kennen und verstehen lernen und gewisse Probleme kamen erst nach und nach zum Vorschein, was insbesondere im Bereich Marketing & Verkauf immer wieder zu Anpassungen führte. Auch die Gestaltung von Organisation & Managementkonzepten stellte eine zeitintensive Aufgabe dar, die gemäss dem jährlichen Turnus, etwa der Mitarbeitergespräche, laufend Anlass zu Änderungen gab. Die Integrationsarbeiten im Bereich Kultur & Kommunikation schliesslich waren aus bereits erwähnten Gründen sehr zeitintensiv.

5.1.3 Aufgabentypen

Wie **Abbildung VI-14** zeigt, sind Sach- und Führungsaufgaben während der Integration gleichermassen bedeutend gewesen, wobei die Führungsaufgaben im Verhältnis zum korrespondierenden Aktionsniveau erheblich zeitaufwendiger waren. Bei der Durchsicht des Integrationsberichtes entsteht zudem der Eindruck, dass ein solch hoher Aufwand nicht erwartet wurde und gerade die Führungsaufgaben oft als problembehaftet, sachlich unnötig und langwierig empfunden wurden. Dies zum einen, da sie oft durch Widerstände der Mitarbeiter ausgelöst wurden. Als Beispiel sei hier das ausserordentliche Aussendienstmeeting erwähnt: Zu Beginn wurde keine Notwendigkeit gesehen, in dieser Abteilung irgendwelche Massnahmen zu ergreifen, da "alles beim Alten" bleiben sollte. Zudem waren die betroffenen Mitarbeiter in ihren Regionen unterwegs und somit nicht vor Ort. Nachdem der Integrationsverantwortliche durch eine Fehlbedienung seines Telefons zufällig mit einem der Aussendienstmitarbeiter verbunden wurde und

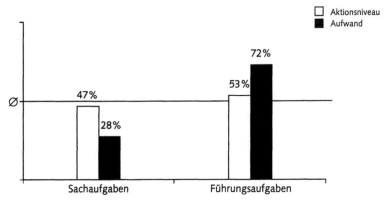

Abbildung VI-14: Aktionsniveau und Aufwand nach Aufgabentypen

ein persönliches Gespräch zustande kam, wurde kurzfristig ein Treffen aller Aussendienstmitarbeiter mit der neuen Geschäftsleitung organisiert. Man war dann über das Ausmass der geäusserten Ressentiments recht erstaunt. Zum anderen war man sich am Anfang nicht darüber im klaren, dass die Einführung der Führungssysteme eines grösseren, modernen Konzerns gerade für die langjährigen Mitarbeiter der PlantaVent eine grosse Umstellung und auch eine fachliche Herausforderung darstellte. Vermeintlich "normale Dinge", wie etwa die Erstellung eines Budgets, gehörten eben oftmals nicht zum Alltag und bedurften fachlicher Führung und besonderer Motivationsmassnahmen. Die Bedeutung der Führungsaufgaben für die Integration war erheblich höher als erwartet.

5.1.4 Phasen der Aufgabenerfüllung

In **Abbildung VI-15** wird deutlich, dass die Analyse- und Planungsaufgaben mit 22 % beim Aktionsniveau resp. 13 % beim Aufwand etwa knapp ein Fünftel der Integrationsarbeiten ausmachten. Sie stellten entweder, wie etwa die Erarbeitung des neuen Organigramms oder die Ermittlung der Kernkompetenzen in der Produktion, eine Vertiefung der Due Diligence dar, oder wurden, wie zum Beispiel die Umfrage zur Mitarbeiterzufriedenheit, erst bei Entdeckung eines spezifischen Problems initiiert. Daneben waren mit der Budgetierung und finanziellen Mittelfristplanung sowie der operativen Marketingplanung die Analyse- und Planungsprozesse des Daily Business tonangebend. Sie wurden das erste Mal in der Geschichte der PlantaVent vollzogen und bedurften demzufolge besonderer Auf-

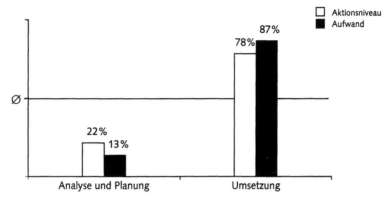

Abbildung VI-15: Aktionsniveau und Aufwand nach Phasen der Aufgabenerfüllung

merksamkeit und fachlicher Begleitung. Man könnte aus den zahlenmässigen Anteilen schliessen, dass die Analyse- und Planungsaktivitäten in einem bestimmten Verhältnis zu den Umsetzungsaktivitäten stehen. Der Integrationsbericht stützt diese These jedoch nicht. Es entsteht vielmehr der Eindruck, dass gerade in den frühen Phasen der Integration nach dem Closing eher zu wenig analysiert und geplant wurde. Beispielsweise wurde die Übernahme des Arbeits- und Spesenreglements bekannt gegeben, ohne die genauen Unterschiede zu kennen und ohne zu berücksichtigen, dass ein solches Reglement einen integralen Bestandteil des Arbeitsvertrages darstellt und somit erst ein neuer Vertrag unterzeichnet werden muss, damit das Reglement in Kraft treten kann. Zudem stiess dieses Vorgehen auf wenig Gegenliebe bei den Mitarbeitern, die auf ihre Rückfragen keine befriedigenden Antworten erhielten. Man musste "zurückkrebsen" und verschob die Einführung der Reglemente einige Monate, um die notwendigen "Hausaufgaben" zu machen und den Übergang zu organisieren.

5.1.5 Periodizität der Aufgabenerfüllung

Abbildung VI-16 zeigt, dass es einige wenige eigentliche Integrationsaufgaben gab, die fortlaufend über den gesamten Integrationsprozess zu erfüllen waren. Betroffen waren insbesondere die Aufgaben im Bereich Kultur & Kommunikation sowie die Strategieerarbeitung und das Daily Business. Naturgemäss sind die fortlaufend zu erfüllenden eigentlichen Integrationsaufgaben gemessen an ihrer Anzahl wesentlich aufwendiger in der Bewältigung.

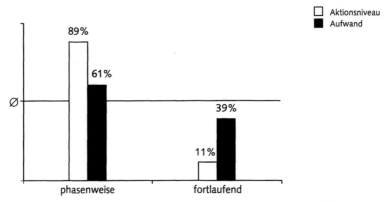

Abbildung VI-16: Aktionsniveau und Aufwand nach Periodizität der Aufgabenerfüllung

5.1.6 Art der Aufgabenentdeckung

In **Abbildung VI-17** ist unschwer zu erkennen, dass weniger als die Hälfte der eigentlichen Integrationsaufgaben planerisch proaktiv angegangen wurde. Der überwiegende Anteil wurde im Verlaufe der Integration durch auftretende Probleme entdeckt und somit ad-hoc reaktiv bewältigt. Die planerisch proaktiv angegangenen Integrationsaufgaben umfassten konkret alle Aktivitäten vor dem Closing und deren direkten Folgearbeiten: Die Reorganisation des Rechnungswesens sowie die Änderungen im Bereich der Produktion und des Personalwesens. Es handelt sich damit um die ersten Schritte sowie um Einzelprojekte, die entweder sehr komplex waren oder unmittelbare Mitarbeiterinteressen betrafen. Dies legt den Schluss nahe, dass nach dem Closing nur dann planerisch proaktiv vorgegangen wurde, wenn "nichts schief gehen durfte". Dennoch gab es eine ganze Reihe von Ereignissen, die nicht oder nicht vollständig absehbar waren und deshalb ein flexibles Agieren erforderten. Es waren dies insbesondere Probleme mit Widerständen bei einzelnen Mitarbeitern.

Wie die Abbildung weiter zeigt, waren die planerisch proaktiv angegangenen Integrationsarbeiten im Verhältnis zum Aktionsniveau wesentlich weniger aufwendig. Dies wird insbesondere dann ersichtlich, wenn man die Integrationsarbeiten im Bereich Marketing & Verkauf, die ausschliesslich ad-hoc reaktiv angegangen wurden und weder vom Ergebnis noch vom Durchsatz her befriedigend waren,

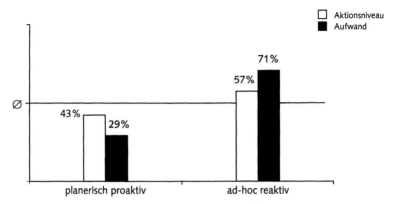

Abbildung VI-17: Aktionsniveau und Aufwand nach Art der Aufgabenentdeckung

mit denen im Bereich des Finanzwesens vergleicht. Dort wurde generalstabsmässig geplant und man konnte die Arbeiten gemessen an Komplexität und Umfang relativ effizient bewältigen.

5.1.7 Kombination der Strukturierungsansätze

Die Tabelle in **Abbildung VI-18** zeigt Kombinationen zwischen den betroffenen Aufgabenbereichen im Unternehmen nach der Wertkette und den anderen Strukturierungsansätzen. Angegeben ist jeweils der prozentuale Anteil von Aktionsniveau resp. Aufwand bezogen auf die jeweilige Summe über alle Aufgabenbereiche: Beispielsweise betreffen 9 % der eigentlichen Integrationsaufgaben Sachaufgaben im Bereich Personalwesen und sie nahmen 5 % des Gesamtaufwands in Anspruch.

Damit wird jedoch nur ein Teil der möglichen Kombinationen analysiert: Mit den Aufgabenbereichen wird letztlich eine Unterteilung der Integrationsarbeiten nach dem "Ort" im Unternehmen vorgenommen, an dem sie stattfinden. Die übrigen Strukturierungsansätze charakterisieren die eigentlichen Integrationsaufgaben hingegen danach, auf welche Weise sie vonstatten gingen. Die hier vorgenommene Gegenüberstellung zielt also darauf ab, die Anforderungen der Integrationsarbeit in den Aufgabenbereichen resp. an verschiedenen "Orten" im Unternehmen zu verstehen. Aus der Analyse der Zusammenhänge zwischen den übrigen Strukturierungsansätzen untereinander resultieren ausschliesslich triviale

betroffene Aufgabenbereiche im Unternehmen	übrige Strukturierungsansätze	Aufgabentypen		Phasen der Aufgabenerfüllung		Periodizität der Aufgabenerfüllung		Art der Aufgabenentdeckung	
		Sachaufgaben	Führungsaufgaben	Analyse u. Planung	Umsetzung	phasenweise	fortlaufend	planerisch proaktiv	ad-hoc reaktiv
Strategien	Aktionsniveau	5%	-	**6%**	-	4%	1%	3%	2%
	Aufwand	2%	-	**2%**	-	2%	1%	0%	2%
Organisation & Managementkonzepte	Aktionsniveau	6%	6%	2%	9%	**9%**	**2%**	5%	7%
	Aufwand	5%	10%	1%	14%	**5%**	**9%**	5%	9%
Kultur & Kommunikation	Aktionsniveau	**6%**	**23%**	**2%**	**26%**	**24%**	**6%**	**10%**	**19%**
	Aufwand	**3%**	**30%**	**1%**	**31%**	**12%**	**20%**	**3%**	**29%**
Finanzwesen	Aktionsniveau	**10%**	**1%**	**2%**	**9%**	11%	-	**3%**	**8%**
	Aufwand	**8%**	**0%**	**2%**	**6%**	8%	-	**2%**	**6%**
Personalwesen	Aktionsniveau	9%	7%	3%	13%	17%	-	10%	6%
	Aufwand	5%	2%	1%	7%	8%	-	5%	4%
Beschaffung	Aktionsniveau	-	-	-	-	-	-	-	-
	Aufwand	-	-	-	-	-	-	-	-
Produkt- und Prozessentwicklung	Aktionsniveau	3%	-	2%	-	2%	-	2%	-
	Aufwand	2%	-	1%	-	2%	-	2%	-
Qualitätskontrolle	Aktionsniveau	-	-	-	-	-	-	-	-
	Aufwand	-	-	-	-	-	-	-	-
Medikamentenregistrierung	Aktionsniveau	-	-	-	-	-	-	-	-
	Aufwand	-	-	-	-	-	-	-	-
Marketing & Verkauf	Aktionsniveau	**9%**	**3%**	**2%**	**10%**	**10%**	**2%**	2%	10%
	Aufwand	**14%**	**5%**	**2%**	**18%**	**10%**	**9%**	3%	16%
Produktion	Aktionsniveau	**10%**	**1%**	2%	10%	**11%**	-	**7%**	**5%**
	Aufwand	**12%**	**2%**	2%	12%	**13%**	-	**9%**	**4%**
Logistik	Aktionsniveau	1%	-	2%	-	1%	-	-	1%
	Aufwand	0%	-	0%	-	1%	-	-	1%
Patienteninformation u. -beratung	Aktionsniveau	-	-	-	-	-	-	-	-
	Aufwand	-	-	-	-	-	-	-	-
Total	Aktionsniveau	100%		100%		100%		100%	
	Aufwand	100%		100%		100%		100%	

unterstützende Aktivitäten (Strategien bis Qualitätskontrolle), *primäre Aktivitäten* (Medikamentenregistrierung bis Patienteninformation u. -beratung)

hervorgehoben = im Text näher erläuterte Zusammenhänge

Abbildung VI-18: Kombination der Strukturierungsansätze

Schlussfolgerungen: Selbstverständlich sind Analyse- und Planungsaufgaben reine Sachaufgaben, während es sich bei den Umsetzungsaufgaben sowohl um Sach- als auch um Führungsaufgaben handelt. Es ist ebenso evident, dass Führungsaufgaben fortlaufend zu erfüllen sind, während die Sachaufgaben im Rahmen von Einzelprojekten phasenweise anfallen. Eine solche Gegenüberstellung wäre also weder zielführend noch ergiebig und wird deshalb nicht weiterverfolgt.

Weiterhin werden im Folgenden nur die in der Abbildung hervorgehobenen Zusammenhänge erläutert: Die Auswahl beschränkt sich zum einen auf die signifikanten Zusammenhänge. Zum anderen wurde eine Einschränkung anhand der aus dem Integrationsbericht resultierenden Erkenntnisse vorgenommen, indem nur noch diejenigen Zusammenhänge beschrieben werden, deren Hintergründe interessante Schlussfolgerungen zulassen.

Die Erkenntnisse lassen sich wie folgt zusammenfassen:

* Aufgabenbereiche vs. Aufgabentypen: Ein besonders hoher Anteil an Führungsaufgaben betraf den Bereich Kultur & Kommunikation. Aufgrund ihrer koordinierenden Wirkung dienen Kommunikationsmassnahmen indirekt auch der Bewältigung der Integrationsarbeiten in anderen Aufgabenbereichen und ergänzen die dort direkt zur Begleitung der Sachaufgaben ergriffenen Führungsmassnahmen. Beispielsweise wurden im Rahmen des Coaching der Führungskräfte immer wieder über Sach- oder Führungsprobleme in den jeweils betroffenen Bereichen besprochen und die generelle Öffnung der Kommunikationskultur begünstigte vielerorts ein pragmatisches Vorgehen. Begleitende Führungsmassnahmen, die direkt in einzelnen Aufgabenbereichen ergriffen wurden, finden sich beispielsweise im Bereich Personalwesen. So wurde etwa die Umstellung auf das Personalreglement der Nica "versüsst", indem in den für die Mitarbeiter nachteiligen Punkten während der Übergangsphase die "Besitzstandswahrung" garantiert wurde. Gleichzeitig wurden die Vorteile des Nica-Reglements bereits vor dem formellen Inkrafttreten vollumfänglich gewährt. Des Weiteren fällt der Bereich Marketing & Verkauf auf, in den eine Reihe schwieriger Sachprobleme fielen, die einer engen persönlichen Begleitung bedurften. Als Beispiel sei hier die drohende Kündung eines für die PlantaVent wichtigen Lizenzvertrages genannt. Die Sachaufgaben hingegen sind recht gleichmässig auf die Aufgabenbereiche verteilt, was wahrscheinlich unter anderem daran liegt, dass die PlantaVent ursprünglich weitgehend autonom im Verbund der Nica weitergeführt werden sollte: Im Falle einer Vollintegration überwögen im Bereich der primären Aktivitäten der Wertkette die Sachaufgaben sicherlich deutlicher. Zentrale Sachthemen stellten unter den

unterstützenden Aktivitäten das Finanzwesen und unter den primären Aktivitäten Marketing & Verkauf sowie die Produktion dar. Die drei Aufgabenbereiche bilden zusammen quasi den "Lebensnerv" eines jeden Unternehmens.

- Aufgabenbereiche vs. Phasen der Aufgabenerfüllung: Die meisten Analyse- und Planungsaufgaben betrafen die Strategieerarbeitung. Hierzu zählen die Festlegung der mittel- und langfristigen Marktziele für die PlantaVent im Vorfeld des Closing sowie verschiedene zu einem fortgeschrittenen Zeitpunkt der Integration durchgeführte Analysen. Sie dienten neben der Identifikation von Synergiepotentialen einer detaillierten Einschätzung der Marktchancen sowie der Stärken und Schwächen der PlantaVent vor dem Hintergrund der neuen Situation. Die übrigen Analyse- und Planungsaufgaben verteilten sich gleichmässig auf die anderen Aufgabenbereiche und beinhalteten entweder den Abgleich von Bestehendem und Neuem, wie etwa bei der Einführung des Personalreglements der Nica bei der PlantaVent, oder das Daily Business betreffende Planungsarbeiten, zum Beispiel die Erstellung eines Marketingplans. Einen besonders hohen Umsetzungsanteil hatte aufgrund seiner übergreifenden Koordinationsfunktion der Bereich Kultur & Kommunikation. Die übrigen Umsetzungsarbeiten verteilten sich mehr oder minder gleichmässig auf die übrigen Aufgabenbereiche. Der hohe Aufwand im Bereich Marketing & Verkauf ist auf besondere Probleme im vorliegenden Fall zurückzuführen und lässt somit keine über den Einzelfall hinausgehenden Schlüsse zu. Interessant ist hingegen der Umstand, dass im Bereich Finanzwesen Aktionsniveau wie auch Aufwand vergleichsweise gering ausfielen. Hier geben die Zahlen wahrscheinlich eher ein verzerrtes Bild der Situation wieder: Die Integrationsarbeiten mussten innerhalb des Buchhaltungsjahres, das heisst der gesetzlich und durch den Planungskalender der Nica vorgegebenen Fristen, bewältigt werden. Dies war für den Finanzchef und seine Mitarbeiter zumindest während der ersten neun Monate nach dem Closing nicht mehr im Nebenamt zu bewältigen, sondern nahm einen Grossteil der Kapazität in Anspruch und konnte nur durch die Hinzunahme externer Hilfskräfte fristgerecht bewältigt werden.

- Aufgabenbereiche vs. Periodizität der Aufgabenerfüllung: Fortlaufend zu erfüllende und damit naturgemäss im hier verstandenen Sinne auch aufwendigere Integrationsaufgaben traten insbesondere in den Bereichen Organisation & Managementkonzepte sowie Kultur & Kommunikation auf. Des Weiteren waren solche Aktivitäten im Bereich Marketing & Verkauf zu verzeichnen. In allen Fällen handelte es sich um Führungsaufgaben, die - wie beispielsweise das Coaching der Product-Manager - der Aufrechterhaltung des Daily Business resp. der laufenden Koordination dienten. Daneben war, etwa mit den Massnahmen zur Initiierung eines Wandels im Führungsverständnis, die kulturelle Integration besonders betroffen. Der Grossteil der eigentlichen Integrationsaufgaben war jedoch phasenweise aktuell und stellte damit Projektarbeit in klassischem Sinne dar. Als ein Beispiel unter vielen mögen die Integrationsarbeiten im Produktionsbereich angeführt werden, die mehrere unterschiedlich komplexe und umfangreiche Teilprojekte umfassten.

- Aufgabenbereiche vs. Art der Aufgabenentdeckung: Im vorliegenden Fall wurden die meisten Integrationsarbeiten ad-hoc reaktiv angegangen. Ob ein solches Vorgehen in diesem Umfang bei der PlantaVent ein Erfordernis war oder einen Mangel der Projektführung, sei dahin gestellt. Dennoch wird die Art der Aufgabenentdeckung als bedeutsam betrachtet: Zum einen fehlte zu Beginn der Integration in vielen Bereichen schlicht die Informationsbasis für ein planerisch proaktives Vorgehen. Auch wurden Geschehnisse aufgrund der Unkenntnis des Objektes Fakten falsch interpretiert. Eine zu rigide Planung hätte also allenfalls auch einen "Schuss nach hinten" darstellen können. Darüber hinaus erforderte der Umgang mit den Mitarbeitern Flexibilität, da hier die Reaktionen von der Einschätzung der Auswirkungen auf die persönlichen Chancen und Gefahren abhingen und zudem je nach Charakter und privater Situation mehr oder minder heftig ausfielen. Ad-hoc reaktiv angegangen wurden deshalb insbesondere die Integrationsarbeiten im Bereich Kultur & Kommunikation, soweit sie den direkten Umgang mit Mitarbeiterproblemen betrafen. Einzig im Bereich Produktion zeichnete sich die Integrationsarbeit bedingt durch die behördlichen Vorgaben durch einen weitestgehend planerisch proaktiven Ansatz der Aufgabenentdeckung aus.

5.1.8 Kategorien von Integrationsarbeiten

Die bisherigen Ausführungen zeigen, dass die Aktivitäten der Wertkette zwar eine generische Grundlage für die Strukturierung der eigentlichen Integrationsaufgaben darstellen, jedoch den besonderen Anforderungen der Integrationsarbeit nicht immer gerecht werden. In **Abbildung VI-19** wird anhand der im vorangegangenen Abschnitt untersuchten Strukturierungsansätze schrittweise ein eigener Vorschlag zur Kategorisierung der eigentlichen Integrationsaufgaben hergeleitet.

Aufgrund der Unterscheidung nach Phasen der Aufgabenerfüllung lassen sich keine Aufgabenkategorien abgrenzen: Analyse- und Planungsarbeiten betreffen entweder übergreifende Themen oder Integrationsarbeiten in einzelnen Aufgabenbereichen. Sie fallen also, genauso wie die Folgemassnahmen bei der Umsetzung, zwar in unterschiedlichem Umfang aber dennoch überall an.

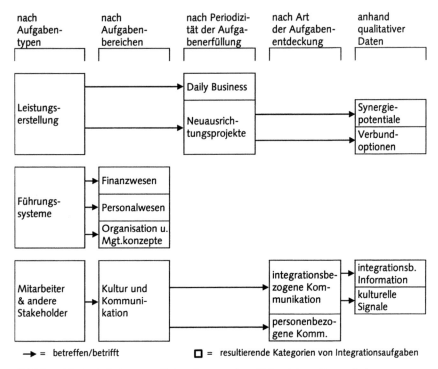

Abbildung VI-19: Herleitung von Kategorien von eigentlichen Integrationsaufgaben

Eine erste Abgrenzung lässt sich anhand der Aufgabentypen vornehmen:

- Versteht man Führung im engeren Sinne als Führungsverhalten, so lassen sich Aufgaben abgrenzen, welche unmittelbar den Umgang mit Einzelpersonen und/oder Personengruppen betreffen. Dabei geht es nicht nur um Mitarbeiter, sondern auch um externe Stakeholder wie Aktionäre, Analysten etc.
- Die Integration der Strukturen und Abläufe der beteiligten Unternehmen betrifft mit den Leistungserstellungsprozessen zum einen reine Sachaufgaben,
- zum anderen geht es um die Harmonisierung der Führungssysteme, bei denen sowohl sachliche als auch die führungsmässige Aspekte zu bedenken sind.

Damit werden nicht mehr primäre und unterstützende Aktivitäten der Wertkette unterschieden, sondern die Aufgabenbereiche werden neu gruppiert:

- Zunächst werden alle Aktivitäten der Wertkette zusammengefasst, welche direkt mit der Leistungserstellung zu tun haben. Es sind dies nicht nur die primä-

132

ren Aktivitäten, sondern auch leistungserstellungsnahe unterstützende Aktivitäten wie etwa F&E oder Beschaffung. Durch eine solche Sichtweise ginge jedoch der ganzheitliche Blickwinkel verloren und sie ist somit zur Bewältigung der Integrationsaufgabe nicht geeignet. Dies insbesondere dann, wenn das Unternehmen nicht funktional organisiert ist. Im Bereich der Leistungserstellung wird deshalb noch nach anderen Möglichkeiten der Kategorisierung zu suchen sein.

- Zu den Führungssystemen gehören mit dem Finanz- und dem Personalwesen zum einen übergreifende Funktionen, welche die Pflege von wichtigen unternehmerischen Ressourcen betreffen. Zum anderen kann die Gestaltung von Organisation & Managementkonzepten subsumiert werden, mit deren Hilfe die Koordination sichergestellt wird.

- Der Umgang mit Mitarbeitern und anderen Stakeholdern wird entscheidend durch den im Unternehmen vorherrschenden Kommunikationsstil geprägt. Damit ist primär der Aufgabenbereich Kultur & Kommunikation betroffen. Wie die Analyse des Falls gezeigt hat, kommt diesem Bereich in Integrationsprozessen aus Führungssicht eine besondere Bedeutung zu. Deshalb wird auch hier noch weiter zu differenzieren sein.

Nach der Periodizität der Aufgabenerfüllung kann bei der Leistungserstellung weiter unterteilt werden: Obwohl die meisten Integrationsaufgaben phasenweise anfallen und damit klassische Projektarbeit darstellen, gibt es dennoch nicht wenige Aufgaben, die fortlaufend zu erfüllen sind. Im Falle der Leistungserstellung sind dies alle Arbeiten, die in Zusammenhang mit der Aufrechterhaltung des Daily Business anfallen. Die Arbeit an der Kundenschnittstelle, aber gegebenenfalls auch in der Herstellung und in angrenzenden Bereichen, muss während der Integration mit ihren allumfassenden Änderungen unter erschwerten Bedingungen stattfinden. Sie ist jedoch vital für das Weiterbestehen der beteiligten Unternehmen und kann je nach Verlauf eine grosse zusätzliche Belastung darstellen oder Freiräume schaffen. Das Daily Business stellt deshalb neben den Neuausrichtungsprojekten einen zentralen Aspekt der Integrationsarbeit dar.

Im vorliegenden Fall gab es zwei Arten von Neuausrichtungsprojekten:

- Zum einen ging es um die Realisierung von Synergiepotentialen, welche letztlich die "Raison d'être" der Transaktion und damit den elementaren Aspekt der Integrationsarbeit darstellen. Dabei ist nicht nur an Kosteneinsparungen, sondern auch an Möglichkeiten des Know-how-Transfers oder des Cross-Selling resp. an Abstimmungsbedarf bei den Produkten und Leistungen zu denken.

- Zum anderen stand die Wahrnehmung von Verbundoptionen im Zentrum des Interesses. So ergaben sich etwa durch die Finanzkraft der Nica und ihre internationale Präsenz neue Optionen auch für die Vermarktung der Produkte der PlantaVent.

Die Art der Aufgabenentdeckung dienen schliesslich zu einer weiteren Strukturierung der Integrationsarbeiten im Bereich Kultur & Kommunikation, indem nach Themen unterteilt werden kann in

- personenbezogene Kommunikation, die je nach Umständen flexibel resp. ad-hoc reaktiv gehandhabt werden muss, und
- integrationsbezogene Kommunikation, die mit dem Fortschritt der Arbeiten planerisch proaktiv angegangen werden kann.

Die personenbezogene Kommunikation betrifft den Ausgleich spezifischer Interessen zwischen Personen und dem Unternehmen. Sehr oft wird es um die Reaktion auf Widerstände in Zusammenhang mit dem sogenannten Merger-Syndrom gehen. Aber auch Interessengruppen wie beispielsweise die Gewerkschaften oder wichtige Aktionärsgruppen bedürfen auf ihre Interessen und die jeweilige situativen Gegebenheiten abgestimmter Kommunikationsmassnahmen.

Bei der integrationsbezogenen Kommunikation lassen sich zwei Aspekte unterscheiden: Einerseits ist auf geeignetem Weg über integrationsrelevante Fakten zu informieren. Anderseits geht es um die Harmonisierung der Unternehmenskulturen. Hierzu zählt nicht nur der Kommunikationsstil, sondern auch kulturelle Signale wie neue Logos, Umgestaltung von Räumlichkeiten und ähnliches mehr sind betroffen.

In **Abbildung VI-20** sind die sich aus der Analyse des Falls ergebenden Kategorien von eigentlichen Integrationsaufgaben noch einmal zusammengefasst. Es werden drei Integrationsfelder mit jeweils drei Aufgabenbereichen unterschieden.

5.2 Zeitlicher Ablauf der Integrationsarbeiten

5.2.1 Überblick

Basis für die Analyse des zeitlichen Profils der Integrationsarbeiten ist die Erfassung von Beginn, Ende und Dauer der einzelnen Aktivitäten auf der Integrationsliste. Dies erlaubt eine Abbildung der Integrationsarbeiten auf der Zeitachse. Gra-

Integrationsfelder	Aufgabenbereiche
Leistungserstellung	Daily Business aufrechterhalten
	Synergiepotentiale ausschöpfen
	Verbundoptionen nutzen
Führungssysteme	Finanzwesen vereinheitlichen
	Personalwesen anpassen
	Organisation & Managementkonzepte harmonisieren
Mitarbeiter und externe Stakeholder	integrationsbezogene Information gewährleisten
	kulturelle Signale steuern
	personenbezogene Kommunikation pflegen

Abbildung VI-20: Kategorien von eigentlichen Integrationsaufgaben

fisch lassen sich daraus Profile erstellen, die zeigen, wie viele und welche Art von Aktivitäten zu jedem Zeitpunkt des Integrationsprozesses angefallen sind. Interessante Aspekte ergaben sich aus der Auswertung des zeitlichen Ablaufs der Integrationsarbeiten nach

- Kategorien der eigentlichen Integrationsaufgaben,
- Phasen der Aufgabenerfüllung und
- Art der Aufgabenentdeckung.

Die Auswertung nach Aufgabentypen ergibt keine wesentlichen Unterschiede zum zeitlichen Profil der Integrationsaufgaben insgesamt. Auch die Analyse nach Periodizität der Aufgabenerfüllung löst lediglich den Sockel der fortlaufend zu erfüllenden Integrationsaufgaben heraus. Auf eine grafische Darstellung und Erläuterung wird deshalb verzichtet.

Basierend auf diesen Auswertungen werden generische Phasen des Integrationsprozesses abgeleitet.

5.2.2 Ablauf nach Kategorien der eigentlichen Integrationsaufgaben

Abbildung VI-21 zeigt den zeitlichen Ablauf der Integrationsarbeiten nach Kategorien der eigentlichen Integrationsaufgaben, wie sie im Unterabschnitt 5.2 hergeleitet wurden.

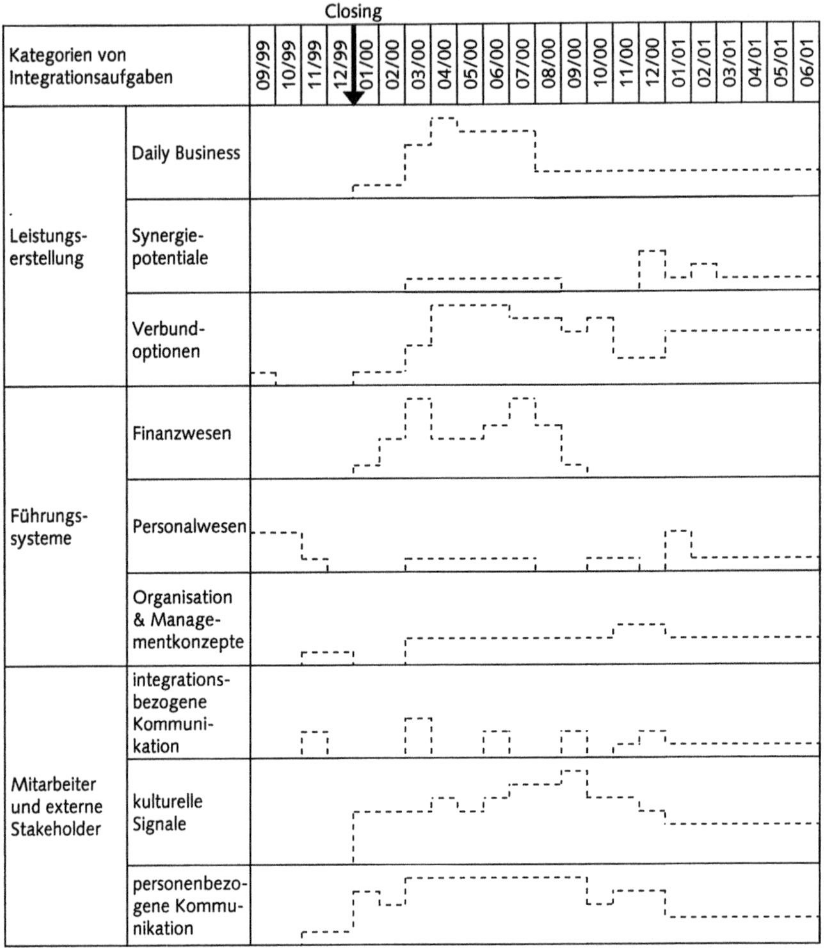

Abbildung VI-21: Zeitlicher Ablauf der Integrationsarbeiten nach Kategorien von eigentlichen Integrationsaufgaben

Im Bereich der Leistungserstellung war die Bewältigung des Daily Business insbesondere im ersten halben Jahr nach dem Closing anspruchsvoll und ging danach mehr und mehr zur Routine über: Man kannte zu Beginn weder Märkte noch Stärken und Schwächen der PlantaVent und wurde dementsprechend häufig durch Probleme überrascht. Neben einer ganzen Reihe operativer Fragen ging dies soweit, dass die beiden wichtigsten Kooperationspartner der PlantaVent die

Geschäftsbeziehungen grundsätzlich in Frage stellten und die zugrunde liegenden Verträge neu ausgehandelt werden mussten.

Die Nutzung von Synergiepotentialen in der Produktion wurde basierend auf den im Rahmen der Due Diligence ermittelten Stärken und Schwächen der PlantaVent und ihrer Schwestergesellschaften von Beginn an anvisiert. Die entsprechenden Detailanalysen wurden jedoch erst während des ersten Jahres nach dem Closing durchgeführt. Mit der Umsetzung der Ergebnisse wurde nach Erteilung der hierfür erforderlichen behördlichen Genehmigungen im Jahr 2001 begonnen. Synergien in der Marktbearbeitung wurden hingegen erst im zweiten Jahr nach dem Closing untersucht. Bis zum Abschluss des Case-Research-Projektes waren allerdings noch keine konkreten Massnahmen ergriffen worden.

Gemäss der Absicht, die PlantaVent weitgehend autonom weiterzuführen, lagen die Schwerpunkte der Integration bei den Verbundoptionen. Während der ersten neun Monate konzentrierten sich die Aktivitäten auf die Verbesserung der Abläufe insbesondere in der Produktion, aber auch im Bereich Marketing & Verkauf. Fragen der Strategie der Marktbearbeitung wurden hingegen erst zu einem späteren Zeitpunkt wieder aufgegriffen.

Im Bereich der Führungssysteme waren die Integrationsarbeiten geprägt durch den jährlichen Turnus des Mutterhauses: Wie die Abbildung zeigt, wurde die Integration im Bereich des Finanzwesens konzentriert vorangetrieben, um möglichst rasch die monatlich zu erhebenden Finanzinformationen übermitteln zu können sowie Budgetierung und Abschluss innerhalb der im Planungskalender der Nica gesetzten Fristen zu erstellen.

Beim Personalwesen lagen die Spitzen bei den vorbereitenden Massnahmen vor dem Closing und in den späten Phasen der Integration. Selbstverständlich mussten bereits vor dem Closing Key-Persons ermittelt und eingebunden sowie vakante Positionen neu besetzt werden, um das Know-how in der Firma zu halten und die Integration personell von Beginn an auf eine gute Basis zu stellen. Während des ersten Jahres wurden keine Massnahmen grösseren Umfangs getroffen, bis mit dem Beginn des zweiten Kalenderjahres formell die Personalreglemente übernommen wurden und jeder Mitarbeiter einen neuen Arbeitsvertrag erhielt. Diese Harmonisierung wurde faktisch sogar erst zu Beginn des Jahres 2001 vorbereitet und im April 2001 kommuniziert, formell jedoch rückwirkend auf den Jahreswechsel vollzogen. Dies, weil der mit diesem Schritt verbundene Wechsel der Gehalts- und Bonusstrukturen buchhalterisch nicht mitten im Jahr vorgenommen werden konnte.

Die Anpassung von Organisation & Managementkonzepten erfolgte verstärkt ebenfalls zu einem relativ späten Zeitpunkt. Abgesehen von der Änderung der organisatorischen Struktur und der Einführung eines Sitzungsturnus, wurden in den ersten neun Monaten nach dem Closing keine weiteren Massnahmen ergriffen. Gegen Ende des ersten Jahres stand schliesslich die Durchführung der mit dem Bonussystem der Nica gekoppelten "Mitarbeiterförderungsgespräche" an, die mit der Einführung eines "Management-by-Objectives" auch bei der Planta-Vent verbunden war. Hier mussten Führungskräfte wie auch Mitarbeiter vorbereitet werden: Schulungen, Bereitstellung von Formularsätzen sowie schliesslich die Durchführung der Gespräche und deren Begleitung fanden zwischen Oktober 2000 und Januar 2001 statt.

Was den Umgang mit den Mitarbeitern und den externen Stakeholdern betrifft, so zeigt die Abbildung, dass insbesondere zu Beginn nur wenige Massnahmen ergriffen wurden: Es wurde eher sporadisch und oft erst auf entsprechende Anfragen hin kommuniziert. Erst später wurde die Informationspolitik auch in dieser Hinsicht geplant, nachdem eine Umfrage zur Mitarbeiterzufriedenheit ergeben hatte, dass hier ein Manko bestand.

Kulturelle Signale wurden zum einen bewusst gesetzt, zum Beispiel durch neue Briefpapiere, den Umbau des Eingangsbereichs, Firmenfeste etc. Bedeutender war jedoch der spürbare Wandel im Führungs- und Kommunikationsstil durch die neuen Vorgesetzten, der für die PlantaVent einen Kulturschock bedeutete.

Vor diesem Hintergrund scheint es nicht erstaunlich, dass es während der ersten zwölf Monate zu Widerständen bei den Mitarbeitern kam, etwa die bereits erwähnten Probleme mit den Aussendienstmitarbeitern. Während vor dem Closing und in den späten Phasen der Integration eine Vermeidungsstrategie verfolgt wurde, geriet man während der ersten zwölf Monate unter Druck und konnte teilweise nur noch reagieren.

5.2.3 Ablauf nach Phasen der Aufgabenerfüllung

Aufschlussreich für die Beschreibung der Charakteristika des Integrationsprozesses ist weiterhin die in **Abbildung VI-22** gezeigte Darstellung des zeitlichen Ablaufs der Integrationsarbeiten nach Phasen der Aufgabenerfüllung.

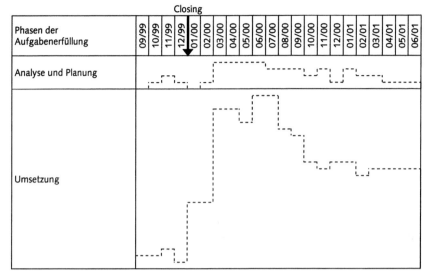

Abbildung VI-22: Zeitlicher Ablauf der Integrationsarbeiten nach Phasen der Aufgabenerfüllung

Interessant ist zunächst die Sequenz, in der Analyse- und Planungsaufgaben anfielen: Ein erster Block fand noch vor dem Closing statt, ein zweiter folgte parallel zur Hauptphase der Integration. Danach nahm die Intensität bis zum Abschluss des Case-Research-Projektes laufend ab. Die Arbeiten vor dem Closing galten der Gewährleistung eines reibungslosen Starts: Generalstabsmässige Vorbereitung der internen und externen Kommunikation der Übernahme, Identifikation der Key-Persons, Erarbeitung eines neuen Organigramms und Formulierung der mittel- und langfristigen Ziele der PlantaVent. Nach den ersten Schritten erwies es sich jedoch als notwendig, die Markt- und Integrationsziele noch einmal genau zu hinterfragen: Während der Sommermonate 2000 wurden bearbeitete Märkte, Stärken und Schwächen der PlantaVent sowie Synergiepotentiale auf der Ebene der Märkte und der Ressourcen erneut analysiert, was dann im Nachgang auch zu einer Relativierung verschiedener Ziele und zu einer entsprechenden Neuausrichtung der Integrationsarbeit führte. Parallel wurden eine Reihe kleinerer und grösserer Studien im Rahmen von Einzelprojekten durchgeführt, etwa zur Vereinfachung der juristischen Struktur der PlantaVent oder zur Erfassung der Mitarbeiterzufriedenheit.

Die Umsetzungsarbeiten begannen mit der Kommunikation der Übernahme sowie den personellen Belangen bereits vor dem Closing. Mit grosser Intensität wurden sie jedoch erst etwa drei Monate nach dem Closing vorangetrieben. In der Tat wurden die ersten drei Monate nach dem Closing zur Orientierung genutzt, in der die wichtigsten Dossiers von der alten an die neue Geschäftsleitung übergeben und viele Einzelgespräche mit Mitarbeitern geführt wurden.

5.2.4 Ablauf nach Art der Aufgabenentdeckung

Abbildung VI-23 zeigt den Ablauf der Integrationsarbeiten nach Art der Aufgabenentdeckung.

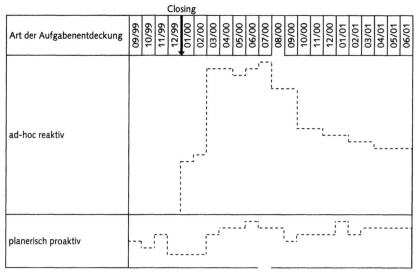

Abbildung VI-23: Zeitlicher Ablauf der Integrationsarbeiten nach Art der Aufgabenentdeckung

Es wird deutlich, dass im vorliegenden Fall just in der Phase, in welcher der operative Druck am höchsten war, die meisten Integrationsarbeiten ad-hoc reaktiv bewältigt wurden.

Planerisch proaktiv angegangen wurden nur die Arbeiten vor dem Closing und grössere resp. heikle Projekte: Etwa die finanzielle Integration, die Arbeiten in der Produktion oder verschiedene Änderungen im Personalwesen. Zudem manifestiert sich auch im zeitlichen Profil der planerisch proaktiv angegangenen Integrationsarbeiten die Aufnahme der mit der strategischen Planung in Zusammenhang stehenden Studien im zweiten Quartal nach dem Closing.

5.2.5 Phasen des Integrationsprozesses

Die Auswertung des zeitlichen Profils nach Kategorien der eigentlichen Integrationsaufgaben zeigt die unterschiedliche Dringlichkeit der Integrationsarbeiten auf: Beispielsweise musste die Integration im Finanzwesen frühzeitig und konzentriert angegangen werden und auch das Daily Business oder die Aktivitäten im Bereich der personenbezogenen Kommunikation waren fortlaufend aktuell und die Aufgabenerfüllung musste deshalb ab Stunde Null sichergestellt werden. Andere Aufgaben wie die Synergierealisierung waren zwar nicht minder wichtig, bedurften jedoch detaillierter Analysen und konnten deshalb nur Schritt für Schritt vorangetrieben werden.

Nach der Dringlichkeit lassen sich also Integrationsaufgaben unterscheiden,

- die zwar wichtig sind, aber erst mittel- und langfristig erfüllt werden können und solche,
- die dringlich anzugehen sind, weil sie entweder kurzfristig zu realisierende Einzelprojekte oder die Gewährleistung der fortlaufend zu erfüllenden Integrationsaufgaben betreffen.

Eine weitere wichtige Erkenntnis der Auswertung des zeitlichen Profils der eigentlichen Integrationsaufgaben betrifft die Tatsache, dass die Aktivitäten im Vorfeld des Closing auf Basis der Due Diligence nur provisorisch geplant werden können: Insbesondere die die mittel- und langfristig bedeutsamen Aspekte betreffenden Analysen und Planungen müssen nachträglich rekapituliert und gegebenenfalls revidiert werden, sobald ein besserer Überblick über die Situation besteht.

So gab es bei der Integration der PlantaVent zwei Blöcke von Analyse- und Planungsarbeiten:

- In einem ersten, zeitlich vor dem Closing liegendem Block wurde - wenn auch nicht als geschlossenes Dokument - ein Integrationsplan erstellt. Er enthielt auf der einen Seite übergreifende Integrationsziele. Auf der anderen Seite wurde ein Teil der dringlichen Aktivitäten aufgegleist. Sie standen vorderhand in Zusammenhang mit personellen und organisatorischen Belangen. Weitgehend vernachlässigt wurde hingegen die Planung der fortlaufend zu erfüllenden Integrationsaufgaben. Die erforderliche Infrastruktur wurde erst nach und nach ad-hoc geschaffen.

- Der zweite Block lag nach dem Closing parallel zu den ersten Umsetzungsarbeiten: Er konzentrierte sich auf die in Zusammenhang mit den strategischen Aspekten der Integration erforderlichen Adjustierungen und damit auf die mittel- und langfristig bedeutsamen Integrationsaufgaben.

Nach Dringlichkeit der eigentlichen Integrationsaufgaben und Phasen der Aufgabenerfüllung lassen sich vier Phasen des Integrationsprozesses abgrenzen:

Phase I: Vorbereitung
Phase II: Sofortmassnahmen
Phase III: Studien
Phase IV: Neuausrichtung

Phase I "Vorbereitung" umfasst die Erstellung eines übergreifenden Integrationsplans, der zum einen Aussagen zu mittel- und langfristig bedeutsamen Aspekten enthält. Zum anderen sind die Vorraussetzungen dafür zu schaffen, dass der Start der Integrationsarbeit unmittelbar nach dem Closing reibungslos verläuft.

Phase II "Sofortmassnahmen" beginnt mit dem Closing. Es geht darum, mit den dringlichsten Integrationsarbeiten zu starten und gleichzeitig die fortlaufend zu erfüllenden Aufgaben sicherzustellen. Gleichzeitig ermöglichen die ersten Schritte der Zusammenarbeit ein gegenseitiges Kennenlernen. Dies bedingt Flexibilität und damit ein zum Teil ad-hoc reaktives Vorgehen.

Parallel wird in Phase III "Studien" die Analyse- und Planungstätigkeit im Bereich der strategisch wichtigen Aspekte der Transaktion vertieft. Input stellen sowohl die Ergebnisse der Phase I "Vorbereitung" als auch die sich während Phase II "Sofortmassnahmen" laufend ergebenden Einzelprobleme dar, welche zu einer Überprüfung der den Planungen ursprünglich zugrunde liegenden Prämissen Anlass geben.

Phase IV "Neuausrichtung" bezweckt schliesslich die strukturierte Umsetzung der vorhergehenden Analyse- und Planungsarbeiten und damit die endgültige Realisierung der Transaktionsziele. Das Vorgehen ist weitgehend als planerisch proaktiv zu charakterisieren.

Abbildung VI-24 zeigt diese Zusammenhänge noch einmal schematisch.

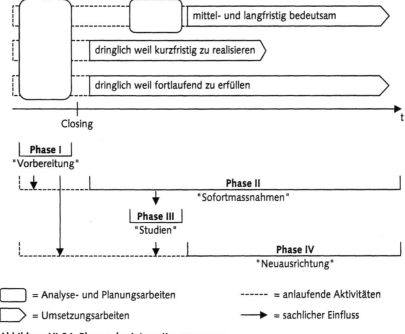

☐ = Analyse- und Planungsarbeiten   ------ = anlaufende Aktivitäten

⬗ = Umsetzungsarbeiten   ⟶ = sachlicher Einfluss

Abbildung VI-24: Phasen des Integrationsprozesses

Wie bereits in der schematischen Darstellung angedeutet, zeigt auch die Zuordnung der Integrationsarbeiten bei der PlantaVent zu den Phasen des Integrationsprozesses in **Abbildung VI-25**, dass die vier Phasen sich zeitlich stark überlap-
pen: So wurde mit der Umsetzung der mittel- und langfristig bedeutsamen Integrationsarbeiten nicht bis zum Abschluss der Phase III "Studien" gewartet, sondern bereits basierend auf der Grobeinschätzung aus Phase I "Vorbereitung" mit
den erforderlichen Umsetzungsmassnahmen gestartet. Genauso führte die vertiefte Analyse der Phase III "Studien" bereits parallel zu Anpassungen bei den bereits in Gang gesetzten Integrationsarbeiten und natürlich zur Lancierung neuer
Einzelprojekte. Dadurch ergibt sich insgesamt ein zu Beginn der Integration stark
ansteigendes und nach der Bewältigung der dringenden Aufgaben kontinuierlich
abfallendes Aktionsniveau.

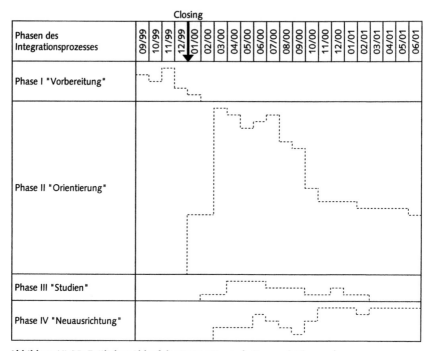

Abbildung VI-25: Zeitlicher Ablauf der Integrationsarbeiten nach Phasen des Integrationsprozesses

6 Ergebnisse zum Management des Integrationsprozesses

6.1 Massnahmen zum Management des Integrationsprozesses

Wie **Abbildung VI-26** zeigt, waren die Massnahmen zum Management des Integrationsprozesses insgesamt recht überschaubar: Es konnten lediglich 15 Aktivitäten gezählt werden, von denen knapp die Hälfte die Planung der sachlichen Prioritäten betrafen. Der Rest verteilte sich auf die Terminplanung und insbesondere die Lösung von Ressourcenproblemen. Organisatorische Regelungen wurden mit Ausnahme der Bestimmung des Integrationsverantwortlichen keine getroffen.

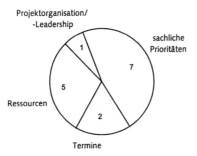

Abbildung VI-26: Aktionsniveau der Massnahmen zum Management des Integrationsprozesses nach Projektmanagementbereichen

Die meisten der Massnahmen zum Management des Integrationsprozesses betrafen Einzelprojekte. Lediglich die Bestimmung des Integrationsverantwortlichen, die Liste der noch offenen Integrationstasks sowie das Tracking der Integrationsprojekte dienten der Schaffung eines Überblicks über die Integration insgesamt. Die Gesamtkoordination lag beim Integrationsverantwortlichen, der damit sowohl sachlich als auch persönlich eine zentrale Rolle im Geschehen einnahm.

Die Steuerung der Einzelprojekte wurde der jeweils verantwortlichen Führungskraft überlassen. Dabei wurden komplexere oder heikle Einzelprojekte sowohl sachlich als auch terminlich - meist in Form von Checklisten - strukturierter geplant und koordiniert. Ressourcenprobleme wurden durch Hinzunahme externer Kräfte gelöst, wofür ad-hoc grosszügig Mittel zur Verfügung gestellt wurden. In der Regel wurde dies jedoch erst entschieden, wenn die Betroffenen überlastet waren und man Gefahr lief, Termine anders nicht halten zu können. Neben der Überwindung von Kapazitätsengpässen wurden externe Berater hinzugezogen,

145

wenn spezifisches Know-how oder ein neutrales Urteil erforderlich war. Dies war beispielsweise bei der juristischen Abwicklung der Quasi-Stillegung der Tochtergesellschaften der PlantaVent der Fall.

6.2 Zeitlicher Ablauf der Massnahmen zum Management des Integrationsprozesses

Das zeitliche Profil der Massnahmen zum Management des Integrationsprozesses verlief insgesamt analog zu jener der eigentlichen Integrationsaufgaben mit einer Spitze in der Zeit zwischen März und September 2000. Jedoch ergeben sich interessante Erkenntnisse, wenn man die Ebene der Einzelprojekte und die Ebene des Integrationsprozesses insgesamt getrennt auswertet.

Abbildung VI-27 ordnet die Massnahmen zum Management des Integrationsprozesses auf der Ebene der Einzelprojekte und des Integrationsprozesses insgesamt den Phasen des Integrationsprozesses zu. Auch hier zeigt sich die zeitliche Überlappung der vier Phasen I "Vorbereitung", II "Sofortmassnahmen", III "Studien" und IV "Neuausrichtung". Auffällig ist dabei, dass auf der Ebene der Einzelprojekte die meisten der Massnahmen die Phase II betrafen. Das Management des Integrationsprozesses insgesamt wurde hingegen erst mit der Phase IV verstärkt angegangen. Der Fokus verlagerte sich also im Verlaufe des Integrationsprozesses von der Bewältigung komplexer Einzelprojekte auf den Abschluss der Integrationsarbeiten insgesamt.

Wie die **Abbildung VI-28** zeigt, waren auf der Ebene der Einzelprojekte sachliche Prioritäten wie auch Termin- und Ressourcenplanung gleichermassen ein Thema. Auf der Ebene des Integrationsprozesses insgesamt erfolgte hingegen zu Beginn lediglich die Bestimmung des Integrationsverantwortlichen, über den im Folgenden die Gesamtkoordination sämtlicher Aktivitäten lief. Die Abstimmung mit den für die Einzelprojekte verantwortlichen Führungskräften erfolgte dabei in persönlichen Gesprächen sowie teilweise auch an den Geschäftleitungssitzungen. Erst nach einem guten dreiviertel Jahr wurden die Integrationsprojekte dokumentiert und als Grundlage für das weitere Vorgehen und die Terminplanung eine Liste mit noch offenen Tasks erstellt. Eine Ressourcenplanung auf der Ebene des Integrationsprozesses insgesamt erfolgte nicht.

Closing

Projektmanagement-ebenen und Phasen des Integrationsprozesses		09/99	10/99	11/99	12/99	01/00	02/00	03/00	04/00	05/00	06/00	07/00	08/00	09/00	10/00	11/00	12/00	01/01	02/01	03/01	04/01	05/01	06/01
Einzelprojekte resp. Arbeitspakete	I																						
	II																						
	III																						
	IV																						
Integrationsprozess insgesamt	I																						
	II																						
	III																						
	IV																						

I - IV = Phasen des Integrationsprozesses

Abbildung VI-27: Zeitlicher Ablauf der Massnahmen zum Management des Integrationsprozesses nach Projektmanagementebenen und Phasen des Integrationsprozesses

Closing

Projektmanagement-ebenen und -bereiche		09/99	10/99	11/99	12/99	01/00	02/00	03/00	04/00	05/00	06/00	07/00	08/00	09/00	10/00	11/00	12/00	01/01	02/01	03/01	04/01	05/01	06/01
Einzelprojekte resp. Arbeitspakete	sP																						
	T																						
	R																						
	O																						
Integrationsprozess insgesamt	sP																						
	T																						
	R																						
	O																						

sP = sachliche Prioritäten   T = Termine   R = Ressourcen   O = Projektorganisation/-leadership

Abbildung VI-28: Zeitlicher Ablauf der Massnahmen zum Management des Integrationsprozesses nach Projektmanagementebenen und -bereichen

147

6.3 Auswirkungen auf Inhalt und zeitlichen Ablauf der Integrationsarbeiten

Im Folgenden sollen die Zusammenhänge zwischen der Art und Weise, wie die Steuerung der sachlichen Prioritäten, der Termine, der Ressourcen sowie die Projektführung erfolgte und der inhaltlichen resp. zeitlichen Struktur der Integrationsarbeit aufgedeckt und diskutiert werden.

Die Steuerung der sachlichen Prioritäten fusste auf den für die PlantaVent formulierten mittel- und langfristigen Zielsetzungen gemäss Abbildung VI-4, die jedoch noch nicht als konkreter Integrationsplan gelten können. Dies hatte Auswirkungen auf die Bedeutung, die den einzelnen Kategorien von Integrationsaufgaben beigemessen wurde und auf die Problemintensität in den einzelnen Bereichen:

- Der Schwerpunkt der Integrationsarbeit lag zunächst bei den Führungssystemen. Die Abwicklung der finanziellen Integration und die Anpassung von Organisation & Managementkonzepten sowie des Personalwesens war aufgrund der sachlichen Komplexität wie auch Gewöhnungsproblemen und Widerständen der Mitarbeiter zwar nicht unproblematisch, die Prioritäten waren jedoch durch die Notwendigkeit, sich den Konzepten und dem Turnus des Mutterhaus anzuschliessen, klar vorgegeben.

- Im Bereich der Leistungserstellung verlief die Integrationsarbeit insbesondere in Marketing & Verkauf eher schleppend: Es fehlte der Fokus und teilweise wurde mit der Realisierung der Zielsetzungen, etwa der Vorbereitung der Internationalisierung, gar nicht erst begonnen. Dies machte sich rasch auch in unter den Erwartungen liegenden Umsatzzahlen bemerkbar, was den Druck im Bereich des Daily Business stark erhöhte. In der Produktion hingegen wurde die Analyse des Integrationsbedarfs frühzeitig an einen externen Berater delegiert, der konkrete Empfehlungen unterbreitete. Zudem bedingten schon die technischen Erfordernisse und die in der Pharmaindustrie umfangreichen gesetzlichen Vorschriften bei Änderungen im Produktionsablauf, sowie das Erfordernis der Aufrechterhaltung der Produktion während der erforderlichen Umbauten eine frühzeitige und detaillierte Planung.

- Man kann nicht sagen, dass bei der Integration der PlantaVent in den Verbund der Nica zu wenig mit Mitarbeitern und externen Stakeholdern kommuniziert wurde. Jedoch wurden diese Aufgaben zu Beginn nicht umfassend, nicht proaktiv und je nach verantwortlicher Führungskraft nicht gleichermassen intensiv wahrgenommen. Die Kommunikationsarbeit stellte so zunächst eher eine Be- als eine Entlastung dar. Erst die zentrale Koordination der integrationsbezogenen Information bei der Assistenz der Geschäftsleitung erlaubte es den Führungskräften, sich neben den Sachaufgaben auf die personenbezogene Kommunikation mit den direkt unterstellten Mitarbeitern zu konzentrieren.

Aufgrund des fehlenden Gesamtüberblicks über die Integrationsarbeiten wurde der Integrationsprozess während der Phase II "Sofortmassnahmen" in fast allen Bereichen eher von äusseren Zwängen als von den mittel- bis langfristig erfolgsrelevanten Aspekten getrieben. Zudem wurde die Überarbeitung der zugrunde liegenden Zielsetzungen, also die Phase III "Studien", nicht proaktiv angegangen und beschränkte sich zunächst auf den bereits in der Due Diligence hierfür vorgesehenen Produktionsbereich. Dies führte nach und nach zu den verschiedensten Friktionen in sachlicher wie führungsmässiger Hinsicht und die Aufmerksamkeit der Führungskräfte galt je länger je mehr der "Löschung von Buschbränden" im Daily Business und der Bewältigung von Widerständen. Zudem kam es zu Verzögerungen. So musste zum Beispiel die Integration der Lohnbuchhaltung abgeschlossen werden, bevor die Einführung der Mitarbeiterbezüge, die bereits längere Zeit verkündet und von den Mitarbeitern mit lebhaftem Interesse diskutiert worden war, faktisch vollzogen werden konnte.

Was die Terminplanung und -kontrolle betrifft, so wurden dringliche Einzelprojekte - beispielsweise im Bereich der finanziellen Integration - straff und zur Not durch Hinzunahme externer Kapazitäten abgewickelt. Termindruck induzierte dabei oft auch eine bessere sachliche Planung. Der Integrationsprozess insgesamt wurde aufgrund der fehlenden sachlichen Planung auch terminlich nicht wirklich strukturiert und demzufolge, wie bereits dargelegt, eher verschleppt.

Ein Grossteil der Einzelprojekte war direkt beim Integrationsverantwortlichen resp. seiner Assistenz und seinem Sekretariat angesiedelt. Daneben wirkte er zusätzlich in einer Vielzahl von Projekten begleitend als Koordinator und Coach mit. Zu Überlastung kam es phasenweise jedoch insbesondere im Bereich Finanzen & Personal sowie im Bereich Marketing & Verkauf. Während im ersten Fall rasche Abhilfe durch die Hinzunahme externer Kapazitäten sowie durch die Umschichtung gewisser Aufgaben geschaffen werden konnte, schien es sich im Bereich Marketing & Verkauf nicht um eine reines Kapazitätsproblem zu handeln: Persönliche Animositäten zwischen altem und neuem Kader sowie das problembehaftete Daily Business verstärkten die Arbeitsbelastung der in diesem Bereich weder in sachlicher noch in zeitlicher Hinsicht optimal verlaufenden Integration. Gleichzeitig war man stark auf das Know-how der betroffenen Personen angewiesen, so dass personelle Entscheidungen oder der Einkauf von Expertise oder Kapazität zumindest kurzfristig keine Abhilfe hätten schaffen können.

Die Integrationsprojektorganisation bestand aus dem Integrationsverantwortlichen, dem Leiter der Pharma-Sparte der Nica sowie im Rahmen eines jährigen Beratungsmandates, quasi als Ko-Integrationsverantwortliche für das Daily Business und zur Sicherstellung des Know-how-Transfers, der ehemaligen Geschäftsleitung der PlantaVent. Diese Minimalorganisation war für die Koordination der Aktivitäten grundsätzlich gangbar und entsprach auch Grösse und angestrebtem Integrationsgrad. Hinsichtlich inhaltlichem Fokus und Ablauf des Integrationsprozesses waren lediglich zwei Dinge auffällig:

- Aus Führungssicht erwies sich die regelmässige Präsenz der ehemaligen Geschäftsleitung als sehr problematisch, da den Mitarbeitern trotz entsprechender Regelungen Kompetenzen und Verantwortlichkeiten nicht klar ersichtlich waren. Auch waren die Arbeitsstile und Ansichten über Sachprobleme oft unvereinbar, was die Integrationsarbeiten in nicht unerheblichem Ausmass blockierte.

- Es gab bis auf das Unterstellungs- und Berichtsverhältnis zwischen dem Integrationsverantwortlichen und dem Leiter der Pharmasparte keine institutionalisierten Schnittstellen für die sachliche Abstimmung mit dem Mutterhaus. In einigen Bereichen, zum Beispiel im Finanz- und Personalwesen, führten die zahlreichen operativen Probleme spontan zu direkten Absprachen zwischen den betroffenen Abteilungen bei der PlantaVent und bei der Nica. Anders verhielt es sich bei der Suche nach Synergien und bei der Überarbeitung der Zielsetzungen auf der Marktseite. Die Analysen zu den realistischen Marktchancen und zur Abstimmung der Produktportfolios zwischen den Schwestergesellschaften verblieben grösstenteils bei der PlantaVent und wurden nicht gemeinsam erarbeitet oder diskutiert. Aufgrund dessen musste bei der Analyse auf vielen Annahmen basieren. Man stiess mit den Anliegen bei den Schwestergesellschaften zum Teil auf taube Ohren und eine Umsetzung der Ergebnisse konnte bis zum Abschluss des Case-Research-Projektes nicht weiter verfolgt werden. Auch dies beeinflusste die Integration inhaltlich wie auch im zeitlichen Ablauf massgeblich.

7 Ergebnisse zu den zentralen Integrationsentscheiden

7.1 Zentrale Integrationsentscheide und ihr Zustandekommen

Abbildung VI-29 zeigt die der Integrationsarbeit zugrunde liegenden zentralen Integrationsentscheide. Sie lassen sich grösstenteils aus den in Abbildung VI-4 wiedergegebenen mittel- und langfristigen Zielsetzungen für die PlantaVent aber auch aus der Beschreibung der Integrationsarbeiten in den Abschnitten 5 und 6 ableiten. Auch wenn die Begriffe im Kontext nicht explizit verwendet wurden, bildeten sowohl die Schwerpunkte der Integration als auch Integrationsgrad, -approach und -tempo Gegenstände der zentralen Integrationsentscheide.

Entscheid-gegenstand	Entscheidresultat
Integrationsgrad	Erhaltung des Produktionsstandorts und weitgehend autonome Führung der PlantaVent
Integrations-schwerpunkte	Führungs- und Controlling-Prinzipien nach Nica-Standard
	Konzentration auf die Produktgruppen Phyto-Therapie und Gastroenteologie und Internationalisierung dieser Bereiche
	Realisierung von Synergien in der Produktion
	Realisierung von Synergien in der Marktbearbeitung
Integrationstempo	Abwicklung der Integration der Führungssysteme innerhalb des ersten Jahresturnus
	Vorbereitung der Internationalisierung bis zum zweiten Jahresturnus
Integrations-approach	Schaffung einer dynamischen, kompetenzorientierten Unternehmenskultur

Abbildung VI-29: Überblick über die zentralen Integrationsentscheide

Da einige der Entscheide bereits im Rahmen der Due Diligence und damit vor dem Beginn der Datenerhebung getroffen wurden, lässt sich das Vorgehen bei der Entscheidfindung nicht mehr vollständig rekapitulieren. Die folgenden Ausführungen beschränken sich deshalb schwerpunktmässig auf die Darstellung der Entscheidresultate und inwieweit sie umgesetzt wurden.

Dass die PlantaVent autonom weitergeführt werden sollte, stand von Beginn an fest und wurde während der Dauer des Case-Research-Projektes nie in Frage gestellt. Eine Auflösung des Standortes der PlantaVent kam aus zwei Gründen nicht in Betracht: Zum einen stellte der Erhalt der Arbeitsplätze für den ehemaligen Eigner eine Verkaufsbedingung dar, die als Rahmenbedingung akzeptiert werden musste und eine Vollintegration ausschloss. Zum anderen war die Registrierung der Medikamente für die Auftragsherstellung an den Standort gebunden. Eine Neuregistrierung hätte für die PlantaVent einen unzumutbaren und für den Kunden einen inakzeptablen Aufwand bedeutet. Der angestrebte Grad der Verschmelzung beschränkte sich damit auf direkt kostenwirksame Massnahmen sowie auf die aus Führungssicht unabdingbaren Harmonisierungen. Heute sind am Standort der PlantaVent jedoch nur noch Teile der Produktion angesiedelt. Geschäftsleitung und Marketing & Verkauf sind in die Räumlichkeiten einer der Schwestergesellschaften gezogen, firmieren jedoch weiterhin unter dem Namen PlantaVent. Finanz- und Personalwesen wurden vollständig zentralisiert.

Die Schwerpunkte der Integration betrafen die anzuwendenden Führungs- und Controlling-Prinzipien, den Fokus in der Marktbearbeitung im Verbund sowie die Realisierung von Synergien:

- Die Einführung der Führungs- und Controlling-Prinzipien bei der PlantaVent gemäss den Richtlinien der Nica stellte eine Conditio sine qua non dar und wurden wie vorgesehen beendet.
- Bereits vor dem Closing wurden die mittel- und langfristigen Marktziele für die PlantaVent festgelegt. Sie definierten die Rolle der PlantaVent im Verbund der Pharma-Sparte der Nica, welche bereits dem Kaufentscheid zugrunde lag. Einerseits wurde eine Konzentration auf die augenscheinlich ausgezeichnete Marktchancen bietenden Phyto-Produkte anvisiert. Andererseits sollte die Kernkompetenz in der Indikation Gastroenteologie weiter genutzt und ausgebaut werden. Schliesslich wurde in diesen beiden Bereichen eine Internationalisierung angestrebt. All diese Verbundziele konnten bis zum Abschluss des Case-Research-Projektes nicht oder nur teilweise realisiert werden.
- Obwohl im Bereich der Produktion bereits frühzeitig Synergiepotentiale gesehen wurden, folgte die genaue Analyse und Realisierung erst in den späteren Phasen der Integration. Dies hatte mit der Langwierigkeit solcher Prozesse zu tun, aber auch mit dem relativ späten Eintritt des neuen Produktionsleiters im April 2000. In der Marktbearbeitung wurde eine Analyse der Synergiepotentiale erst vorgenommen, als es zu Problemen aufgrund einer konzerninternen Konkurrenz zwischen zwei Produkten gekommen war. Dabei ging es weniger um Effizienzgewinn oder die Ausschöpfung der Möglichkeiten des Cross-Selling, als um die Vermeidung weiterer negativer Synergieeffekte. Bis zum Abschluss des Case-Research-Projektes waren jedoch noch keine Folgemassnahmen getroffen worden.

Die Bestimmung der Schwerpunkte der Integration fusste vorderhand auf den im Rahmen der Due Diligence erhobenen Informationen, wobei allerdings die finanziellen und rechtlichen Aspekte in den Vordergrund gestellt wurden.

Ein zügiges Integrationstempo war bei der Harmonisierung der Führungssysteme erklärtes Ziel: Im Finanz- und Personalwesen ergab sich dies schon aus der Notwendigkeit, sich den im Konzern üblichen Rhythmen anzupassen. Eine straffe Abwicklung wurde darüber hinaus bei der Anpassung der Organisation verfolgt, um gegenüber den Mitarbeitern rasch klare Verhältnisse zu schaffen. Diese Prozesse waren aufgrund von Gewöhnungsproblemen und Widerständen zwar aufwendiger als gedacht, konnten aber insgesamt wie geplant umgesetzt werden. Die Zielsetzungen sahen des Weiteren eine zügige Umsetzung der Marktziele vor, was jedoch nur teilweise erreicht werden konnte.

Die zu Beginn der Integration formulierten Ziele beinhalteten die "Schaffung einer dynamischen, kompetenzorientierten Unternehmenskultur". Dies und auch das Erfordernis der Pflege der Know-how-Träger legte grundsätzlich einen eher weichen, humanorientierten Integrationsapproach nahe. Um den Zeitplan der Integration in Finanz- und Personalwesen sowie Organisation & Managementkonzepten zu halten, wurde jedoch phasenweise faktisch ein sehr straffes Vorgehen und damit ein harter Reorganisationsansatz notwendig.

7.2   Zeitlicher Ablauf der zentralen Integrationsentscheide

Abbildung VI-30 ordnet die zentralen Integrationsentscheide den Phasen des Integrationsprozesses zu.

Hinsichtlich aller Entscheidgegenstände wurden bereits in Phase I "Vorbereitung" vor dem Closing Basisentscheide getroffen. Sie umfassten ausser den Synergien in der Marktbearbeitung alle in Abbildung VI-29 aufgeführten Einzelentscheide.

Die Schwerpunkte der Integration im Bereich der Leistungserstellung wurden in Phase III "Studien" überdacht, nachdem sich in Phase II "Sofortmassnahmen" Schwierigkeiten bei der Umsetzung ergeben hatten. Die Marktziele bedurften einer realistischeren Einschätzung und es galt, den Abstimmungsbedarf unter den Produktportfolios der Schwestergesellschaften stärker zu berücksichtigen. Die Er-

	Basisentscheid	Rückkommensantrag	
		implizit	formell
Integrations-grad	Phase I		nach Ende Case-Research-Projekt
Integrations-schwerpunkte	Phase I	Phasen II / III	nach Ende Case-Research-Projekt
Integrations-tempo	Phase I	Phasen II / IV	
Integrations-approach	Phase I	Phasen II / IV	

Abbildung VI-30: Zeitlicher Ablauf der zentralen Integrationsentscheide

gebnisse der Analysen waren jedoch erst ein Beginn. Augenscheinlich wurden sie nach Abschluss des Case-Research-Projektes vertieft und führten zu einem Rückkommensantrag auch hinsichtlich des Integrationsgrades.

Die ursprünglichen Ideen bezüglich Integrationstempo und -approach wurden hingegen in Phase II "Sofortmassnahmen" und Phase IV "Neuorientierung" gemäss des in den Einzelprojekten Machbaren und den jeweiligen Notwendigkeiten angepasst. Je nach Termindruck wurde der Integrationsapproach "so weich wie möglich" gestaltet. Formelle Rückkommensanträge gab es aber nicht.

7.3 Auswirkungen auf Inhalt und zeitlichen Ablauf der Integrationsarbeiten

Die zentralen Integrationsentscheide zu Integrationsgrad, Schwerpunkten der Integration, Integrationstempo und Integrationsapproach haben Inhalt wie auch Ablauf der Integrationsarbeiten entscheidend geprägt.

Die Prämisse, die PlantaVent als autonome Tochter weiterzuführen, führte bei der Integrationsplanung von vornherein zum Ausschluss gewisser Alternativen: Die Integration im Bereich der Leistungserstellung war weitgehend auf die Weiterentwicklung der PlantaVent im Markt beschränkt. Die Überlegungen hinsichtlich Synergienutzung konzentrierten sich auf direkt kostenwirksame Massnahmen in der Produktion. Zudem führte die vorgenommene Schwerpunktsetzung dazu, dass Probleme der Marktbearbeitung im Daily Business nicht antizipiert wurden, so dass deren Bewältigung die frühen Phasen der Integration stark dominierte.

Durch die zögerliche Adjustierung der Schwerpunkte wurde der Integrationsprozess insgesamt eher verschleppt.

Das Integrationstempo bei der Anpassung der Führungssysteme ermöglichte es, dem Turnus der Muttergesellschaft gerecht zu werden und einen Grossteil der Integrationsarbeiten innerhalb des ersten Jahres abzuschliessen. Es verursachte jedoch eine starke Konzentration der Aufmerksamkeit auf diesen Bereich.

7.4   Auswirkungen auf das Management des Integrationsprozesses

Die Schwerpunktsetzung und die damit verbundene Festlegung des Integrationsgrads beeinflusste natürlich die sachliche, terminliche und ressourcenmässige Planung sämtlicher Integrationsarbeiten. Allerdings wurden hier ohnehin nur sehr wenige übergreifende Massnahmen getroffen. Die sich aus dem nicht umfassend definierten Schwerpunkt ergebenden Probleme im Daily Business führten darüber hinaus zu einem erhöhten Erfolgsdruck und zur Demotivation bei den Mitarbeitern und die notwendigen Kurskorrekturen waren sowohl gegenüber dem Mutterhaus als auch intern schlecht kommunizierbar. Die Projektführung wurde hierdurch entscheidend erschwert.

Das in Einzelprojekten forsche Tempo hatte in erster Linie Einfluss auf die Terminplanung auf dieser Ebene. Daneben war jedoch auch die Ressourcenplanung tangiert, indem fallweise durch die Hinzunahme externer Kapazitäten Zeit gewonnen werden konnte. Der bedingt durch den Zeitruck straffere Approach hatte positive wie auch negative Auswirkungen auf die Projektführung: Einige Mitarbeiter entfalteten enorme Kräfte und kooperierten vorbildlich, andere waren überfordert. Der Integrationsprozess verschleppte sich jedoch eher in Bereichen, in denen die Terminlage keine Herausforderung darstellte.

8 Zusammenfassende Beurteilung der Ergebnisse des Case-Research-Projektes zur Unternehmensintegration

Die Untersuchung des Falls PlantaVent hat bestätigt, dass die zentrale Herausforderung der Unternehmensintegration bei einer ganzheitlichen Planung und Steuerung des Integrationsprozesses liegt: Einzelprojekte stellen, einmal aufgegleist, in der Regel keine grösseren Probleme. Vielmehr gilt es, einen Gesamtüberblick zu schaffen und zu erhalten. Das Case-Research-Projekt soll die substantielle Grundlage für die Entwicklung von Empfehlungen liefern, welche an diesem Punkt ansetzen. Dies wird im Folgenden entlang der untersuchten Teilaufgaben der Unternehmensintegration beurteilt. **Abbildung VI-31** fasst die Einschätzungen zusammen.

Teilergebnisse des Case-Research-Projektes	Ergebnisse zur Strukturierung der Integrationsarbeiten	Ergebnisse zum Management des Integrationsprozesses	Ergebnisse zu den zentralen Integrationsentscheiden
Relevanz für die Entwicklung der Empfehlungen	++++	++	++
+ = geringe Relevanz	++ = gewisse Relevanz	+++ = grosse Relevanz	++++ = sehr grosse Relevanz

Abbildung VI-31: Relevanz der Ergebnisse des Case-Research-Projektes zur Unternehmensintegration für die Entwicklung der Empfehlungen

Die Ergebnisse zur inhaltlichen und zeitlichen Strukturierung der Integrationsarbeiten stellen eine wichtige Grundlage für die Entwicklung der Empfehlungen dar:

- Die aus der Auswertung resultierenden Kategorien von Integrationsarbeiten resultieren in einem ersten Vorschlag für ein inhaltliches Raster der eigentlichen Integrationsaufgaben. Zusätzlich kann das Datenmaterial aus der Case-Research-Database zur Entwicklung von konkretisierenden Checklisten herangezogen werden.
- Die Einteilung des Integrationsprozesses in Phasen dient dazu, die komplexe Aufgabe der Unternehmensintegration in sinnvolle Schritte zu unterteilen. Eine solche Sequenz sowie die differenzierte Kenntnis der Anforderungen in den verschiedenen Phasen liefern Ansatzpunkte für Empfehlungen zum Management des Integrationsprozesses.

Die Untersuchung des Managements des Integrationsprozesses bestätigt die Erkenntnis, dass die Massnahmen sich nicht auf die Einzelprojekte beschränken dürfen, sondern der Integrationsprozess insgesamt frühzeitig und umfassend geplant werden muss. Aus dem Fall heraus lassen sich jedoch keine Best Practises, sondern höchstens eine Reihe regelungsbedürftiger Themen ableiten, etwa die Vermeidung der Innenzentrierung, eine klare Kompetenzregelung im Projekt sowie die Abgrenzung zwischen den Strukturen des Daily Business und des Integrationsmanagements.

Was die zentralen Integrationsentscheide betrifft, so zeigt der Fall die wichtigsten Entscheidprobleme und ihre Bedeutung für das Management des Integrationsprozesses auf, vermag jedoch keine Antworten zu geben. Auch hier sind die Resultate nur eingeschränkt von Nutzen für die Entwicklung der Empfehlungen.

VII   Expertengespräche zur Unternehmensintegration

1   Überblick

In Kapitel VII werden die Ergebnisse der Expertenbefragung dargestellt, die durchgeführt wurde, um eine erste Version der Empfehlungen einer Überprüfung durch auf diesem Gebiet ausgewiesene Praktiker zu unterziehen. Das Kapitel umfasst neben der Einleitung drei weitere Abschnitte:

- In Abschnitt 2 werden das Ziel der Expertengespräche und das Forschungsdesign der Interviews dargelegt.
- Darauf folgt in Abschnitt 3 die Darstellung der Resultate der Befragung entlang der Struktur des zugrunde liegenden Interview-Leitfadens.
- Schliesslich werden in Abschnitt 4 die gewonnenen Erkenntnisse zusammengefasst und ein Fazit hinsichtlich des Anwendungsbereichs der Empfehlungen gezogen.

2 Ziel der Expertengespräche und Interview-Design

2.1 Ziel der Expertengespräche

Primäres Ziel der Expertengespräche ist, den ersten Entwurf der praktisch-normativen Empfehlungen zur erfolgreichen Bewältigung der Post Merger-Integration auf ihre Praxistauglichkeit hin zu überprüfen. Daneben sollen Erkenntnisse über den Anwendungsbereich der Empfehlungen gewonnen werden.

Die Expertengespräche stehen damit im Forschungsprozess auf Evaluationsstufe.

2.2 Interview-Design

2.2.1 Wahl der Erhebungsmethode

Das Case-Research-Projekt basiert auf einem Single-Embedded Case-Design.[193] Vorteil dieser Forschungsanlage ist die Möglichkeit, den Gegenstand vertieft und innerhalb seines Kontextes zu untersuchen und damit differenzierte Erkenntnisse über die Inhalte und den Ablauf von Integrationsprozessen zu gewinnen. Damit verbunden ist jedoch der Nachteil, dass die Forschungsergebnisse durch die Spezifität des analysierten Falls einer eingeschränkten Generalisierbarkeit unterliegen: Art der Transaktion, betroffene Branche und geographische Abdeckung, Unternehmensgrösse, Geschäftsgang und andere Kontextmerkmale haben unter Umständen Einfluss auf die Integrationsarbeit und damit auch auf die gewonnen Erkenntnisse.

Gespräche mit Experten auf dem Gebiet der Post Merger-Integration ermöglichen effizient eine qualifizierte Überprüfung der Empfehlungen, indem die Gesprächspartner basierend auf ihrem Erfahrungsschatz ein Urteil abgeben. Gleichzeitig wird so eine breitere Abstützung erreicht, da vom Erfahrungshorizont der Befragten auf die Generalisierbarkeit der Erkenntnisse geschlossen werden kann. Dies erlaubt eine genauere Eingrenzung des Anwendungsbereichs der Empfehlungen. Deshalb, und auch aus Gründen des Aufwands, werden auf Evaluations-

---

[193] Vgl. Kapitel VI, S. 104 ff.

stufe Expertengespräche einer anwendungsorientierten Überprüfung der Empfehlungen mittels Action-Research[194] vorgezogen.

Dem Gegenstand entsprechend geht es auch hier um die Erfassung von in erster Linie qualitativen Informationen, welche ein vertieftes Verständnis über den Gegenstand ermöglichen. Deshalb wird die Form des halbstrukturierten Interviews[195] gewählt: Ein Interviewleitfaden steuert zwar den Gesprächsablauf. Die Reihenfolge der Themenkreise und der Fragen kann jedoch variieren und es können je nach Entwicklung der Unterredung Aspekte weggelassen oder weiter vertieft werden. Sämtliche Fragen werden zunächst ungestützt, unabhängig von den den Empfehlungen zugrunde liegenden eigenen Annahmen formuliert, um eine unabhängige Expertenaussage zu erfassen. Je nach Antwort folgt anschliessend eine durch die Strukturen der zu überprüfenden Empfehlungen gestützte Frage, um sicherzustellen, dass die zentralen Gesichtspunkte abschliessend behandelt werden.

2.2.2 Inhalt des Interviewleitfadens

Abbildung VII-1 zeigt das Inhaltsverzeichnis des Interviewleitfadens.[196]

A Allgemeines
  1 Begrüssung und Dank
  2 Einleitende Bemerkungen zur Dissertation
  3 Ziele des Interviews
  4 Vertraulichkeit
  5 Themenkreise des Interviews

B Angaben zu den durch die Experten begleiteten Integrationsprojekte

C Befragung
  1 Bedeutung, Schwierigkeiten sowie Inhalt und Ablauf der Post Merger-Integration in der Praxis
  2 Diskussion des in der Dissertation entwickelten Post Merger-Integration-Ansatzes
  3 Vertiefte Befragung zu ausgewählten Teilproblemen

Abbildung VII-1: Inhaltsverzeichnis des Interviewleitfadens

---

[194] Vgl. Kapitel V, S. 91 ff.
[195] Vgl. Diekmann (2000), S. 373 ff.; Sekaran (2000), S. 222 ff.; Saunders et al. (2000), S. 242 ff.
[196] Der vollständige Interviewleitfaden befindet sich in Anhang D.

Im allgemeinen Teil A wird nach der Begrüssung und dem Dank an den Experten das Forschungsprojekt kurz vorgestellt, die Zielsetzungen des Interviews werden dargelegt, die Vertraulichkeit wird zugesichert und die zu besprechenden Themenkreise werden erläutert.

Teil B beinhaltet eine Tabelle, mit deren Hilfe Angaben zu den durch den Experten begleiteten Integrationsprojekten und damit ihrem Erfahrungshorizont erfasst werden.

Der Befragungsteil C enthält schliesslich Fragen zu drei Themenkreisen:

- Die Fragen über Bedeutung, Schwierigkeiten sowie Inhalt und Ablauf der Post-Merger Integration in der Praxis (Abschnitt 1) dienen zum einen der Einstimmung auf das Gespräch und der Abstimmung der verwendeten Terminologie. Zum anderen wird die Sichtweise des Befragten über Bedeutung, Schwierigkeiten sowie Inhalte und Ablauf der Post-Merger Integration ungestützt ermittelt.
- Darauf folgt der Hauptteil des Leitfadens, der eine Diskussion des in der Dissertation entwickelten Post Merger-Integration-Ansatzes bezweckt (Abschnitt 2). Primäres Ziel ist, den gestaltungsorientierten Bezugsrahmen, welcher das Grundgerüst der Empfehlungen bildet, einer Überprüfung hinsichtlich Praxistauglichkeit und Verständlichkeit zu unterziehen. Des Weiteren sollen Aussagen über die Generalisierbarkeit des Bezugsrahmens erfasst werden.
- Als dritter Themenkreis werden einzelne Teilprobleme des Bezugsrahmens vertieft behandelt (Abschnitt 3).

2.2.3 Auswahl der Interviewpartner

Mögliche Interviewpartner stammen aus der Unternehmenspraxis und haben Integrationsprozesse als Verantwortliche geführt oder sind auf Post Merger-Integration spezialisierte Berater.

Nicht zuletzt aus zeitlichen Gründen konnte nur eine begrenzte Zahl von Experten befragt werden. Nachdem im praktisch-normativen Forschungskontext keine allgemein gültigen Aussagen angestrebt werden[197], stellt jedoch die Repräsentativität gemessen an einer Grundgesamtheit auch hier nicht den primären Anspruch

---

[197] Vgl. Kapitel I, S. 7 ff.

dar. Hingegen sollte das Spektrum der Erfahrungen der Experten angemessen breit sein, also verschiedene Integrationen unterschiedlicher Grössenordnung in unterschiedlichen Branchen usw. sowie verschiedene Rollen der Befragten im Integrationsprozess abdecken, damit eine inhaltliche Repräsentativität erreicht wird. Die Auswahl der Experten erfolgt also, wie bereits im Case-Research-Projekt, nicht anhand statistischer Prinzipien, sondern richtet sich nach dem analytischen Sampling.[198]

Im Rahmen der Expertengespräche wurden demzufolge beide Gruppen von Experten akquiriert. Sie wurden teilweise telefonisch, teilweise per E-Mail[199] angesprochen. Von den fünfzehn kontaktierten Experten erklärten sich trotz des sehr kurzfristigen terminlichen Rahmens in der Vorweihnachtszeit immerhin fünf gesprächsbereit. **Abbildung VII-2** zeigt das Profil der Befragten.

Wie in Abbildung deutlich wird, erstreckt sich der Erfahrungshorizont der befragten Experten über mehr als 20 Transaktionen in insgesamt neun Branchen, welche sowohl das produzierende Gewerbe im Konsum- und im Industriegüterbereich als auch Dienstleistung und Handel umfassen. Auch sind Transaktionen verschiedener Art und Grössenordnung sowie unterschiedlicher Ausgangslage hinsichtlich Ertragskraft betroffen. Sogar Cross Border-Deals sind im Sampel enthalten.

Einschränkend ist zu bemerken, dass zwei der Experten in Verbindung mit dem Case-Research-Projekt stehen. Sie haben jedoch beide auch darüber hinaus gehende Integrationserfahrung und werden aus diesem Grund als wertvolle Gesprächspartner betrachtet. Nichtsdestotrotz ist dieser Umstand bei der Auswertung zu berücksichtigen.

2.2.4 Vorgehen bei der Durchführung und Auswertung der Interviews

Die Interviews fanden in der Zeit vom 11. bis 22. Dezember 2003 statt und dauerten zwischen einer und eindreiviertel Stunden. Den Experten wurde vor dem Gespräch der Interviewleitfaden zugesandt. Je nach zu Verfügung stehender Zeit

---

[198] Vgl. Kapitel V, S. 93 ff.
[199] Vgl. Muster des Anschreibens in Anhang D.

Kriterium \ Experte	A	B	C	D	E
Anzahl Integrationsprojekte als					
- Verwaltungsrat			diverse		
- CEO	6		2		
- Integrationsverantwortlicher		2		2	
- betroffener Mitarbeiter			2		
- begleitender Berater				2	4
betroffene Branchen	Pharma	Pharma	Beratung, Bank, Druckerei- maschinen- handel	Lebens- mittel- technologie, Verwaltung	Gesund- heitswesen, Bau, Personen- transport
betroffene Länder	haupt- sächlich national	aus- schliesslich national	haupt- sächlich Cross Border	aus- schliesslich national	aus- schliesslich national
Art der Transaktion	Akquisition	Akquisition	Akquisition + Fusion	Akquisition + Fusion	Fusion
Grössenordnung und -relation der Transaktionspartner	gross/klein	gross/klein	gleichgrosse Grossuntern. + gross/klein	gross/klein	gleichgrosse KMU + Grossuntern.
Geschäftsgang vor der Transaktion	gut	gut	gut	gut + Sanierung	gut

Abbildung VII-2: Profil der befragten Experten[200]

und Verlauf des Gespräches wurden einzelne Aspekte vertieft und/oder auf die Behandlung anderer verzichtet. Der Schwerpunkt aller Gespräche bildete der gestaltungsorientierte Bezugsrahmen zur Post Merger-Integration und damit Abschnitt 2 des Befragungsteils.

Die Gespräche wurden digital aufgezeichnet. Zur Verdeutlichung einzelner Aussagen brachten sowohl die Verfasserin als auch die Gesprächspartner zudem Korrekturen, Hervorhebungen oder Ergänzungen an den im Interviewleitfaden enthaltenen Grafiken an. Im Anschluss an die Gespräche wurden die Aufnahmen transkribiert. Zwei der Befragten erhielten auf Wunsch eine Zusammenfassung zugesandt und brachten anschliessend noch Korrekturen und Ergänzungen an, die ebenfalls in die Auswertung einflossen.

---

[200] Vgl. Interviewverzeichnis in Anhang C

Anschliessend wurden die Aussagen pro Frage stichwortartig verdichtet und in einer Tabelle zusammengefasst, die in **Anhang E** konsultiert werden kann.

Anhand dieser Übersicht wurden Gemeinsamkeiten und Unterschiede unter den Antworten herausgearbeitet. Des Weiteren wurden die Expertenmeinungen den Literaturaussagen[201] und/oder den Ergebnissen des Case-Research-Projektes[202] gegenübergestellt.

Den letzten Schritt stellt die Beurteilung des sich aus den Ergebnissen der Expertengespräche ergebenden Änderungsbedarfs bei den Empfehlungen sowie eine Differenzierung des Anwendungsbereichs dar.

---

[201] Vgl. Kapitel IV, S. 57 ff. Auf Einzelverweise wird in der Folge verzichtet.
[202] Vgl. Kapitel VI, S. 103 ff. Auf Einzelverweise wird in der Folge verzichtet.

3   Resultate der Expertengespräche

3.1   Bedeutung, Schwierigkeiten sowie Inhalte und Ablauf der Post Merger-Integration in der Praxis

Der erste Themenkreis der Befragung verfolgt drei Ziele:

- Zum einen soll das Gespräch auf lockere Art und Weise eröffnet werden, indem die Problemstellung der Dissertation anhand der Erfahrungen der Experten rekapituliert wird.
- Darüber hinaus soll über die offene Formulierung der Fragen die von den Experten verwendete Terminologie in Erfahrung gebracht werden, um sie in den weiteren Gesprächsverlauf einbinden zu können.
- Schliesslich geht es neben diesen beiden allgemeinen Zielen inhaltlich darum, Ansichten der Experten über Bedeutung, Schwierigkeiten sowie Inhalte und Ablauf der Post Merger-Integration zu erfragen und sie den bis anhin gewonnenen Erkenntnissen aus der Literatur und dem Case-Research-Projekt gegenüberzustellen.

In **Frage 1.1** wird die Bedeutung der Integration vor dem Hintergrund des in zahlreichen Studien nachgewiesenen erschreckend geringen Transaktionserfolgs erörtert. Die Befragten werden sodann nach den konkreten Integrationsschwierigkeiten in ihren jüngsten Unternehmensintegrationen gefragt und werden darüber hinaus gebeten, einen aus ihrer Sicht idealtypischen Integrationsablauf sowie typische Integrationsaufgaben darzulegen:

- Trotz der nachgewiesenermassen hohen Flop-Raten betrachten alle Befragten M&A als zentrales Instrument, um Wachstumsziele zu erreichen. Externes Wachstum bilde in gesättigten Märkten oftmals den einzigen Weg, in nützlicher Frist Marktanteile zu gewinnen. Daneben spielt für zwei der Befragten der Zukauf von Know-how oder Kernkompetenzen eine Rolle. Ein Experte erwähnt, dass M&A auch Motor für Veränderungen darstellen können. M&A werden von allen Gesprächspartnern implizit oder explizit als Mittel der Strategieumsetzung klassifiziert.
- Die Gründe für das Scheitern liegen laut den befragten Experten zum einen im Vorfeld der Transaktion: Das Fehlen einer strategischen Plattform für Unternehmenskäufe resp. einer klaren strategischen Absicht in Verbindung mit einer zu starken Konzentration auf die finanzseitige Bewertung sowie einer Vernachlässigung der marktseitigen und operativen Due Diligence verursachen überzogene Erwartungen an Synergien und letztlich überhöhte Preise, welche

unter dem Strich nicht mehr zum gewünschten Erfolg führen können. Nach dem Zusammenschluss werde die Integration häufig nicht strategiekonform ausgerichtet oder ein durchdachtes Integrationskonzept verkomme mangels Konsequenz bei der Umsetzung zum Lippenbekenntnis. Des Weiteren spielten die Qualität der Managementkompetenzen, welche für die Integration zur Verfügung stehen, kulturelle Unterschiede und Widerstände insbesondere des Kaders eine entscheidende Rolle.

- Konkret nach dem Einfluss der Integration befragt, sind sich die Experten einig, dass deren Verlauf den Transaktionserfolg durchaus mitbeeinflusst. Dabei weisen Sie explizit auf die Bedeutung der Mitarbeiter und einer zu wenig zügigen Integration hin. Ein Experte fasst sinngemäss wie folgt zusammen: "Die Obergrenze ist durch das strategische Konzept gesetzt, danach kann man in der Integration eigentlich nur noch Fehler machen, aber nichts mehr hinzugewinnen".

Erwartungsgemäss spiegeln sich in den Antworten der Experten zur Frage 1.1 die bereits in der Literatur vorgefundenen Aussagen wider. Die genannten Punkte entsprechen auch den im Rahmen des Case-Research-Projektes gemachten Erfahrungen.

In **Frage 1.2** wird nach konkreten Integrationsschwierigkeiten in den durch die Experten begleiteten Integrationsprojekten gefragt.

Ein von fast allen Gesprächspartnern genannter Aspekt sind nicht hinreichend klare Führungsstrukturen verbunden mit "unseligen Co-Head-Positions" oder dem Umgang mit ehemaligen Eigentümern. Weiterhin wird mehrheitlich die Verschleppung der Integration genannt sowie Probleme in Zusammenhang mit der Veränderungsbereitschaft, der Verunsicherung und der Abwanderung von Mitarbeitern. Das Fehlen eines tragfähigen strategischen Konzeptes für die Integrationsarbeit wird auch an dieser Stelle erneut vorgebracht. Schwaches Leadership und Entscheidungsnotstand ergänzen die Aufzählung konkreter Schwierigkeiten.

Neben den auch in der Literatur immer wieder zitierten "Klassikern" der unklaren Strukturen und mitarbeiterbezogenen, kulturellen Probleme nennen die Experten viele Einzelprobleme, deren Auflistung sich wahrscheinlich beliebig erweitern liesse. Dies bestätigt die im Case-Research-Projekt gewonnenen Eindrücke über die Komplexität und die Vielschichtigkeit, welche Integrationsprozessen innewohnt.

Mit **Frage 1.3** sollen die im Rahmen des Case-Research-Projektes gewonnen Erkenntnisse hinsichtlich Ablauf und Inhalt von Integrationsprozessen hinterfragt werden. Die Experten werden nach einem idealtypischen Ablauf und typischen Integrationsaufgaben gefragt:

- **Abbildung VII-3** zeigt Vorschläge von drei Experten für eine ablauftechnische Gliederung. Ein Vergleich zeigt zunächst, dass verschiedene Sichtweisen über den Beginn der Integration bestehen. Darüber hinaus beziehen zwei der Befragten inhaltliche Aspekte in die ablauftechnische Gliederung ein. Es wird im Vergleich zu den eigenen Erkenntnissen also nicht trennscharf zwischen Aktivitäten in Zusammenhang mit dem Management des Integrationsprozesses und eigentlichen Integrationsaufgaben unterschieden. Zudem fallen die Gliederungen in der Umsetzungsphase weniger detailliert aus. Ein Experte legt hingegen grösseren Wert auf eine stärkere Differenzierung der Planungsphase. Im Vergleich zu den Gliederungsvorschlägen aus der Literatur, welche sich summa summarum als eine Unterscheidung der Schritte Planung-Umsetzung-Kontrolle zusammenfassen lassen, haben die Experten jedoch weit differenziertere Vorstellungen vom Ablauf des Integrationsprozesses.

- Die Experten bekunden zunächst Mühe mit der Idee einer generischen inhaltlichen Gliederung von Integrationsaufgaben resp. deren Trennung von der oben diskutierten ablauftechnischen Gliederung. Erst auf eine gestützte Formulierung der Frage hin, können zwei der Gesprächspartner - dann aber recht dezidiert - angeben, welche Integrationsaufgaben sie gemeinhin unterscheiden: Es sind dies in einem Fall die Funktionen entlang der unternehmerischen Wertkette, welche entsprechend dem strategischen Konzept auf potentiellen Veränderungsbedarf hin zu analysieren sind. Der zweite Gesprächspartner nennt als typische Integrationsaufgaben die Steuerungssysteme, den Marktbereich und die produktiven Prozesse sowie die IT-Umgebung. Im Vergleich zu den im Case-Research-Projekt gewonnenen Erkenntnissen ist der erste Vorschlag weniger spezifisch und der zweite weniger umfassend. Ähnliche inhaltliche Gliederungen finden sich auch in der Literatur.

Experte / Prozessabschnitt	C	D	E
Planung	Planung der Integration	• Idee • Reasoning resp. Rationalisierung von Entscheidungen in Verhandlungen • strategisches Umsetzungskonzept (Identifikation der Synergien, gemeinsamer Businessplan) • Integrationsfahrplan	Planung des Integrationsprozesses
Umsetzung	• Entscheidung über Strukturen und Köpfe • konsequentes Verfolgen der Umsetzung von allem Anfang an	• Sofortmassnahmen • Umsetzung	• Angleichung der Strategien • Angleichung von Prozessen und Systemen • Management von Veränderungsprojekten

Abbildung VII-3: Vorschläge der Experten für eine ablauftechnische Gliederung der Post Merger-Integration

3.2 Diskussion des in der Dissertation entwickelten Post Merger Integration-Ansatzes

Der zweite Themenkreis bezweckt die Überprüfung des basierend auf den Erkenntnissen des Case-Research-Projektes entwickelten gestaltungsorientierten Bezugsrahmens zur Post Merger-Integration. Den Experten wird dazu die in **Abbildung VII-4** gezeigte Abbildung vorgelegt und kurz erläutert.[203] Gefragt wird

- nach der Relevanz und Nützlichkeit der getroffenen Unterscheidungen,
- nach der Nachvollziehbarkeit der verwendeten Begriffe,

---

[203] Eine ursprüngliche Version des Bezugsrahmens wurde im Anschluss an das erste Gespräch terminologisch minimal angepasst und die Zeitachse wurde ergänzt. Die Abbildung zeigt die den übrigen Expertengesprächen zugrunde liegende Version.

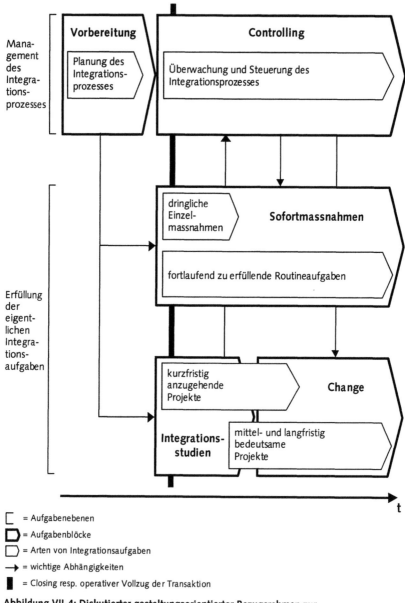

Abbildung VII-4 beschriftung:

- ⌐ = Aufgabenebenen
- ◻ = Aufgabenblöcke
- ⬡ = Arten von Integrationsaufgaben
- → = wichtige Abhängigkeiten
- ■ = Closing resp. operativer Vollzug der Transaktion

Abbildung VII-4: Diskutierter gestaltungsorientierter Bezugsrahmen zur Post Merger-Integration

- nach der aufwandmässigen Bedeutung der einzelnen Aufgabenblöcke sowie
- nach eventuellen Einschränkungen hinsichtlich der Generalisierbarkeit.

Ein Vergleich mit der Literatur oder den Ergebnissen des Case-Research-Projektes ist hier nicht sinnvoll, da die Fragen auf eine direkte Kritik der eigenen Empfehlungen zielen. Die Darstellung beschränkt sich deshalb auf die Zusammenfassung der Aussagen.

Der gezeigte Bezugsrahmen wurde von den Experten grundsätzlich akzeptiert und als nützliches Raster empfunden. Folgende Aspekte wurden hinsichtlich der getroffenen Unterscheidungen und ihrer Mechanik kritisch betrachtet:

- Anlass zur Diskussion bietet zunächst der Start der eigentlichen Integrationsaufgaben. Als mögliche zeitliche Zäsuren werden die informelle Einigung, die öffentliche Ankündigung, das finanzielle Closing und das operative Closing genannt. Als sinnvoller Startzeitpunkt ausgeschlossen werden könne jedoch das finanzielle Closing, da es rein buchhalterisch möglicherweise weit vor den Verhandlungen zu liegen komme. Bis auf einen Experten sind alle Befragten der Ansicht, dass mit der Integrationsarbeit so früh wie möglich begonnen werden müsse. Insbesondere die Sofortmassnahmen starten mit Vorteil spätestens mit der öffentlichen Ankündigung des Deals. Es wird jedoch auch darauf hingewiesen, dass der Handlungsspielraum abhängig von der Art der Transaktion sei. Sind etwa wettbewerbsrechtliche Abklärungen erforderlich, die mehrere Wochen bis mehrere Monate in Anspruch nehmen können, seien den Aktivitäten bis dahin sehr enge Grenzen gesetzt, da die Transaktionspartner sich während dieser Zeit wie Konkurrenten zu verhalten haben.
- Die Unterscheidung der Aufgabenebenen "Management des Integrationsprozesses" und "eigentliche Integrationsaufgaben" ist für die Befragten nachvollziehbar. Allerdings wird angemerkt, dass die Abgrenzung nicht immer trennscharf vollzogen werden könne. Beispielsweise stelle die interne und externe Kommunikation eine eigentliche Integrationsaufgabe dar, erfülle jedoch gleichzeitig eine wichtige Funktion bei der Steuerung des Integrationsprozesses.
- Hinsichtlich der Unterscheidung der beiden Aufgabenebenen wird weiter angemerkt, dass ein starker Bezug zwischen der im Rahmen des Aufgabenblocks "Vorbereitung" zu erstellenden sachlichen Planung und den Integrationsstudien als eigentlichen Integrationsaufgaben bestehe. Einer der Experten empfindet es zudem als unschön, dass der Aufgabenblock "Vorbereitung" optisch nicht direkt in Massnahmen münde, sondern in den Aufgabenblock "Controlling".

- Auf die Unabdingbarkeit der im Rahmen des Aufgabenblocks "Vorbereitung" zu erstellenden Planungen für eine erfolgreiche Bewältigung der Post-Merger Integration weist die Mehrzahl der Befragten explizit hin.
- Als wichtig wird von verschiedenen Experten auch der Aufgabenblock "Controlling" taxiert. Ein Gesprächspartner schlägt vor, explizit ein Controlling auf strategischer und ein Controlling auf operativer Ebene zu unterscheiden. Dies wegen der unterschiedlichen Inhalte, Zuständigkeiten und Überwachungsfrequenzen.
- Die Notwendigkeit der "Sofortmassnahmen" wird von keinem der Experten in Frage gestellt. In erster Linie wird hier die Koordination der Integrationsarbeiten mit dem Daily Business gesehen.
- Die Bedeutung der "Integrationsstudien" als Bindeglied zwischen Strategie und Integrationsarbeit wird von den Experten immer wieder betont. Ein Experte schlägt vor, zwei Arten von Integrationsstudien zu unterscheiden: Eine "strategische" Überprüfung als Basis für das Veränderungsportfolio und den Integrationsfahrplan sowie "operative" Analysen in einzelnen Bereichen.
- Einige Experten kritisieren die Anordnung der "Integrationsstudien" nach Abschluss der "Vorbereitung". Sie insistieren, dass die in diesem Zusammenhang erforderlichen Abklärungen bereits im Vorfeld des Kaufentscheides erfolgen sollten. Im Laufe der Diskussion räumen sie jedoch ein, dass dies aus verschiedenen Gründen einen ebenso wünschbaren wie seltenen Idealfall darstelle. In diesem Sinne repräsentiere die im Bezugsrahmen gezeigte Abfolge ein durchaus gängiges Abbild der Realität. Ein Experte war sogar der Ansicht, man solle sich zu Beginn stets vier bis fünf Monate Zeit nehmen, um den Änderungsbedarf eingehend zu analysieren und einen diesbezüglichen Konsens zu finden.
- Ein Experte würde im Aufgabenblock "Change" eine inhaltliche Gliederung der Projekte präferieren.

Frage 2.2 betrifft die Verständlichkeit der im Bezugsrahmen verwendeten Begriffe:

- Der Ausdruck "Sofortmassnahmen" als Oberbegriff von "Routineaufgaben" sei widersprüchlich.
- Der Ausdruck "fortlaufend zu erfüllende Routineaufgaben" sei zu abstrakt und werde nicht dem gerecht, was inhaltlich dahinter stehe. Zudem stelle die "Überwachung und Steuerung des Integrationsprozesses" formell ebenfalls eine Routineaufgabe dar. Diese Abgrenzung sei sprachlich unpräzise.
- Der Begriff "Change" sei in der Disziplin des Change-Management mit einer Verhaltensdimension belegt, welche den hier betroffenen Inhalt nicht fasse.

Einer der Befragten schlägt vor, die Bedeutung der verschiedenen Arten von Aufgaben insgesamt und im Zeitverlauf zu visualisieren. Diese Idee wurde aufgegriffen und für die verbleibenden Gespräche als **Frage 2.3** in den Fragenkatalog integriert. Die Experten haben sehr unterschiedlichen Auffassungen hinsichtlich der aufwandmässigen Bedeutung der einzelnen Aufgabenblöcke. Sie sind sich jedoch weitgehend einig, dass der Aufwand mit dem Integrationsfortschritt abnimmt, die Pfeile sich also verjüngen. Zwei der Experten sind in Bezug auf die mittel- und langfristig bedeutsamen Projekte der Ansicht, dass sie zu Beginn hinten anstehen, dann an Bedeutung gewinnen und schliesslich dem Integrationsfortschritt abnehmen.

Die Generalisierbarkeit der Empfehlungen wird in **Frage 2.4** thematisiert. Sämtliche Experten kamen zum Schluss, dass sie keinerlei Einschränkungen sehen.

3.3 Vertiefte Befragung zu ausgewählten Teilproblemen

Im Rahmen des dritten Themenkreises erfolgt eine vertiefte Befragung zu ausgewählten Teilproblemen, indem die einzelnen Aufgabenblöcke aus dem zuvor diskutierten Bezugsrahmen durchgesprochen werden.

Die zunächst ungestützt und dann gestützt formulierten Fragen betreffen die den Empfehlungen zugrunde liegenden Annahmen, welche aus der Literatur und dem Case-Research-Projekt abgeleitet wurden. Die Aussagen sind dementsprechend diesen beiden Quellen gegenüberzustellen.

Frage 3.1 betrifft den Aufgabenblock "Vorbereitung":

- Die Experten werden zunächst nach den für die Integrationsplanung relevanten Grundlagen - Strategie, Integrationsschwerpunkte, -grad, -tempo und -approach - befragt. Ungestützt bezeichnen sämtliche Experten die Strategie sowie eine Umfeld- und Unternehmensanalyse, insbesondere eine intensive Auseinandersetzung mit den Risiken, als wesentliche Basis der Integrationsplanung. Gestützt werden darüber hinaus erste Aussagen zu den aus der Strategie resp. einem gemeinsamen Businessplan abgeleiteten Integrationsschwerpunkten als sinnvoll empfunden. Der Integrationsgrad ergebe sich zum einen aus den gesetzten Schwerpunkten, könne jedoch zum anderen unter Umständen durch übergeordnete Entscheidungen hinsichtlich der Organisationsentwicklung des Mutterhauses beeinflusst werden. Auseinander gehen die

Meinungen beim Integrationstempo. Während einige Gesprächspartner generell für eine möglichst zügige Integration plädieren, sind andere der Ansicht, dass das Tempo durch die spezifischen Umstände bestimmt sei und je nach Integrationsauftrag differenziert zu planen sei. Ein Experte hält grundsätzlich ein überlegtes Vorgehen für angebracht. Was den Integrationsapproach betrifft, so empfehlen die Befragten eine Ausrichtung an den Key-Persons. Dies habe unter Umständen massgeblichen Einfluss auf den Integrationsfahrplan und insbesondere auf organisatorische Entscheidungen. Zudem werde der gefahrene Approach durch den generell gepflegten Kommunikationsstil geprägt. Die Aussagen der Experten bestätigen die in der Literatur genannten Arten von Grundlagen der Integrationsplanung. Sie erhärten zudem die aus dem Case-Research-Projekt heraus entstandene Auffassung, dass die Integrationsplanung sich explizit an der strategischen Absicht der Transaktion zu orientieren hat. Auch dass die zentralen Integrationsentscheide aufeinander abzustimmen sind, wird durch die Experten bestätigt. Hier räumen die Befragten neben der Strategie auch den Key-Persons und damit dem Integrationsapproach eine zentrale Stellung im Zielsystem ein.

- Aus Zeitgründen wird die Checkliste zur sachlichen Planung gemäss **Abbildung VII-5** nicht mit allen Experten besprochen. Die Grobstruktur der Checkliste wurde im Rahmen des Case-Research-Projektes generiert und anhand der Literatur weiter detailliert. Die drei hierzu Befragten halten diesen inhaltlichen Raster der eigentlichen Integrationsaufgaben grundsätzlich für nutzbringend einsetzbar und weitgehend vollständig. Anlass zu Diskussion gibt lediglich die Einteilung im Bereich der Leistungserstellung. Die Unterscheidung von "Synergien"[204] und "Weiterentwicklung des Verbundunternehmens"[205] sei zwar relevant, aber nicht selbsterklärend. Kritisiert wird zudem, dass in der Detailgliederung die prozessorientierte Sichtweise zu kurz komme. Beim Daily Business sei die Bezeichnung "interne Abläufe" erklärungsbedürftig. Auch wird bemängelt, dass Aspekte wie Infrastruktur und Raumkonzept fehlen. Im Bereich der Führungssysteme werden einige Vorschläge zur Ergänzung und Umgruppierung in der dritten Spalte der Abbildung angebracht: Beim Personalwesen werden bereits nach dem ersten Expertengespräch die Einstufungssysteme ergänzt. Es wird des Weiteren vorge-

---

[204] In der ursprünglichen Version als "Doppelspurigkeiten" bezeichnet. Der Begriff wurde nach dem ersten Gespräch angepasst.
[205] In der ursprünglichen Version als "Verbundoptionen" bezeichnet, der Begriff wurde nach dem ersten Gespräch angepasst.

Integrationsfelder	Aufgabenbereiche Stufe I	Aufgabenbereiche Stufe II
Leistungserstellung	Synergien	• bearbeitete Märkte • angebotene Produkte und Leistungen • unternehmerische Ressourcen
	Weiterentwicklung Verbundunternehmen	• bearbeitete Märkte • angebotene Produkte und Leistungen • unternehmerische Ressourcen
	Daily Business	• Kunden-Schnittstellen • interne Abläufe
Führungssysteme	Organisation & Managementkonzepte	• Organigramm und Stellenbeschreibungen • Informationsrechte und -pflichten, Sitzungskalender • Führungsprinzipien und -handbücher • juristische Struktur
	Finanzwesen	• Management-Information-Systems inkl. EDV (Rechnungslegung, Kostenrechnung etc.) • Planungsrichtlinien (Budgetierung, Investitionsplanung, Liquiditätsplanung etc.)
	Personalwesen	• Personaladministration u. Lohnbuchhaltung inkl. EDV • Arbeitsverträge und -reglemente • Gehaltsstrukturen und Einstufungssysteme • Vorsorgeeinrichtungen • Personalabbau und/oder -beschaffung • Personalbeurteilung und -entwicklung
Mitarbeiter & andere Stakeholder	integrationsbezogene Information	• nach Zielpublikum (intern, extern) • nach Inhalten (übergreifend, Change-bezogen)
	kulturelle Signale	• geteilte Werte (Leitbild, Vorleben im Führungsalltag, Sanktionierung unerwünschter Verhaltensweisen) • optischer Auftritt (Firmenpapiere, Logos etc.) • emotionelle Einbindung (Firmenfeste etc.)
	personenbezogene Kommunikation	• Key-Persons • Ängste und Widerstände

Abbildung VII-5: Diskutierte Checkliste zur sachlichen Planung der Integration

175

Schlagen, die "Lohnbuchhaltung inkl. EDV" aus dem Personalwesen herauszunehmen und in das Finanzwesen zu den "Management-Information-Systems inkl. EDV" zu gruppieren, da diese Systeme insgesamt kongruent funktionieren müssten. Die Bezeichnung "Mitarbeiter & andere Stakeholder" wird von den Gesprächspartnern als korrekt und wichtig betont, da neben den Mitarbeitern auch andere Anspruchsgruppen, etwa im politischen Umfeld, im Integrationsgeschehen eine zentrale Rolle spielen können.

- Die Bedeutung der Terminplanung wird von sämtlichen Gesprächspartnern betont. Sie sei zu Beginn der Integrationsarbeit zwar schwierig zu bewerkstelligen und müsse rollend überarbeitet werden, sei aber insbesondere aus Führungssicht unabdingbar. Dies zeigte sich auch im Rahmen des Case-Research-Projektes. Die Literatur äussert sich zwar zur Bestimmung des adäquaten Integrationstempos, unterbreitet jedoch selten Empfehlungen zum konkreten Vorgehen bei der Terminplanung.

- Gefragt nach den Bestandteilen einer ressourcenmässigen Planung, bekunden einige Experten Mühe mit der Bezeichnung "Integrationskosten". Der Ausdruck werde häufig missbraucht, um Managementversagen zu rechtfertigen. Es seien deshalb nur die absolut unvermeidbaren Kostenfaktoren, etwa Sozialpläne oder Umzugskosten bei der Auflösung von Standorten, als solche zu veranschlagen. Kosten für zusätzliche Kapazitäten fielen in erster Linie versteckt in Form von Überstunden an. Auch die Beratungskosten seien in der Regel im Verhältnis sehr überschaubar. Die Experten bemerken zudem, dass die ressourcenmässige Planung gängigerweise in die Erstellung eines gemeinsamen Unternehmensbudget integriert werde. Einer der Befragten schlägt vor, umsatz- wie kostenseitig mit Planungsszenarien zu arbeiten. Die sich aus dem Case-Research-Projekt und der Literatur ergebende Einteilung der zu berücksichtigenden Kostenfaktoren findet sich auch in den Aussagen der Experten. Sie werfen hinsichtlich des Vorgehens zusätzlich die Probleme der Abgrenzung der Integrationskosten sowie der Einbettung des Integrationsbudgets in die reguläre finanzielle Planung auf und bringen die Idee der Szenarioanalyse ein.

- Hinsichtlich der Integrationsorganisation weisen alle Experten auf die Notwendigkeit von klaren Kompetenzregelungen hin. Auch die zentrale Rolle des Integrationsverantwortlichen wird betont. Er müsse spezifische Qualitäten mitbringen und bereit sein, 150 %ig zur Verfügung zu stehen. Je nach Grösse des Projektes könne zur Koordination der Aufbau einer Parallelstruktur erforderlich sein. Grundsätzlich präferieren jedoch fast alle Gesprächspartner eine Führung der Integrationsarbeiten in der Linie, welche im Bedarfsfall durch Task-Forces oder Stabsstellen unterstützt werden. Diese Aussagen entsprechen der gängigen Literaturmeinung. Die mit der Integrationsorganisation verbundenen Wirkungen spielten auch im Case-Research-Projekt eine Rolle.

Frage 3.2 bezieht sich auf den Aufgabenblock "Controlling":

- Die Experten nennen als für das Controlling wesentliche Aspekte zum einen das Tracking der finanziellen Ziele. Damit spielt für sie augenscheinlich die parallele Aufrechterhaltung des laufenden Geschäftes eine zentrale Rolle. Weiterhin werden die Fortschritts- und Terminkontrolle genannt. Stundenaufwand und andere Integrationskosten könnten lediglich auf Stufe der einzelnen Projekte erfasst werden und fallen ansonsten in den Rahmen der regulären Budgetkontrolle. Das Tracking der längerfristigen Ziele wird von allen Gesprächspartnern als besonders wichtig erachtet. Ein Experte merkt jedoch an, dass ein solches Monitoring anhand der kurzfristigen Entwicklungen sehr schwierig zu bewerkstelligen sei. Des Weiteren wurde vorgeschlagen, die Stimmung der Mitarbeiter sorgfältig zu beobachten, da sie den Integrationsfortschritt massgeblich beeinflusse. Vom Prozedere her erscheint den Gesprächspartnern die laufende Revision der Planung, die Einhaltung des Sitzungskalenders sowie die Abstimmung der Integrationsarbeit mit den Initiativen aus dem laufenden Geschäft zentral. Die von den Experten angeführten Ansprüche bestanden auch im Case-Research-Projekt. Die Aussagen erweitern und differenzieren die Empfehlungen der Literatur insbesondere hinsichtlich der Bedeutung eines strategischen Integrationscontrollings und des Prozederes.
- Die Experten sehen den Hauptrisikofaktor und damit die Schwerpunkte des Controlling eher im sachlichen Fortschritt, insbesondere was die längerfristigen Aspekte betrifft. In diesem Zusammenhang werden auch unvorhergesehene Umfeldentwicklungen gesehen. Der erforderliche Zeitrahmen werde zwar meistens unterschätzt, die Ursprünge von Verzögerungen lägen jedoch klar bei den Sachproblemen und nicht bei der Termineinhaltung an sich. Ein Experte bezeichnet die Veränderungsbereitschaft des Kaders, der "Lehmschicht" in der Führungsstruktur, als massgeblichen Faktor für das Versanden der Integrationsarbeit und stellt damit die Beobachtung der Stimmung der Mitarbeiter in den Vordergrund. Dieser Aspekt wird auch in der Literatur sehr häufig als zentrale Schwierigkeit im Integrationsprozess thematisiert und zeitigte auch im Rahmen des Case-Research-Projektes seine Wirkung.
- Als sinnvolle Überwachungsfrequenz wird für den operativen Integrationsfortschritt eine laufende, wöchentliche Kontrolle direkt durch die mit den Arbeiten betrauten Mitarbeiter gesehen. Die längerfristig bedeutsamen Aspekte sollten nach Ansicht der Befragten monatlich resp. im Rahmen des Sitzungskalenders

durch übergeordnete Gremien, etwa den Verwaltungsrat oder ein Steering-Comitee, überwacht werden. Dies wurde bei der im Case-Research-Projekt beobachteten Integration ähnlich gehandhabt.

In **Frage 3.**3 geht es darum, anhand von Abbildung VII-5 das Schwergewicht der dringlichen Einzelmassnahmen und der fortlaufend zu erfüllenden Routineaufgaben zu bestimmen. Die Experten nennen schwrpunktmässig Beispiele aus den Bereichen Führungssysteme sowie Mitarbeiter & andere Stakeholder. Dies entspricht den Erfahrungen aus dem Case-Research-Projekt.

Mit Hilfe von **Frage 3.**4 wird der Aufgabenblock "Integrationsstudien" thematisiert:

- Die Gesprächspartner werden zunächst gefragt, ob und in welchen Bereichen nach erfolgter Due Diligence noch Abklärungsbedarf besteht. Die Befragten bestätigen, dass dies ihrer Erfahrung nach der Fall ist: Integrationsstudien erfolgen zwar im Idealfall bereits im Vorfeld, jedoch wird diese Aufgabe regelmässig nicht im erforderlichen Ausmass erfüllt. Die Analysen betreffen laut Aussage der Experten zwei Bereiche: Die Re-Evaluation des Veränderungsbedarfs einerseits sowie die Vorbereitung einzelner Projekte andererseits. Diese beiden Stufen wurden auch im Case-Research-Projekt identifiziert.
- Des Weiteren werden die Experten gefragt, wie sie gemeinhin bei der Identifikation von Synergien vorgehen. Die Antworten fallen recht allgemein aus: "Das ist letztlich Ermessenssache"; "Abgleich von Bedarf und dem bei Erwerber und Objekt Vorhandenen". Spezifische Methoden wurden auch im Case-Research-Projekt nicht eingesetzt. Die in der Literatur diskutierten Ansätze finden in der Praxis annahmegemäss anscheinend lediglich in der Vorkaufphase Anwendung und fokussieren dann die finanzseitigen Aspekte.
- Daraufhin werden die Experten gebeten zu differenzieren, welche Arten von Synergien sie unterscheiden. Genannt werden zum einen die bearbeiteten Märkte resp. Marktsegmente sowie die Sortimentsabstimmung als mögliche Quelle für Synergien. Daneben geht es um Kosteneinsparungen etwa durch eine Neuverteilung der Produktionsressourcen. Schliesslich werden vereinzelt auch Soft Issues wie Image oder Know-how erwähnt. Ein Experte thematisiert weiterhin den finanziellen Beitrag zum Konzernergebnis. Im Unterschied zur Majorität der Literaturaussagen und in Übereinstimmung mit den Ergebnissen des Case-Research-Projektes werden also nicht nur Synergiepotentiale in Form von Kosteneinsparungen auf der Ressourcenebene gesehen, sondern auch Wachstumssynergien auf der Ebene der bearbeiteten Märkte und der angebotenen Produkte und Leistungen.

- Gefragt nach der Notwendigkeit und der Handhabung der Bewertung von Synergien sind sich die Befragten der hiermit verbundenen methodischen Schwierigkeiten im Klaren. Sie unterstreichen jedoch die Bedeutung einer Quantifizierung aus Führungssicht, damit "Synergie nicht nur ein Schlagwort bleibt". Die Bewertung müsse sich jedoch nicht auf die finanziellen Wirkungen beschränken und auch qualitative Aspekte könnten über Ersatzgrössen messbar gemacht werden. Scheingenauigkeit sei dabei besser als gar keine fassbare Bewertung: "Zu Beginn kann man mit einer Unschärfe von 20 % bis 30 % durchaus leben". Die Bedeutung der Quantifizierung aus Führungssicht wird in der Literatur selten thematisiert. Dies scheint aus Praktikersicht jedoch ein wichtiger Aspekt zu sein.

Schliesslich werden die Gesprächspartner in **Frage 3.5** gebeten, anhand von Abbildung VII-5 den Fokus der kurzfristig anzugehenden und mittel- und langfristig bedeutsamen Integrationsprojekte zu umreissen. Genannt werden die Kernprozesse der Leistungserstellung sowie einige Aufgabenbereiche bei den Führungssystemen. Die Aussagen der Experten decken sich mit den Ergebnissen des Case-Research-Projektes.

4 Zusammenfassung der Erkenntnisse aus den Expertengesprächen

4.1 Änderung der Empfehlungen

Das primäre Ziel der Expertengespräche besteht darin, eine kritische Stellungnahme zu den im Rahmen der Dissertation entwickelten Empfehlungen zur erfolgreichen Bewältigung der Post Merger-Integration einzuholen. Da eine umfassende Präsentation und Diskussion in einem Gespräch von maximal eindreiviertel Stunden nicht möglich ist, wird die Beurteilung einer ersten Version des gestaltungsorientierten Bezugsrahmens zur Unternehmensintegration ins Zentrum gestellt. Einleitend haben die Befragten Gelegenheit, ihre eigene Sichtweise von Bedeutung, Schwierigkeiten sowie Inhalt und Ablauf der Post-Merger Integration darzulegen. Abschliessend werden ausgewählte Teilprobleme des Bezugsrahmens vertieft behandelt.

Der erste Themenkreis bezweckt eine ungestützte Erhebung der Ansichten der Gesprächspartner hinsichtlich Bedeutung, Schwierigkeiten sowie Inhalt und Ablauf der Post-Merger Integration.

Die Aussagen bestätigen zunächst die grosse Bedeutung und Problematik einer strategiekonformen Ausrichtung der Integrationsarbeit zum einen und einer motivierten und qualifizierten Mitarbeiterschaft zum anderen. Dies wurde bei der Entwicklung der Empfehlungen berücksichtigt, so dass hier Anpassungsbedarf höchstens in dem Sinne besteht, als dass diese beiden Aspekte in den Empfehlungen wo sinnvoll noch stärker hervorzuheben sind.

Was die Aussagen zu Ablauf und Inhalten der Integrationsarbeit betrifft, so nehmen die Experten hier keine trennscharfe Abgrenzung vor und gliedern im allgemeinen weniger differenziert und spezifisch als die Ergebnisse des Case-Research-Projektes dies nahe legen. In dieser Hinsicht ergibt sich also aus den Expertengesprächen kein Zusatznutzen.

Im Rahmen des zweiten Themenkreises, der jeweils im Zentrum des Interviews steht, wird eine erste Version des gestaltungsorientierten Bezugsrahmens zur Diskussion gestellt. Folgende Anregungen werden aufgenommen:

- Die zeitlichen Zäsuren sind im Bezugsrahmen besser zu visualisieren und/oder zu erläutern. Zu berücksichtigen sind im Einzelnen die Aufnahme der Verhandlungen, die informelle Einigung, die öffentliche Ankündigung und das operative Closing.

- Der Bezug zwischen dem Aufgabenblock "Vorbereitung" und den Aufgaben-blöcken "Integrationsstudien" und "Integrationsprojekten" ist optisch stärker hervorzuheben. Die Trennung des "Management des Integrationsprozesses" und der "eigentlichen Integrationsaufgaben" wird jedoch entgegen der durch die Experten vorgeschlagene Einteilung aufrecht erhalten, um eine explizite Auseinandersetzung mit beiden Aufgabenebenen zu fördern.
- Die Unterscheidung eines fortlaufend zu erfüllenden operativen Controllings und eines punktuellen strategischen Controllings ist bereits Bestandteil der Empfehlungen, wird jedoch als Resultat der Expertengespräche auch in den Bezugsrahmen integriert.
- Gleiches gilt für die Unterscheidung von Studien auf einer übergreifenden Stu-fe und auf der Stufe von einzelnen Aufgabenbereichen.
- Des Weiteren wird die verwendete Terminologie gemäss den Anregungen der Experten bereinigt.

Abgesehen wird hingegen von einer Durchmischung der ablauftechnischen und der inhaltlichen Gliederung im Bezugsrahmen, welche ein Teil der Experten vor-schlägt. Die Verknüpfung dieser beiden Gestaltungsdimensionen wird jedoch nicht als zielführend betrachtet. Dem heuristischen Prinzip der Faktorisation fol-gend wird im Gegenteil eine klare Trennung dieser beiden Aspekte angestrebt.

Auch wird darauf verzichtet, den mit den einzelnen Arten von Integrationsaufga-ben verbundenen Aufwand zu visualisieren, da dies letztlich nicht generalisierbar scheint und zu einer Überfrachtung der Abbildung führen würde.

Der dritte Themenkreis, die Diskussion der mit den einzelnen Aufgabenblöcken im Bezugsrahmen verbundenen Teilprobleme, führt zu diversen kleineren Adap-tationen:

- Stärkere Berücksichtigung der Key-Persons und damit des Integrationsapproa-ches bei der Bestimmung des Integrationsprofils.
- Detailkorrekturen an der Checkliste zur sachlichen Planung der Integration gemäss den Anregungen der Experten.
- Thematisierung der Abgrenzung der Integrationskosten, der Koordination von Integrations- und Unternehmensbudget, sowie der Idee von Planungsszenarien im Rahmen der ressourcenmässigen Planung der Integration.
- Explizite Trennung des strategischen und des operativen Controllings und stärkere Berücksichtigung der Problematik der Prioritätensetzung zwischen In-tegrationsarbeit und Daily Business sowie der Stimmung der Mitarbeiter.

Zusammenfassend haben die Experten wichtige Anregungen zur Optimierung des Bezugsrahmens gegeben. Aber auch bezüglich der besprochenen Einzelprobleme resultierte zum Teil wertvoller Input. Naturgemäss war der Nutzen hier jedoch beschränkt, da in der zur Verfügung stehenden Zeit die meisten Themen nicht wirklich umfassend behandelt werden konnten.

4.2 Anwendungsbereich der Empfehlungen

Mit Hilfe der Expertengespräche konnte formell eine Ausweitung der Generalisierbarkeit der Empfehlungen erreicht werden: Wie in Abbildung VII-2 aufgezeigt, deckt der Erfahrungshorizont der Befragten einen weiten Teil der denkbaren Kontextbedingungen ab. Es kann also davon ausgegangen werden, dass nach Einarbeitung der Korrekturen eine verhältnismässig breite Anwendbarkeit gegeben ist.

Auch direkt danach befragt, sahen die Gesprächspartner keinerlei Einschränkungen hinsichtlich der Generalisierbarkeit des Bezugsrahmens. Im Rahmen der Diskussionen kristallisierten sich jedoch zwei miteinander in Verbindung stehende Kontextmerkmale heraus, die einen stärkeren Einfluss auf Ablauf und Inhalt der Integrationsarbeit zu haben scheinen. Es sind dies die Art sowie die Grössenordnung und -relation der Transaktion: Da Fusionen wohl eher von Firmen mit ähnlichem Tätigkeitsgebiet gesucht werden, ergebe sich inhaltlich eine grössere Breite und es resultiere eine höhere Komplexität der Integrationsarbeit. Zudem muss von einem stärker konsensorientierten Vorgehen ausgegangen werden, als für den Fall der Akquisition eines kleineren Objekts durch einen grösseren Erwerber. Dies ergebe für den Fall einer Fusion gleichstarker Partner insgesamt eine stärkere Verschiebung der Integrationsarbeit auf den Zeitraum nach dem operativen Closing. Von einer Einschränkung der Generalisierbarkeit des Bezugsrahmens und der Empfehlungen könne jedoch nicht gesprochen werden.

VIII Empfehlungen zur erfolgreichen Bewältigung von Unternehmensintegrationen

1 Überblick

Kapitel VIII bildet mit den Empfehlungen zur erfolgreichen Bewältigung von Unternehmensintegrationen das Kernstück der vorliegenden Dissertation. Dem Überblick folgen sieben weitere Abschnitte:

- In Abschnitt 2 werden zunächst die Grundlagen der Empfehlungen offen gelegt und ihr Anwendungsbereich wird diskutiert.
- Abschnitt 3 gibt darauf einen Überblick über die Empfehlungen. Dazu wird der gestaltungsorientierte Bezugsrahmen zur Unternehmensintegration vorgestellt, welcher die verschiedenen Module zusammenfasst und verknüpft.
- In Abschnitt 4 geht es um den Aufgabenblock "Vorbereitung" im Bezugsrahmen: Er beinhaltet die Erfassung der Ausgangslage, die sachliche und terminliche sowie die ressourcenmässige Planung des Integrationsprozesses und darüber hinaus die Integrationsprojektorganisation.
- In Abschnitt 5 wird auf das "Controlling" des Integrationsprozesses eingegangen. Nach einem Überblick über das Controlling-System werden die Abweichungsanalyse und das Integrations-Reporting vertieft behandelt.
- Nach der Beschreibung der beiden das Management des Integrationsprozesses betreffenden Module beginnt mit Abschnitt 6 die Auseinandersetzung mit den eigentlichen Integrationsaufgaben. Er behandelt die zu treffenden "Einzelmassnahmen".
- Abschnitt 7 enthält Ausführungen zum Aufgabenblock "Integrationsstudien". Es wird insbesondere dargelegt, wie die übergreifende Identifikation und Bewertung von Synergiepotentialen vonstatten geht.
- Schliesslich werden in Abschnitt 8 die "Integrationsprojekte" behandelt.

2   Grundlagen und Anwendungsbereich der Empfehlungen

2.1   Grundlagen

Die Empfehlungen zur erfolgreichen Bewältigung von Unternehmensintegrationen basieren auf den in **Abbildung VIII-1** aufgeführten Grundlagen.

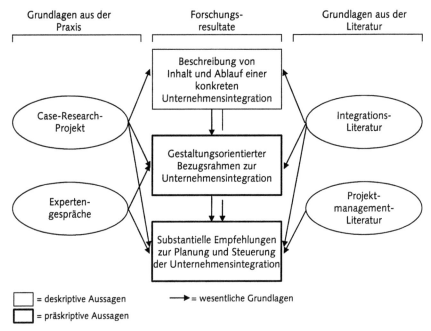

Abbildung VIII-1: Grundlagen der Empfehlungen

Auf der Basis eines Case-Research-Projektes[206] erfolgt zunächst eine dichte Beschreibung des Gegenstandes innerhalb des situativen Kontextes. Der gestaltungsorientierte Bezugsrahmen zur Unternehmensintegration basiert auf diesem Modell. Die Erfahrungen aus dem Case-Research-Projekt fliessen aber auch in die Ausformulierung der entlang der Struktur des Bezugsrahmens dargestellten Empfehlungen ein. Zudem wird der untersuchte Fall immer wieder herangezogen, um die unterbreiteten Empfehlungen anhand von konkreten Beispielen zu illustrieren. Hierzu werden zwar die Primärdaten aus dem untersuchten Fall herangezogen,

---

[206] Vgl. Kapitel VI, S. 103 ff.

die Darstellung entspricht jedoch in der Regel nicht dem faktisch beobachteten Vorgehen. Mit den bei der Konstruktion der Beispiele getroffenen Überlegungen ist es darüber hinaus möglich, die Empfehlungen einem ersten Praktikabilitätstest zu unterziehen. Das Case-Research-Projekt stellt also nicht nur eine essentielle substantielle Grundlage in explorativem Zusammenhang dar, sondern kann auch zur Exemplifizierung sowie zu einer Vorevaluation der Empfehlungen herangezogen werden.

Zur Erweiterung der empirischen Basis werden zudem eine Reihe von Expertengesprächen geführt, um die Erkenntnisse über Inhalt und Ablauf von Integrationsprozessen sowie insbesondere den Bezugsrahmen und die Empfehlungen zu überprüfen und weiteren Input zu erhalten.[207]

Die Literatur zum Projektmanagement liefert das Methoden-Skelett für die Ausformulierung der prozessualen Empfehlungen. Relevant ist dabei nicht nur das klassische Projektmanagement-Instrumentarium, sondern auch das sogenannte Multi-Projekt-Management. Auf eine ausführliche Darstellung dieser methodischen Grundlage wird jedoch verzichtet, da es sich um Methodengut handelt, das im betriebswirtschaftlichen Schrifttum gut abgestützt ist und das zudem auch in der Praxis bereits seit mehreren Jahrzehnten breite Anwendung findet. Als Standard in diesem Bereich gilt unter anderem der von der Project-Management Institute herausgegebene "Project-Management Body-of-Knowledge".[208] Anstelle einer generellen Darstellung der Projektmanagement-Literatur wird bei der Ausformulierung der Empfehlungen einer auf die Integrationssituation angepassten Darstellung einzelner Projektmanagement-Elemente ausreichend Raum gegeben.

Daneben fliessen die weiter oben dargelegten Literaturaussagen zur Unternehmensintegration ein.[209] Sie bilden einerseits die Grundlage für die Datenerfassung im Rahmen des Case-Research-Projektes und liefern andererseits Input für die Entwicklung des Bezugsrahmens und die Ausformulierung der Empfehlungen.

Aus Gründen der Übersicht werden im Weiteren Quer- und Quellenverweise nur noch dort angebracht, wo fremdes Gedankengut, Primärdaten aus dem Case-Research-Projekt oder Aussagen der Experten explizit und in unveränderter Form in die Ausführungen einfliessen.

---

[207] Vgl. Kapitel VII, S. 159 ff.
[208] PMI Standards Committee (1996)
[209] Vgl. Kapitel IV, S. 57 ff.

2.2 Anwendungsbereich

Die Empfehlungen zur erfolgreichen Bewältigung von Unternehmensintegrationen sind grundsätzlich für jegliche Arten und Formen von Transaktionen gedacht und beanspruchen damit einen breiten Anwendungsbereich.

Nachdem jedoch das Case-Research-Projekt die zentrale empirische Grundlage bildet, ist zu diskutieren, inwiefern spezifische Merkmale des untersuchten Falls zu einer Einschränkung des Anwendungsbereichs führen. **Abbildung VIII-2** zeigt die Kontextmerkmale des Falls. Dargelegt wird, ob und warum sich aus ihnen eine Beschränkung des Anwendungsbereichs ergibt und wie diese gegebenenfalls durch den Beiziehung weiterer substantieller Grundlagen aus der Literatur oder der Praxis, genauer den Expertengesprächen, überwunden werden kann.

Merkmal	Erwerber	Objekt
Branche	Pharmaproduktion u. -handel	Pharmaproduktion
Land	CH	CH
Art der Transaktion	Akquisition	
Grössenordnung und -relation der Transaktionspartner	grösserer Konzern	kleinere KMU
Geschäftsgang vor der Transaktion	gut	gut

Abbildung VIII-2: Kontextmerkmale des Falls mit eventuellem Einfluss auf den Anwendungsbereich des Bezugsrahmens und der Empfehlungen

Beide Unternehmen bearbeiten den Pharmamarkt, es handelt sich beim betrachteten Fall also um eine Transaktion innerhalb derselben Branche. In diesem Zusammenhang stellen sich zwei Fragen: Zum einen muss die Anwendbarkeit der Empfehlungen hinterfragt werden, wenn es sich um einen konglomeraten Zusammenschluss handelt. Diese Variante wurde basierend auf der M&A-Literatur in die Empfehlungen integriert. Zum anderen kann unterstellt werden, dass in anderen Branchen ein anderes Vorgehen opportun ist. Dies ist in der Tat ein Aspekt, welcher den Anwendungsbereich der Empfehlungen einschränken könnte, insbesondere wenn es sich nicht wie im untersuchten Fall um Produktions- sondern um Dienstleistungs-Unternehmen handelt. Die befragten Experten bringen Erfahrungen aus Transaktionen in insgesamt neun Branchen mit, so dass hinsichtlich des betroffenen Tätigkeitsgebietes von einer breiten Anwendbarkeit ausgegangen werden darf.

Beide Unternehmen agieren in der Schweiz. Es handelte sich demnach um einen rein nationalen Zusammenschluss. Es ist durchaus möglich, dass sich bei grenzüberschreitenden M&A zusätzliche Probleme stellen, zum Beispiel in rechtlicher oder kultureller Hinsicht. Zudem ist es vorstellbar, dass sich in einem Cross Border-Kontext in Zusammenhang mit der Internationalisierung zusätzliche Optionen ergeben. Diese Aspekte wurden basierend auf der Literatur in die Empfehlungen integriert. Auch die Expertengespräche haben gezeigt, dass die Empfehlungen auch im Cross Border-Kontext Gültigkeit besitzen.

Formell handelte es sich um eine direkte, nicht über die Börse abgewickelte Akquisition. Die Art der Transaktion beeinflusst den Anwendungsbereich der Empfehlungen insofern, als Fusionen gleichstarker Partner eine grössere inhaltliche Breite und Komplexität aufweisen sowie ein stärker konsensorientiertes Vorgehen erfordern. Die Empfehlungen differenzieren jedoch anhand der Literatur verschiedene Integrationstypen von einer lockeren Anbindung in Teilbereichen bis hin zu einer breit angelegten Vollintegration.

Im analysierten Case erwirbt ein grösserer Konzern einen kleineren Partner mit ca. 100 Mitarbeitern. Es handelt sich also bei weitem nicht um einen jener in der Tagespresse gerne als Mega-Deal bezeichneten Zusammenschlüsse und es gab eine klare Dominanz unter den Transaktionspartnern durch das weit grössere Mutterhaus. So bleibt es trotz der Vielschichtigkeit der beobachteten Aspekte letztlich fraglich, ob im Fall alle Dimensionen der Komplexität des Inhalts und des Ablaufs von Integrationsprozessen erfasst werden konnten. Bei besagten Elefantenhochzeiten kann es etwa auch nach der Bekanntgabe zu umfangreichen Verzögerungen kommen, weil noch kartellrechtliche Abklärungen erfolgen müssen, bis zu deren Abschluss sich die Transaktionspartner wie Konkurrenten zu verhalten haben. Auch kann sich der Integrationsablauf wie bereits dargelegt verschieben, wenn es sich um einen Zusammenschluss gleichstarker Partner handelt. Bezüglich dieser Aspekte müsste der Anwendungsbereich also auf Transaktionen zwischen Unternehmen ähnlicher Grössenverhältnisse wie im betrachteten Fall eingeschränkt werden. Jedoch konnten auch hier durch die Durchführung der Expertengespräche eine breitere Abstützung herbeigeführt werden: Der Erfahrungshorizont der befragten Berater deckt das gesamte Grössenspektrum von Transaktionen ab und es wurden in dieser Hinsicht keinerlei Bedenken bezüglich der Anwendbarkeit geäussert.

Beide betroffenen Unternehmen erfreuten sich vor der Transaktion eines guten Geschäftsgangs. Hätte sich einer der Partner in einer Sanierungssituation befunden, wäre die Ausgangslage erheblich anspruchsvoller gewesen. Die sich durch ein Turnarround-Management zusätzlich ergebenden Probleme bewegen sich jedoch im Bereich einzelner Aufgabenbereiche, so dass die Anwendbarkeit der Empfehlungen hierdurch nicht angetastet wird.

Resümierend haben die Kontextmerkmale des Case-Research-Projektes durchaus einen Einfluss auf den Anwendungsbereich der Empfehlungen. Wie **Abbildung VIII-3** zeigt, ist dies insbesondere für die Art der Transaktion sowie die Grössenordnung und -relation der Transaktionspartner anzunehmen. Durch die Einbeziehung weiterer Grundlagen im Forschungsprozess konnten diese Effekte abgeschwächt werden, so dass insgesamt eine relativ breite Anwendbarkeit resultiert. Dennoch besitzen die Empfehlungen einen starken KMU-Bezug und beziehen sich eher auf den Akquisitions- als auf den Fusionsfall.

Merkmal	Einfluss auf den Anwendungsbereich
betroffene Branche	möglich
betroffene Länder	möglich
Art der Transaktion	wahrscheinlich
Grössenordnung u. -relation der Transaktionspartnerpartner	wahrscheinlich
Geschäftsgang vor der Transaktion	unwahrscheinlich

Abbildung VIII-3: Einfluss der Kontextmerkmale des Case-Research-Projektes auf den Anwendungsbereich der Empfehlungen

3 Gestaltungsorientierter Bezugsrahmen zur Unternehmensintegration

Abbildung VIII-4 zeigt den gestaltungsorientierten Bezugsrahmen zur Unternehmensintegration. Er gibt einen Überblick über die im Rahmen von Unternehmensintegrationen zu bewältigenden Aufgaben. Gleichzeitig verschafft der Bezugsrahmen auch einen Überblick über die in den Abschnitten 4 bis 8 folgenden Empfehlungen.

Der Bezugsrahmen umfasst insgesamt fünf Aufgabenblöcke:

Vorbereitung	-	Getting started
Controlling	-	Keeping track of success
Einzelmassnahmen	-	Be up to face critical steps
Integrationsstudien	-	Searching for synergies
Integrationsprojekte	-	Implementing the new concepts

Diese fünf Aufgabenblöcke lassen sich zwei Aufgabenebenen zuordnen: Die Erfüllung der eigentlichen Integrationsaufgaben wird durch Massnahmen zum Management des Integrationsprozesses unterstützt.

Die Massnahmen zum Management des Integrationsprozesses betreffen die beiden ersten Aufgabenblöcke:

- Der Aufgabenblock "Vorbereitung" beinhaltet die zur Erfüllung der eigentlichen Integrationsaufgaben erforderlichen Planungsarbeiten. Basierend auf den Transaktionszielen geht es darum, die Integrationsarbeiten sachlich und zeitlich, ressourcenmässig sowie organisatorisch aufzugleisen und damit einen reibungslosen Start zu gewährleisten: "Getting started".
- Ferner gibt es im Aufgabenblock "Controlling" prozessbegleitende Überwachungs- und Steuerungsaufgaben. Im Sinne einer rollenden Planung ist dem Integrationsfortschritt Rechnung zu tragen und jederzeit ein Überblick über den Stand der Integrationsarbeiten zu gewährleisten: "Keeping track of success". Aufgrund der unterschiedlichen Inhalte, Zuständigkeiten und Überwachungsfrequenzen sind zwei Arten von Controllingaufgaben zu unterscheiden: Auf der einen Seite nehmen übergeordnete Gremien periodisch ein Controlling der Transaktionsziele wahr. Auf der anderen Seite ist ein fortlaufendes, durch die mit der Koordination und Ausführung betrauten Personen sicherzustellendes Controlling der Umsetzung der Integrationsplanung zu unterscheiden.

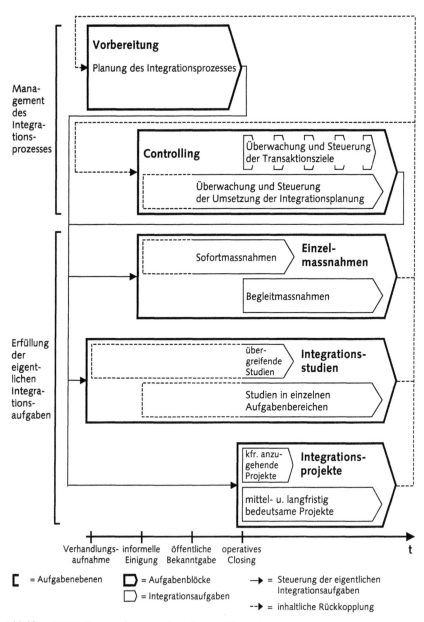

Abbildung VIII-4: Bezugsrahmen zur Post Merger-Integration

Auch die eigentlichen Integrationsaufgaben können unterteilt werden:

- Der Aufgabenblock "Einzelmassnahmen" dient einem reibungslosen Start: "Be up to face critical steps". Betroffen sind zunächst die zahlreichen Sofortmassnahmen von der Änderung des Handelsregistereintrages bis zur Übergabe von Schlüsseln. Darüber hinaus gibt es Begleitmassnahmen zur Unterstützung der übrigen eigentlichen Integrationsaufgaben. Sie haben wiederkehrenden, routinemässigen Charakter. Es sind dies insbesondere die Kommunikationsaufgaben oder die Massnahmen zur Aufrechterhaltung des Daily Business.
- Die Formulierung der Transaktionsziele vor dem Kauf beruht oft auf einer unvollständigen und unzuverlässigen Bewertung. Sei dies, weil Informationen nicht oder nur teilweise zugänglich waren, weil die Due Diligence unter Zeitdruck und darum oberflächlich stattfinden musste oder weil die Beurteilung sich schlicht eher von Wünschen als von Tatsachen leiten liess. Bevor unter Umständen mit erheblichem Aufwand und nachhaltigen Konsequenzen verbundene Massnahmen ergriffen werden, ist deshalb der Änderungsbedarf im Aufgabenblock "Integrationsstudien" zu hinterfragen: "Searching for synergies". Zu unterscheiden sind übergreifende Studien zur (Re-)Evaluation der Synergiepotentiale sowie Analysen in einzelnen Aufgabenbereichen wie etwa im Bereich der Organisation.
- Umfassendere Integrationsaufgaben werden schliesslich als "Integrationsprojekte" angegangen: "Implementing the new concepts". Dabei lassen sich nach Dringlichkeit und Bedeutung kurzfristig anzugehende sowie mittel- und langfristig bedeutsame Projekte unterscheiden. Ein typisches Beispiel für die erste Kategorie ist die finanzielle Integration, bei der Rücksicht auf den Planungskalender des Buchhaltungsjahres zu nehmen ist. Ein mittel- und langfristig bedeutsames Projekt wäre etwa die Stilllegung einer Produktionsstätte.

Des Weiteren gibt es im Bezugsrahmen verschiedene zeitliche Zäsuren:

- Die Aufnahme der Verhandlungen,
- die informelle Einigung,
- die öffentliche Ankündigung und
- das operative Closing.

Parallel zur Aufnahme der Verhandlungen kann stufenweise mit den Vorbereitungsarbeiten und den übergreifenden Studien begonnen werden, wobei Due Diligence und integrationsbezogene Analyse und Planung fliessend ineinander übergehen. Inwieweit zu einem solch frühen Zeitpunkt bereits die erforderlichen Informationen vorliegen, ist jedoch stark von der Konstruktion des Deals und vom Einzelfall abhängig: Eine frühzeitige und gleichzeitig hinreichend nachhaltige

Analyse wird letztlich nur im seltenen Falle eines sogenannten Private Buy möglich sein, sofern die Parteien einander einen True-and-fair View gewähren. Bei den meisten, insbesondere bei den über den Kapitalmarkt getätigten Transaktionen ist dies jedoch nicht gegeben, da wettbewerbsrechtliche Abklärungen ausstehen, nichts an die Öffentlichkeit gelangen darf oder aus kaufpreispolitischen Gründen taktiert wird. Der Zeitpunkt der informellen Einigung stellt den definitiven Startschuss für den Aufgabenblock "Vorbereitung" dar. Ebenso kann es dann, spätestens jedoch mit der öffentlichen Ankündigung des Deals, sinnvoll sein, Sofortmassnahmen im Bereich der Kommunikation zu ergreifen und Integrationsstudien in einzelnen Aufgabenbereichen einzuleiten. In diesem Fall ist auch mit dem umsetzungsbezogenen Controlling des Integrationsprozesses zu beginnen. Beim operativen Closing handelt es sich schliesslich um den Moment, in welchem die rechtliche und führungsmässige Verantwortung von der alten auf die neue Geschäftsleitung übergeht. Erst dann besteht uneingeschränkte Handlungsfreiheit sowie freier Zugang zu allen erforderlichen Informationen, welche ein umfassendes Vorantreiben der Integration ermöglichen.

Wie die Abbildung VIII-4 weiter zeigt, bestehen zwischen den Aufgabenblöcken Abhängigkeiten:

- Zunächst steuern die im Rahmen des Aufgabenblocks "Vorbereitung" angestellten Überlegungen massgeblich Inhalt und Ablauf der eigentlichen Integrationsaufgaben, indem mit der Integrationsplanung beispielsweise inhaltliche Schwerpunkte gesetzt werden. Daneben stellt der Aufgabenblock "Controlling" die Schaltstelle im Integrationsprozess dar, wobei der Integrationsfortschritt wie auch Situationsentwicklungen aufgenommen und im Sinne einer rollenden Planung bei der Integrationsarbeit berücksichtigt
- Die zweite Art von Abhängigkeiten ergibt sich aus inhaltlichen Rückkopplungen aus der Erfüllung der eigentlichen Integrationsaufgaben. Sie treten beispielsweise dann auf, wenn unerwartete Ereignisse wie der Konkurs eines wichtigen Abnehmers oder die Kündigung eines Know-how-Trägers eintreten, welche grundlegende Anpassungen zur Folge haben. Je nach Zeitpunkt des Integrationsprozesses können diese Rückkopplungen noch in die Vorbereitungsarbeiten aufgenommen werden oder fliessen später via Integrations-Controlling ein.

4 Vorbereitung - "Getting started"

4.1 Überblick über die Teilaufgaben

Der Aufgabenblock "Vorbereitung" umfasst in Anlehnung an die Methodik des Projektmanagements die in **Abbildung VIII-5** dargestellten vier Teilaufgaben.[210] In den folgenden Unterabschnitten werden sie bezogen auf die Integrationsproblematik erläutert.

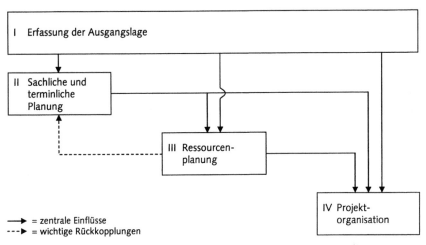

Abbildung VIII-5: Teilaufgaben im Aufgabenblock "Vorbereitung"

Als Basis ist zunächst die Ausgangslage zu erfassen (I). Basierend darauf kann die Integrationsarbeit sachlich und terminlich, ressourcenmässig sowie organisatorisch aufgegleist werden. Dies erfolgt kaskadenartig beginnend mit der Bestimmung der sachlichen und terminlichen Prioritäten bei den eigentlichen Integrationsaufgaben (II), die anschliessend in eine Ressourcenplanung übersetzt werden (III). Dabei kann aufgrund zeitlichen oder ressourcenmässigen Restriktionen eine Überarbeitung der sachlichen und terminlichen Planung und damit eine heuristische Schlaufe erforderlich sein. Schliesslich ist in Abhängigkeit von den übrigen Planungsresultaten die Integrationsprojektorganisation (IV) festzulegen.

---

[210] Die Einteilung entspricht weitgehend der im Projektmanagement üblicherweise unterschiedenen Teilaufgaben der Projektplanung. Vgl. z.B. PMI Standards Committee (1996), S. 3 ff.

4.2 Erfassung der Ausgangslage

Transaktionsziele und zentrale Integrationsentscheide bilden wichtige Leitplanken der Integrationsarbeit. Es kann jedoch nicht davon ausgegangen werden, dass diese Informationen zu Beginn der Integration in Form eines konsistenten Papiers vorliegen. Vielmehr werden als Ausfluss aus der Due Diligence und des Kaufentscheidungsprozesses eine Vielzahl von Dokumenten mit je nach Verfasser und Adressatenkreis gleichem, leicht oder unter Umständen auch stark divergierendem Inhalt existieren. Zudem werden häufig nicht zu allen wichtigen Aspekten überhaupt Informationen zur Verfügung stehen. Deshalb ist als Einstieg in den Aufgabenblock "Vorbereitung" die Ausganglage zu klären: Transaktionsziele und zentrale Integrationsentscheide sind strukturiert zu erfassen, etwaige Lücken zu schliessen und auf Konsistenz hin zu überprüfen.

Ein allgemein anerkanntes Grundmotiv für M&A ist Wertsteigerung durch Wachstum.[211] Dabei können in Anlehnung an die Arten von M&A nach Ähnlichkeiten im Tätigkeitsgebiet[212] folgende Transaktionsziele unterschieden werden:

- horizontale Diversifikation im Kerngeschäft,
- Markt-Diversifikation mit bestehenden Produkten,
- Produkt-Diversifikation in bereits bearbeiteten Märkten,
- vertikale Diversifikation entlang der Branchenwertkette und
- laterale Diversifikation in komplett neue Tätigkeitsgebiete.

Schwerpunkte der Integration, Integrationsgrad, Integrationstempo und Integrationsapproach bilden die zentralen Integrationsentscheide:[213]

- Integrationsschwerpunkte stehen in Zusammenhang mit der Art der Synergiepotentiale: Scale-Effekte lassen sich durch den Abbau von Doppelspurigkeiten in der Leistungserstellung erzielen, indem mehr Leistung auf einer insgesamt geringeren Ressourcenbasis bereitgestellt wird. Scope-Effekte betreffen die Nutzung vorhandener Ressourcen in "artfremdem" Zusammenhang: Übertragung von technologischem oder marktspezifischem Know-how, gemeinsame Nutzung von Vertriebskanälen oder Cross-Selling. Auch in nicht direkt mit der Leistungserstellung in Verbindung stehenden Bereichen bestehen Synergiepotentiale. Dies etwa durch die Poolung von Funktionen wie der Personaladmi-

---

[211] Vgl. Kapitel II, S. 31 ff.
[212] Vgl. Kapitel II, S. 22 ff.
[213] Die Einteilung basiert auf in der Literatur häufig diskutierten Aspekten und wurde im Rahmen der Analyse des Fallbeispiels bestätigt. Vgl. Kapitel IV, S. 57 ff. und Kapitel VI, S. 103 ff.

nistration, durch die zentrale Verwaltung liquider Mittel oder durch Quersubventionierungen. Sie werden auch als Holding-Effekte bezeichnet. Bei den meisten M&A sind alle drei Arten von Synergiepotentialen vorhanden, treten jedoch je nach Art der Transaktion in unterschiedlichem Ausmass auf.

- Der Integrationsapproach kann sach- oder humanorientiert ausfallen. Auch hier ist eine alternierende oder je nach Bereich differenzierte Wahl des Approaches denkbar.

- Der Integrationsgrad kann sich auf dem Kontinuum von vollständiger Absorption bis zur totalen Autonomie der beteiligten Unternehmen bewegen.

- Beim Integrationstempo bestehen die Optionen in einem zügigen Quick-and-dirty- und einem Take-it-easy-Ansatz mit relativ zum Aufgabenvolumen gemässigtem Fortschritt. Das Integrationstempo kann über die Dauer der Integration und je nach betroffenem Bereich variieren.

Abbildung VIII-6 fasst die Ausprägungen von Transaktionszielen und zentralen Integrationsentscheiden zusammen. Zur strukturierten Erfassung der Ausgangslage ist jeweils zu benennen und gegebenenfalls zu detaillieren, welche der aufgeführten Varianten schwerpunktmässig verfolgt werden sollen. Falls die mit der Vorbereitung der Integrationsarbeiten betrauten Personen nicht selber an der Due Diligence resp. am Kaufentscheid beteiligt waren, müssen zu diesem Zweck die entsprechenden Unterlagen zusammengetragen werden. Auch eine Befragung des beteiligten Personenkreises kann wertvolle Hinweise geben. Sollten sich auch dann nicht zu allen Aspekten klare Aussagen machen lassen, müssen eigene Vorschläge erarbeitet und mit den betreffenden Verantwortlichen abgestimmt werden.

Transaktionsziele	horizontale Diversifikation	Markt-Diversifikation	Produkt-Diversifikation	vertikale Diversifikation	laterale Diversifikation
Integrations-schwerpunkte	Scale-Effekte		Scope-Effekte		Holding-Effekte
Integrations-approach	sachorientiert			humanorientiert	
Integrations-grad	Absorption		Mischform		Autonomie
Integrations-tempo	Quick-and-dirty			Take-it-easy	

Abbildung VIII-6: Ausprägungen von Transaktionszielen und zentralen Integrationsentscheiden

Wie **Abbildung VIII-7** zeigt, bestehen zwischen Transaktionszielen und zentralen Integrationsentscheiden Abhängigkeiten:

- Die Transaktionsziele bilden die Grundlage für die Bestimmung der Integrationsschwerpunkte.
- Die Integrationsschwerpunkte bilden die Klammer um die übrigen zentralen Integrationsentscheide, das heisst sowohl der anzuwendende Integrationsapproach als auch der anzustrebende Integrationsgrad und das mögliche Integrationstempo sind geprägt durch die jeweiligen Schwerpunkte.
- Der anzuwendende Integrationsapproach limitiert die Ambitionen hinsichtlich des Integrationstempos und auch die Möglichkeiten beim Integrationsgrad.
- Schliesslich müssen Integrationstempo und -grad abgestimmt werden.

Aus den Überlegungen ergeben sich die drei in **Abbildung VIII-8** gezeigten Integrationsprofile:[214]

- Das Integrationsprofil "Verschmelzung" basiert auf Scale-Effekten. Sie sind oft an das Kerngeschäft gebunden und bedingen einen sachorientierten Integrationsapproach, eine vollständig Absorption sowie eine zügige Umsetzung.
- Dem Integrationsprofil "Symbiose" liegen Synergies of Scope zugrunde. Sie stehen häufig in Zusammenhang mit Produkt-, Markt- oder vertikaler Diversifikation. Die Realisierung solcher Effekte ist nicht nur an materielle Ressourcen gebunden, sondern vielmehr auch an die Fähigkeiten von Mitarbeitern, welche sich nicht ohne weiteres aus dem Kontext herauslösen lassen. Dazu passt ein sanfter, humanorientierter Integrationsapproach. Je nach Art der angestrebten Effekte muss deshalb ein Mittelweg zwischen Absorption und Autonomie gefunden werden. Während sich in einigen Bereichen die Zusammenlegung von Aktivitäten lohnt, sind in anderen sogar Massnahmen zur Boundary-Protection angebracht, etwa um die Rahmenbedingungen zu erhalten. Vor dem Hintergrund dieser Gegebenheiten empfiehlt sich bei symbiotischen Integrationen ein gemässigtes Integrationstempo.
- Im Integrationsprofil "Satellit" schliesslich werden Holding-Effekte genutzt. Sie werden um so wichtiger, je weniger die Tätigkeitsgebiete der beiden Transaktionspartner miteinander zu tun haben. Sie bedingen eine sachorientierte Realisierung, erhalten weitgehend die Autonomie der Transaktionspartner und sind rasch umzusetzen.

---

[214] Auch in der Literatur gibt es hierzu zahlreiche Hinweise. Insbesondere sind in diesem Bereich nicht wenige empirische Studien durchgeführt worden. Vgl. Kapitel IV, S. 64 ff.

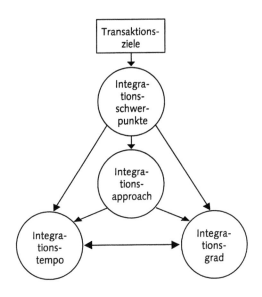

☐ = Rahmenbedingung
○ = zentraler Integrationsentscheid
⟶ = Abhängigkeit

Abbildung VIII-7: Abhängigkeiten zwischen Transaktionszielen und zentralen Integrationsentscheiden

Integrations-profil	Verschmelzung	Symbiose	Satellit
Transaktions-ziele	horizontale Diversifikation	Markt-, Produkt- oder vertikale Diversifikation	laterale Diversifikation
Integrations-schwerpunkt	primär Scale-Effekte	primär Scope-Effekte	primär Holding-Effekte
Integrations-approach	sachorientiert	humanorientiert	sachorientiert
Integrations-grad	Absorption	Mischform	Autonomie
Integrations-tempo	Quick-and-dirty	Take-it-easy	Quick-and-dirty

Abbildung VIII-8: Charakterisierung der drei Integrationsprofile

Die Abbildung ermöglicht auf einfache Art eine Überprüfung der Konsistenz der Ausgangslage hinsichtlich Transaktionszielen und zentralen Integrationsentscheiden. Anhand der zusammengetragenen Aussagen sollte sich eines der Integrationsprofile bezeichnen lassen. Ist dies nicht der Fall, so ist die diesbezügliche Ausgangslage erneut zu überdenken. Die Überprüfung sollte neutral vor dem Hintergrund des unternehmensinternen und marktlichen Kontextes erfolgen und sich nicht durch Prädispositionen oder Partikularinteressen leiten lassen.

Angelehnt an den im Case-Research-Projekt[215] untersuchten Fall kann die Ausgangslage bei der Übernahme eines mittelständischen Pharmaherstellers durch einen grösseren Pharmakonzern als Beispiel dienen: Da das Objekt hauptsächlich Produkte in einem bislang durch den Erwerber nur wenig bearbeiteten Segment der Pharmabranche anbietet, ist die Transaktion als Produktdiversifikation zu charakterisieren. Die Integrationsschwerpunkte betreffen primär Scope-Effekte, die zu einem Ausbau der Marktstellung führen. In geringem Umfang werden auch Scale-Effekte im Bereich der Produktion identifiziert und durch die Auslagerung gewisser Randaktivitäten an das Mutterhaus realisiert. Des Weiteren sollen im Bereich der führungsmässigen Integration Holding-Effekte genutzt werden. Aufgrund der Bedeutung der Know-how-Träger wird ausdrücklich ein humanorientierter Integrationsapproach angestrebt. Hinsichtlich des Integrationsgrades ist vorgesehen, die Tochter vorerst weitgehend autonom weiter zu führen. Das Integrationstempo betreffend existieren Vorgaben, die eher einen Challenge darstellen als einen Take-it-easy-Ansatz. Transaktionsziele wie auch angestrebte Integrationsschwerpunkte entsprechen dem Integrationsprofil "Symbiose". Vor diesem Hintergrund sind die Vorgaben hinsichtlich Integrationsgrad und -tempo noch einmal zu überdenken resp. zu differenzieren.

4.3 Sachliche und terminliche Planung

4.3.1 Überblick über das Vorgehen

Unternehmensintegrationen betreffen sämtliche betrieblichen Abläufe über alle Funktionsbereiche und Hierarchieebenen hinweg. Die Herausforderung im Rahmen der sachlichen und terminlichen Planung besteht darin, die Integrationsarbeiten aus einer ganzheitlichen Perspektive heraus aufzugleisen und konsequent auf das zugrunde liegende Integrationsprofil auszurichten. Deshalb ist es sinnvoll,

---

[215] Vgl. Kapitel VI, S. 103 ff.

die eigentlichen Integrationsaufgaben ausgehend von einem Gesamtüberblick schrittweise zu konkretisieren. Auch die Terminplanung beschränkt sich auf eine Grobplanung, welche im Rahmen der Überwaschung und Steuerung des Integrationsprozesses zu detaillieren und zu erweitern ist. Dies geschieht, um unnötigen Planungsaufwand zu vermeiden, dessen Resultate sehr rasch überholt wären. In Abweichung zur im Projektmanagement üblichen Sequenz[216] wird darüber hinaus vorgeschlagen, sachliche Planung und Terminplanung parallel voranzutreiben.

Das in **Abbildung VIII-9** empfohlene Vorgehen umfasst fünf Schritte:

- Zuerst werden entsprechend den durch das Integrationsprofil gegebenen Schwerpunkten Aufgabenbereiche abgegrenzt. Sie bilden inhaltliche Teilprobleme oder so genannte Meilensteine, die in einer "Work-Breakdown-Structure" zusammengefasst werden.
- Darauf folgt die Erfassung der sachlichen Abhängigkeiten unter den Aufgabenbereichen.
- Anschliessend ist eine grobe zeitliche Planung von Deadlines und Zielterminen auf Stufe der Meilensteine resp. Aufgabenbereiche zu erarbeiten.
- In der Folge sind für jeden Aufgabenbereich die erforderlichen Einzelmassnahmen, Integrationsstudien und Integrationsprojekte zu bestimmen. Dies beinhaltet eine Detaillierung und Erweiterung sowohl der sachlichen als auch der terminlichen Planung des Integrationsprozesses, wobei die Aufgabenbereiche in Integrationsaufgaben und damit in Aktivitäten unterschiedlicher Art und Fristigkeit übersetzt werden.
- Schliesslich ist die Terminplanung zu vervollständigen, indem Dauer, Beginn und Ende der Aktivitäten bestimmt werden.

Wie diese fünf Schritte der sachlichen und terminlichen Planung zu bewältigen sind, wird im Folgenden erläutert. Auch hier können Iterationen erforderlich sein.

4.3.2 Abgrenzung von Aufgabenbereichen

Der erste Schritt der sachlichen und terminlichen Planung des Integrationsprozesses betrifft die Abgrenzung von Aufgabenbereichen und somit die schrittweise inhaltliche Strukturierung der eigentlichen Integrationsaufgaben.

---

[216] Üblich ist ein sequentielles Vorgehen. Vgl. z.B. PMI Standards Committee (1996), S. 3 ff.

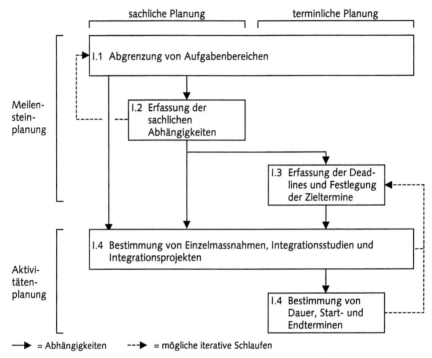

sachliche Planung   **terminliche Planung**

I.1 Abgrenzung von Aufgabenbereichen

Meilen-stein-planung

I.2 Erfassung der sachlichen Abhängigkeiten

I.3 Erfassung der Dead-lines und Festlegung der Zieltermine

I.4 Bestimmung von Einzelmassnahmen, Integrationsstudien und Integrationsprojekten

Aktivi-täten-planung

I.4 Bestimmung von Dauer, Start- und Endterminen

➤ = Abhängigkeiten   --➤ = mögliche iterative Schlaufen

Abbildung VIII-9: Vorgehen zur sachlichen und terminlichen Planung des Integrationsprozesses

Im Rahmen des Case-Research-Projektes[217] wurden Kategorien von eigentlichen Integrationsaufgaben identifiziert und über die Expertengespräche[218] validiert. Sie liefern die Grobstruktur für die zu erarbeitende Work-Breakdown-Structure. Unterschieden werden drei Integrationsfelder mit jeweils drei Aufgabenbereichen:

- Die Integration der "Leistungserstellung" beinhaltet die Realisierung von Synergien, die Weiterentwicklung des Verbundunternehmens sowie die Aufrechterhaltung des Daily Business.
- Bei den "Führungssystemen" stehen die Harmonisierung von Organisation & Managementkonzepten, die Vereinheitlichung des Finanzwesens und Anpassungen im Personalwesen an.

---

[217] Vgl. Kapitel VI, S. 103 ff.
[218] Vgl. Kapitel VI, S. 103 ff.

- Das Integrationsfeld "Mitarbeiter und andere Stakeholder" betrifft die Gewährleistung der integrationsbezogenen Information, die Steuerung kultureller Signale sowie die Pflege der personenbezogenen Kommunikation.

Diese Einteilung repräsentiert eine generische Struktur der eigentlichen Integrationsaufgaben, die Ausgangspunkt für die sachliche Planung darstellen kann. Sie ist jedoch weiter zu differenzieren. **Abbildung VIII-10** zeigt eine Checkliste mit möglichen Inhalten für eine weitere Konkretisierung der Aufgabenbereiche.

Die Realisierung von Synergien in den Leistungserstellungsfunktionen stellt häufig die "Raison d'être" der Transaktion dar und steht in direktem Zusammenhang mit dem zugrunde liegenden Integrationsprofil. Hier ist zu eruieren, in welchen Bereichen der Marktbearbeitung und bei welchen Ressourcen dies möglich und sinnvoll ist. Es ist jedoch zu bedenken, dass die Realisierung solcher Synergies of Scale oder Scope mit negativen Effekten, etwa Know-how-Verlust oder Kannibalisierungseffekten im Markt, einhergehen kann. Nicht thematisiert wird die dritte Art von Synergien, die Holding-Synergien, da sie nicht in Verbindung mit der Leistungserstellung stehen, sondern das Integrationsfeld Führungssysteme betreffen.

Ein Unternehmenszusammenschluss stellt einen Eingriff nicht nur in das Leistungsangebot und die Ressourcenausstattung der beteiligten Unternehmen, sondern auch in die Marktsituation dar. Dadurch ergeben sich neue Chancen und Gefahren, die es zu nutzen resp. zu vermeiden gilt. Im Rahmen einer Neuauflage der strategischen Planung sind Marktpositionsziele zu überprüfen und in Erfolgspotentiale auf der Ebene der Angebote und der Ressourcen zu übersetzen.

Die Aufrechterhaltung des Daily Business muss parallel zu den Integrationsarbeiten unter erschwerten Bedingungen gewährleistet werden. Wenig Ärger an der "Kundenfront" und ein reibungsloser Ablauf der Kernprozesse sowie eine funktionierende Infrastruktur schaffen die Voraussetzung für eine erfolgreiche Bewältigung der Integration.

Die im Bereich Organisation & Managementkonzepte herbeizuführenden Harmonisierungen beziehen sich auf die Erarbeitung eines neuen Organigramms und die Erneuerung von Stellenbeschreibungen. Daneben steht die Sicherung von Koordinationsmechanismen. Dazu gehört die Bestimmung von Informationspflichten und -rechten sowie die Schaffung von entsprechenden Podien, etwa durch die Einführung eines Sitzungskalenders. Darüber hinaus sind in der Regel in

Integrations-felder	Aufgabenbereiche Stufe I	Aufgabenbereiche Stufe II
	Synergien	• Synergies of Scale • Synergies of Scope
Leistungs-erstellung	Verbundoptionen	• bearbeitete Märkte • Angebote • Sachressourcen, Prozesse und Kompetenzen
	Daily Business	• Kunden-Schnittstellen • Kernprozesse • Infrastruktur inkl. Raumkonzept
Führungs-systeme	Organisation & Managementkonzepte	• Organigramm und Stellenbeschreibungen • Informationsrechte und -pflichten, Sitzungskalender • Führungsprinzipien und -handbücher • juristische Struktur
	Finanzwesen	• Management-Information-Systems inkl. EDV (Rechnungslegung inkl. Lohnbuchhaltung, Kostenrech-nung, Mittelflussrechnung etc.) • Planungsrichtlinien (Budgetierung, Investitionsplanung, Liquiditätsplanung etc.)
	Personalwesen	• Arbeitsverträge und -reglemente • Gehaltsstrukturen und Einstufungssysteme • Vorsorgeeinrichtungen • Personalabbau und/oder -beschaffung • Personalbeurteilung und -entwicklung • Personaladministration
Mitarbeiter & andere Stakeholder	integrationsbezogene Information	• nach Zielpublikum (intern, extern) • nach Inhalten (übergreifend, Change-bezogen)
	kulturelle Signale	• geteilte Werte (Leitbild, Vorleben im Führungsalltag, Sanktionierung unerwünschter Verhaltensweisen) • optischer Auftritt (Firmenpapiere, Logos etc.) • emotionelle Einbindung (Firmenfeste etc.)
	personenbezogene Kommunikation	• Key-Persons • Ängste und Widerstände

Abbildung VIII-10: Checkliste zur Erarbeitung einer Work-Breakdown-Structure

Führungshandbüchern niedergelegte übergreifende Managementkonzepte, wie beispielsweise ein Management-by-Objectives oder andere Delegationsmechanismen, betroffen. Schliesslich kann es notwendig werden, auch die juristische Struktur des Verbundunternehmens neu zu überdenken.

Eine Integration des Finanzwesens ist für die finanzielle Führung im neuen Verbund unabdingbar. Damit ist nicht nur eine Vereinheitlichung der dem Management-Information-System zugrunde liegenden Konzepte verbunden, sondern in der Regel auch sämtlicher an diese gebundene EDV-Systeme. Auch ist an die Erfüllung der mit der Pflege der Investor Relations verbundenen Informationspflichten zu denken. Ein besonderes Augenmerk ist dabei auf die Gewährleistung der Kontinuität zu legen. Daneben sind die Richtlinien zur finanziellen Planung, Investitionsplanung, Liquiditätsplanung etc. inklusive sämtlicher Formularsätze zu überarbeiten.

Genauso unvermeidlich wird es zu Anpassungen im Personalwesen kommen. Unter anderem ist das Vertragswerk zu erneuern und hinsichtlich der Konditionen zu harmonisieren. Des Weiteren sind Arbeits- und Personalreglemente zu überarbeiten. Gehalts- und Bonusstrukturen sind anzupassen und die Statuten der Vorsorgeeinrichtungen abzugleichen. Ist durch die geplanten Änderungen im Bereich der Leistungserstellung ein Personalabbau erforderlich, so muss ein Sozialplan erstellt werden. Genauso können jedoch Rekrutierungsmassnahmen anstehen, um Fluktuation aufzufangen oder Bereiche auszubauen. Darüber hinaus sind Personalbeurteilungssysteme und das Angebot in der Aus- und Weiterbildung anzugleichen. Entsprechend ist schliesslich die Personaladministration umzustellen.

Eine proaktive Informationspolitik vermag den Integrationsprozess massgeblich zu unterstützen. Dazu sind integrationsrelevante Fakten unter Berücksichtigung der Bedürfnisse des Zielpublikums und des Inhalts der Botschaften aufzubereiten. Zu unterscheiden sind interne und externe Zielgruppen, übergreifende und Change-bezogene Botschaften. Je nach Empfänger und Anlass sind die Botschaften zu filtern und adäquat zu gestalten.

Die kulturelle Integration ist ein Prozess, der sich nur nach und nach vollziehen kann, da Werte und Normen neu definiert und gefestigt werden müssen. Dieser Prozess kann durch die bewusste Gestaltung kultureller Signale gestützt werden, welche den Wertewandel initiieren und sichtbar machen. Neue Unternehmenspapiere und -logos oder Firmenfeste gehören etwa in diesen Bereich. Darüber hinaus besteht ein enger Zusammenhang mit dem Führungsstil, womit den Führungskräften eine wichtige Beispielfunktion zukommt. Insbesondere die Integrationsverantwortlichen müssen diese Funktion durch aktives Vorleben der Zielkultur wahrnehmen und Auswüchsen in unerwünschte Richtungen entgegenwirken. Schliesslich spielt die personenbezogene Kommunikation eine zentrale Rolle. Ein besonderes Augenmerk liegt bei den Key-Players im Unternehmen, die entweder Know-how-Träger sind oder "politisch" eine Schaltstellenrolle einnehmen und dadurch eine Multiplikatorfunktion innehaben. Sie sind zu identifizieren, ihre Motivation ist zu eruieren und sie sind regelmässig und stufengerecht anzusprechen. Aber auch bezogen auf die Mitarbeiter insgesamt beinhaltet die personenbezogene Kommunikation offene Sensoren für Ängste und Widerstände sowie deren rasche Behandlung mit Rücksicht auf die individuellen Bedürfnisse.

Handlungsbedarf besteht potentiell in sämtlichen Aufgabenbereichen. Das zugrunde liegende Integrationsprofil kann jedoch als "Filter" dienen. Massgeblich sind dabei die in **Abbildung VIII-11** dargestellten Zusammenhänge:

- Das anspruchsvollste der drei Integrationsprofile ist die "Verschmelzung", bei der sämtliche Aufgabenbereiche relevant und wichtig sind: Bei der Leistungserstellung liegt der Fokus zur Realisierung von Scale-Effekten beim Abbau von Doppelspurigkeiten mit entsprechend umfassenden Eingriffen in die Prozesse und damit auch das Daily Business. Verbundoptionen sind zwar auch von gewisser Bedeutung, jedoch aufgrund des einfach zu übertragenden Business-Models zweitrangig. Das Unternehmen durchläuft auch bei den Führungssystemen eine vollständige Metamorphose. Die Begleitung von Mitarbeitern und externen Stakeholdern in diesem Change-Prozess erhält aufgrund der Änderungsintensität ein grosses Gewicht.
- Auch beim Integrationsprofil "Symbiose" sind potentiell sämtliche Aufgabenbereiche tangiert. Jedoch lassen sich hier klare Prioritäten definieren: Im Bereich der Leistungserstellung stehen Synergien in Form von Scope-Effekten und Verbundoptionen im Vordergrund. Jedoch ist auch hier ist die Schnittstelle zum Daily Business sorgfältig zu gestalten. Bei den Führungssystemen beschränkt sich die Integrationsarbeit entsprechend dem geringeren Integrationsgrad unter Umständen auf die finanzielle Integration. Anpassungen im Bereich Organisation & Managementkonzepte und im Personalwesen sind fallweise zu prüfen. Da Scope-Effekte häufig intangible Ressourcen wie Know-how oder Image betreffen, sind auch bei der Symbiose Mitarbeiter & externe Stakeholder nicht zu vernachlässigen.

Grobstruktur der WBS	Integrationsprofil	"Verschmelzung"	"Symbiose"	"Satellit"
Leistungs-erstellung	Synergien	+	+	
	Verbundoptionen	(+)	+	(+)
	Daily Business	+	+	
Führungs-systeme	Organisation & Managementkonzepte	+	(+)	(+)
	Finanzwesen	+	+	+
	Personalwesen	+	(+)	(+)
Mitarbeiter & andere Stakeholder	integrationsbezogene Information	+	+	(+)
	kulturelle Signale	+	+	
	personenbezogene Kommunikation	+	+	
+ = wichtig		(+) = von gewisser Bedeutung		leer = keine Bedeutung

Abbildung VIII-11: Bedeutung der Aufgabenbereiche nach Integrationsprofil

- "Satelliten" schliesslich behalten den grössten Grad an Autonomie. In der Leistungserstellung können höchstens gewisse Verbundoptionen erzielt werden. Vorrangig ist jedoch für die im Finanzwesen erforderlichen Anpassungen und damit für die Realisierung der Holding-Synergien Sorge zu tragen. Falls sinnvoll und vorhanden sind die Richtlinien des Konzerns im Personalwesen und bei Organisation & Managementkonzepten umzusetzen. Des Weiteren ist auch bei der Integration als Satellit die Informationspolitik relevant. Aufgrund der geringeren Änderungsintensität stehen jedoch andere Inhalte und Zielgruppen in den Mittelpunkt als bei den anderen beiden Integrationsprofilen.

Die so ermittelten Aufgabenbereiche sind schliesslich in einer so genannten Work-Breakdown-Structure zusammenzufassen. Die Methodik des Projektmanagements empfiehlt dazu eine grafische Darstellung in Form eines Baums.[219] Eine hierarchisch aufgebaute Checkliste ist jedoch genauso übersichtlich und zudem einfacher zu pflegen.

---

[219] Vgl. z.B. PMI Standards Committee (1996), S. 47 ff.

4.3.3 Erfassung der sachlichen Abhängigkeiten

Integrationsprozesse sind stark vernetzt, das heisst Massnahmen in einem Bereich stellen den Input für Massnahmen in anderen Bereichen dar. Der zweite Schritt der sachlichen und terminlichen Planung betrifft deshalb die Erfassung dieser sachlichen Abhängigkeiten. Sie erfolgt nicht wie im Projektmanagement üblich auf der Stufe einzelner Massnahmen[220], da dies im Rahmen des Aufgabenblocks "Vorbereitung" nicht als sinnvoll betrachtet wird: Aufgrund der hohen Komplexität beansprucht eine solch detaillierte Erfassung unnötig Ressourcen und Zeit und wäre darüber hinaus aufgrund der Situationsdynamik sehr rasch überholt. Als Basis für die weiteren Planungsarbeiten werden deshalb die sachlichen Abhängigkeiten bereits auf der Stufe der Aufgabenbereiche und damit auf dem relativ hohen Aggregationsniveau der Work-Breakdown-Structure erfasst.

Für jeden Aufgabenbereich muss die Frage beantwortet werden, ob als Voraussetzung oder als logische Folge auch an anderer Stelle Änderungen erforderlich sind. Mit Vorteil wurde schon bei der Definition der Aufgabenbereiche auf solche "Dominostein-Effekte" abgestellt. Solche bereits identifizierten Wirkungszusammenhänge sind jetzt zu überprüfen und gegebenenfalls zu ergänzen.

Zur Darstellung der sachlichen Abhängigkeiten empfiehlt die Methodik des Projektmanagement Netzpläne.[221] **Abbildung VIII-12** zeigt ein so genanntes Vorgangsknotennetz, in welchem die Aufgabenbereiche durch die Knoten und die sachlichen Abhängigkeiten durch die Pfeile repräsentiert werden.[222] Das Beispiel basiert auf Daten des Case-Research-Projektes[223] und betrifft die Einführung neuer Controlling-Prinzipien, welche eine Anpassung der Accounting-Standards und eine Änderung der juristischen Struktur bedingen. Alle drei Aufgabenbereiche lösen Informationsbedarf aus: Die Änderung der juristischen Struktur muss in enger Abstimmung mit den zuständigen Steuerbehörden erfolgen. Da sie zu einer Änderung der Modalitäten bei der Verarbeitung von Rechnungen führt, müssen auch Lieferanten und Kunden sowie die betroffenen Mitarbeiter informiert werden. Gleiches gilt für die beiden anderen Aufgabenbereiche.

---

[220] Vgl. z.B. PMI Standards Committee (1996), S. 59 ff.
[221] Vgl. z.B. PMI Standards Committee (1996), S. 105 ff.
[222] Vgl. z.B. PMI Standards Committee (1996), S. 106
[223] Vgl. Kapitel VI, S. 103 ff.

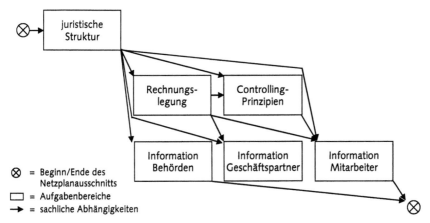

Abbildung VIII-12: Darstellung der sachlichen Abhängigkeiten zwischen den Aufgabenbereichen in Form eines Netzplanes

Das Beispiel zeigt natürlich nur einen kleinen Ausschnitt aus dem Integrationsgeschehen. Jeder der genannten Aufgabenbereiche könnte weiter detailliert werden oder über die gezeigten Zusammenhänge hinaus mit weiteren Aufgabenbereichen zu koordinieren sein. Die Bestimmung der sachlichen Abhängigkeiten wird umso schwieriger, je mehr Aufgabenbereiche einbezogen werden müssen. Darüber hinaus sind sie oft bidirektional, so dass eher von einer koordinierten als von einer Ursache-Wirkungs-orientierten Abwicklung gesprochen werden muss. Da diese Art von Abhängigkeiten in der Netzplantechnik nicht vorgesehen ist, wird vom Einsatz dieser anspruchsvollen Darstellungsform abgeraten und vorgeschlagen, die sachlichen Abhängigkeiten in die Checkliste der Work-Breakdown-Structure zu integrieren und gegebenenfalls jeweils mit einem Kommentar zu erläutern.

4.3.4 Erfassung der Deadlines und Festlegung der Zieltermine

Sind die Aufgabenbereiche und die sachlichen Abhängigkeiten innerhalb der Work-Breakdown-Structure erfasst, ist in einem nächsten Schritt auf dieser Basis eine erste grobe Terminübersicht zu erstellen:

- Dazu sind zunächst die für den Integrationsprozess kritischen Deadlines, etwa der Abschluss des Buchhaltungsjahres für die Vereinheitlichung der Rechnungslegungssysteme, zu erfassen.

- Unter Berücksichtigung der sachlichen Abhängigkeiten werden sodann Zieltermine für die übrigen Aufgabenbereiche festgelegt. Wenn das Ende der Integrationsarbeiten in einem Aufgabenbereich nicht klar umrissen werden kann, gilt der Abschluss des vorgesehenen Integrationszeitraums als Zieltermin.
- Basierend auf diesen Informationen kann schliesslich ein so genannter Meilensteinplan[224] erstellt werden.

Abbildung VIII-13 zeigt ein solches, mit Daten aus dem Case-Research-Projekt[225] gefülltes Dokument. In der Abbildung sind sieben der Meilensteine als Deadlines terminiert. Sie stehen auf der einen Seite in Zusammenhang mit dem Führungsturnus des Mutterhauses. So ist bis zum operativen Closing ein Organigramm zu erstellen. Des Weiteren muss die Integration der Rechnungslegung und die Anpassung der juristischen Struktur bis zum Halbjahresabschluss bewältigt werden. Die Übertragung der Gehaltsstrukturen steht in Zusammenhang mit der Incentivierung, welche anlässlich der im Rahmen des Management-by-Objectives zu führenden alljährlichen Mitarbeitergespräche zu besprechen sein wird. Wegen der buchhalterischen Erfassung der auszuschüttenden Boni ist die Übertragung der Gehaltsstrukturen zusammen mit der entsprechenden Anpassung der Arbeitsverträge und -reglemente bis Ende des Geschäftsjahres zu gewährleisten. Die Reorganisation der Produktion hingegen ist bis zu einer behördlichen Inspektion, ein extern vorgegebener Termin, umzusetzen. Für die übrigen Aufgabenbereiche sind die Zieltermine eingezeichnet. Wo dies nicht möglich erscheint, ist das Ende des betrachteten Zeithorizonts angegeben.

Mit Hilfe eines solchen Meilensteinplans kann der Grobablauf des Integrationsprozesses überschaut und gestaltet werden. Wie straff die Terminplanung ausfällt, hängt dabei zum einen vom im Rahmen des Integrationsprofils als sinnvoll empfundenen Integrationstempo ab. Zum anderen sind die einzuhaltenden Deadlines massgebend. Besteht die Gefahr, dass ein solcher Fixtermin überschritten wird, muss geprüft werden, ob durch Bereitstellung zusätzlicher Ressourcen und/oder durch parallele Bearbeitung von Aufgabenbereichen ein Zeitgewinn erzielt werden kann.

---

[224] Vgl. z.B. PMI Standards Committee, S. 59 ff.
[225] Vgl. Kapitel VI, S. 103 ff.

Work-Breakdown-Structure	10/99	11/99	12/99	01/00	02/00	03/00	04/00	05/00	06/00	07/00	08/00	09/00	10/00	11/00	12/00	01/01	02/01	03/01	04/01	05/01	06/01
Leistungserstellung — Synergien																					
Doppelspurigkeiten Produktion												=							◆		
Abstimmung Produktprogramme																			◆		
Aufteilung Aussendienst																					◆
Verbundoptionen																					
Neue Entwicklungsprojekte												◆									
Investitionen Produktion																					
Daily Business																					
Produktionsprozesse												◆									
Produkt-Management + Aussendienst																			◆		◆
Marken und Lizenzen																					
Organisation & Managementkonzepte																					
Juristische Struktur			=																		
Organigramm									=												
Management-by-Objectives												=									
Führungssysteme — Finanzwesen																					
Rechnungslegung									=												
Controlling/MIS												◆									
Lohnbuchhaltung									◆												
Mitarbeiterbezüge														◆							
Personalwesen																					
Arbeitsverträge und -reglemente															=						
Gehaltsstrukturen															=						
Mitarbeiter & andere Stakeholder — integrationsbezogene Information																					
Öffentlichkeit		◆																			◆
Mitarbeiter																					
kulturelle Signale																					
optischer Auftritt							◆														
personenbezogene Kommunikation																					
Key-Persons																					◆
Lizenzpartner																					◆
ehemalige Eigner													◆								

= = Deadline
◆ = Zieltermin

Abbildung VIII-13: Beispiel für einen Meilensteinplan der eigentlichen Integrationsaufgaben

Alternativ zu Meilenstein-Diagrammen kann auch im Rahmen der Terminplanung mit Netzplänen gearbeitet werden.[226] Die klassische Netzplantechnik beschränkt sich allerdings auf die graphische Darstellung von sachlichen Abhängigkeiten wie in Abbildung VIII-12 gezeigt. Zeitliche Aspekte können zwar berechnet, jedoch nicht optimal visualisiert werden. Nach Erfahrung der Verfasserin wird dies insbesondere bei zahlreichen Aufgabenbereichen auch mit EDV-Unterstützung rasch unübersichtlich. Es wird deshalb empfohlen, die Terminplanung auf den methodisch einfacheren Meilenstein-Diagrammen und/oder auf Checklisten zu basieren.

4.3.5 Bestimmung von Einzelmassnahmen, Integrationsstudien und Integrationsprojekten

Mit der Bestimmung von Einzelmassnahmen, Integrationsstudien und Integrationsprojekten wird die sachliche Planung weiter detailliert und gleichzeitig auch in terminlicher Hinsicht erweitert.

Wie das Raster in **Abbildung VIII-14** zeigt, wird dazu die inhaltliche Struktur der Work-Breakdown-Structure mit der ablauforientierten Struktur des Bezugsrahmens aus Abbildung VIII-4 gekoppelt. In dieser Matrix können die eigentlichen Integrationsaufgaben gestützt auf die sachlichen Abhängigkeiten zum einen und die terminliche Grobplanung zum anderen konkretisiert werden. Dabei geben die sachlichen Abhängigkeiten einen Anhaltspunkt, ob Aktivitäten in einem Aufgabenbereich auch Massnahmen in einem anderen erfordern. Die im Rahmen der terminlichen Grobplanung definierten Deadlines und Zieltermine ermöglichen daneben eine Aussage über deren Fristigkeit.

Das in Abbildung VIII-14 integrierte Beispiel veranschaulicht diese Überlegungen. Es nimmt inhaltlich Bezug auf die bereits zuvor dargelegte Harmonisierung der Rechnungslegung. Aus der Integrationsstudie (1) in diesem Aufgabenbereich ergeben sich zwei Projekte, die aufgrund der Deadline kurzfristig anzugehen sind: Die Integration der Buchhaltung (2) erfordert eine Anpassung der juristischen Struktur (3), beides bis zum Abschluss des Buchhaltungsjahres. Diese Änderungen provozieren laufend Begleitmassnahmen im Aufgabenbereich integrationsbezogene Information (4) und (5). Aber auch innerhalb eines Aufgabenbereiches exis-

---

[226] Vgl. z.B. PMI Standards Committee (1996), S. 59 ff.

Work-Breakdown-Structure			sachlich zu koordinieren mit Aufgabenbereich	Deadlines und Zieltermine Aufgabenbereiche	Einzelmassnahmen		Integrationsstudien		Integrationsprojekte	
					Sofortmassnahmen	Begleitmassnahmen	übergreifende Studien	Studien in einzelnen Aufgabenbereichen	kfr. anzugehende Projekte	mfr. + lfr. bedeutsame Projekte
Leistungserstellung	Synergien									
	Verbundoptionen									
	Daily Business	Marken + Lizenzen								
		juristische Struktur								
Führungssysteme	Organisation & Managementkonzepte			06/00					(3)	
	Finanzwesen	Rechnungslegung		06/00	(6)	(7)		(1)	(2)	
	Personalwesen									
Mitarbeiter & andere Stakeholder	integrationsbezogene Information	Geschäftspartner		Ende		(4)				
	kulturelle Signale	Mitarbeiter		Ende		(5)				
	personenbezogene Kommunikation									

1 - 7 = im Text erläuterte Aktivitäten

Abbildung VIII-14: Raster für die Bestimmung von Einzelmassnahmen, Integrationsstudien und Integrationsprojekten

tieren solche "Dominostein-Effekte": Übergangsweise sind sowohl Sofortmassnahmen (6) als auch Begleitmassnahmen (7) erforderlich, etwa die Schaffung und
der Betrieb einer technischen Übergangslösung und die Bereitstellung eines
Grundstocks an Controlling-Informationen.

Bei der Definition der Einzelmassnahmen, Integrationsstudien und Integrationsprojekte können darüber hinaus die in **Abbildung VIII-15** dargestellten Zusammenhänge hilfreich sein:

- Sofortmassnahmen sind überall dort zu ergreifen, wo betriebliche Abläufe
  und/oder Stakeholder-Interessen durch den Zusammenschluss berührt werden. Damit sind die Aufgabenbereiche in Zusammenhang mit dem Daily Business und den Mitarbeitern & externen Stakeholdern besonders betroffen.
- Die Begleitmassnahmen berühren Integrationsaufgaben, bei denen Inhalt und
  Ablauf der Arbeiten laufend an den Fortschritt der Integrationsarbeiten anzupassen sind. Relevant sein dürften vor allem sämtliche das Daily Business und
  die Mitarbeiter & externen Stakeholder betreffenden Aufgabenbereiche.
- Die übergreifenden Integrationsstudien werden zwingend und unabhängig
  von der Qualität der im Vorfeld der Transaktion durchgeführten Analysen angeraten, um die Integrationsarbeit inhaltlich auf eine fundierte Basis zu stellen.
- Integrationsstudien in einzelnen Aufgabenbereichen fallen überall dort an, wo
  die Integrationsprobleme einen gewissen Umfang und eine grössere Komplexität aufweisen. Dies dürfte hauptsächlich in der Leistungserstellung und bei
  den Führungssystemen der Fall sein
- Kurzfristig anzugehende Integrationsprojekte finden sich insbesondere im Bereich der Führungssysteme, weil die hier erforderlichen Änderungen in der
  Regel an die Rhythmen der Rechnungslegung resp. an den jährlichen Perso-
  nalzyklus gebunden sind oder zur Gewährleistung der Koordination rascher
  Regelungsbedarf herrscht.
- Schliesslich treten mittel- und langfristig bedeutsame Integrationsprojekte
  häufig im Bereich der Leistungserstellung auf, wenn es um die Realisierung
  von Synergien oder Verbundoptionen geht.

Die Aktivitäten sind pro Aufgabenbereich in einer Liste zusammenzufassen.
Abbildung VIII-16 zeigt einen basierend auf den Daten des Case-Research-
Projektes[227] erstellten Auszug einer solchen Aufstellung für den Aufgabenbereich
Personalwesen.

---

[227] Vgl. Kapitel VI, S. 103 ff.

Grobstruktur der Work-Breakdown-Structure		Einzelmassnahmen		Integrationsstudien		Integrationsprojekte	
		Sofort-massnahmen	Begleit-massnahmen	übergrei-fende Studien	Studien in einzelnen Aufgaben-bereichen	kfr. anzu-gehende Projekte	mfr. + lfr. bedeut-same Projekte
Leistungs-erstellung	Synergien	(+)			+	+	+
	Verbundoptionen	(+)			+	+	+
	Daily Business	+	+				
Führungs-systeme	Organisation & Managementkonzepte	(+)	(+)		+	+	(+)
	Finanzwesen	(+)	(+)	+	+	+	(+)
	Personalwesen	(+)	(+)		+	+	(+)
Mitarbeiter & andere Stakeholder	integrationsbezogene Information	+	+		(+)		
	kulturelle Signale	+	+		(+)		(+)
	personenbezogene Kommunikation	+	+				
+ = wichtig		(+) = von gewisser Bedeutung			leer = keine Bedeutung		

Abbildung VIII-15: Bedeutung von Einzelmassnahmen, Integrationsstudien und Integrationsprojekten nach Aufgabenbereich

Aufgaben-bereich	Sofort-massnahmen	Begleit-massnahmen	Studien	kurzfristig anzugehende Projekte	mittel- und langfristig bedeutsame Projekte
Mitarbeiter-bezüge	Zuteilung Zuständigkeiten	Koordination mit Ansprech-partner beim Mutterhaus	• Abklärung Vorgehen Mutterhaus • Abklärung technische Voraus-setzungen	• Festlegung Prozedere/ Konditionen • Implemen-tierung	
Arbeits-verträge und -reglemente			Abgleich Konditionen und Pflichten	Schaffung einer konzern-konformen Besitzstands-lösung	
Gehalts-strukturen	Konditionen Key-Persons		Abgleich Konditionen + Einstufungs-systeme	Schaffung einer konzern-konforme Besitzstands-lösung	

Abbildung VIII-16: Beispiel einer Liste von Aktivitäten für die Aufgabenbereiche des Personalwesens

4.3.6 Abschätzung der Dauer sowie der Start- und Endtermine

Entlang der Aktivitätenliste sind die Dauer sowie die Start- und Endtermine von Einzelmassnahmen, Integrationsstudien und Integrationsprojekten zumindest grob abzuschätzen.

Eine Aggregation dieser Daten auf Stufe der Aufgabenbereiche ermöglicht die Erweiterung der Meilensteinplanung zu einer übersichtlichen Darstellung der sachlichen und terminlichen Planung in Form einer Gantt-Tafel.[228] **Abbildung VIII-17** zeigt das entsprechend ergänzte Beispiel aus Abbildung VIII-13.

4.4 Ressourcenplanung

Wann immer ein Unternehmen in Folge eines M&A nicht die erwarteten Zahlen präsentieren kann oder gar in finanzielle Schwierigkeiten gerät, werden die Integrationskosten als Hauptgrund angeführt. Dabei wird selten präzisiert, welche Kostenkomponenten in dieser Sammelgrösse genau enthalten sind. Mit gleicher Regelmässigkeit hört man, es sei integrationsbedingt zu Umsatzausfällen gekommen. In Zusammenhang mit der Ressourcenplanung ergeben sich damit zwei Teilprobleme: Die Abgrenzung und Erfassung der Integrationskosten sowie die Unternehmensplanung, insbesondere die Budgetierung, in der Integrationsphase.

Als Bestandteile der Integrationskosten sind zusätzlich erforderliche personelle Kapazitäten, Kosten für externe Expertisen sowie die anfallenden Sachkosten zu budgetieren:

*   Ein Grossteil der Integrationsarbeit wird regelmässig von den Linienverantwortlichen und Mitarbeitern der beteiligten Unternehmen geleistet, wobei Integrationsarbeit und "normaler" Unternehmensalltag oft fliessend ineinander übergehen. Die Bewältigung der eigentlichen Integrationsaufgaben bedeutet für die Betroffenen damit eine grosse Zusatzbelastung und lässt sich zudem nur beschränkt vermeiden, da die zu erfüllenden Aufgaben sachlich nicht selten an die Funktionsverantwortlichen gebunden sind und sich schwerlich de-

---

[228] Vgl. z.B. PMI Standards Committee (1996), S. 115 ff.

Work-Breakdown-Structure

		10/99	11/99	12/99	01/00	02/00	03/00	04/00	05/00	06/00	07/00	08/00	09/00	10/00	11/00	12/00	01/01	02/01	03/01	04/01	05/01	06/01

Leistungserstellung

Synergien
- Doppelspurigkeiten Produktion
- Abstimmung Produktprogramme
- Aufteilung Aussendienst

Verbundoptionen
- Neue Entwicklungsprojekte
- Investitionen Produktion

Daily Business
- Produktionsprozesse
- Produkt-Management + Aussendienst
- Marken und Lizenzen

Führungssysteme

Organisation & Managementkonzepte
- Juristische Struktur
- Organigramm
- Management-by-Objectives

Finanzwesen
- Rechnungslegung
- Controlling/MIS
- Lohnbuchhaltung

Personalwesen
- Mitarbeiterbezüge
- Arbeitsverträge und -reglemente
- Gehaltsstrukturen

integrationsbezogene Information
- Öffentlichkeit
- Mitarbeiter

Mitarbeiter & andere Stakeholder

kulturelle Signale
- optischer Auftritt

personenbezogene Kommunikation
- Key-Persons
- Lizenzpartner
- ehemalige Eigner

II = Deadline
◆ = Zieltermin
✗ = Sofortmassnahme
— = Begleitmassnahme
II = Integrationsstudien in einzelnen Aufgabenbereichen
☐ = übergreifende Synergie-Studien
— = Integrationsprojekt

Abbildung VIII-17: Beispiel einer Gantt-Tafel der eigentlichen Integrationsaufgaben

215

legieren oder Outsourcen lassen. Die entstehenden Überstunden stellen somit "versteckte" Integrationskosten dar. Um Überlastungserscheinungen soweit wie möglich zu vermeiden, den Integrationsfortschritt zu unterstützen und schliesslich die erforderlichen Ressourcen zu gegebenem Zeitpunkt bereitstellen zu können, ist deshalb die Budgetierung zusätzlicher personeller Kapazitäten entsprechend der sachlichen und terminlichen Planung unabdingbar.

- In gewissen Aufgabenbereichen werden darüber hinaus Kosten für externe Expertisen anfallen, wenn spezifisches Know-how und/oder ein neutrales Votum gefragt ist. Die sachliche Planung sollte ausreichend Grundlage bieten, um grob abzuschätzen, wo dies in welchem Ausmass erforderlich ist.
- Schliesslich sind zusätzliche Sachkosten zu budgetieren. Dies kann zum Beispiel bei der Umstellung von EDV-Facilities oder bei der Stilllegung oder Verlegung von Standorten einen nicht zu vernachlässigenden Betrag ausmachen. Auch hier liefert die sachliche Planung die Anhaltspunkte.

Die Erfassung der Integrationskosten erfolgt anhand der Aktivitätenliste in den Strukturen der Work-Breakdown-Structure: Dabei ist zunächst anhand der sachlichen und terminlichen Planung grob zu veranschlagen, wie viel Kapazität zur Bewältigung der Aktivitäten erforderlich ist, wenn der Terminplan eingehalten werden soll. Darauf ist abzuschätzen, in welchem Ausmass dieser Bedarf intern abgedeckt werden kann oder aus sachlichen Gründen sogar muss. Das Total kann schliesslich entsprechend der erforderlichern Qualifikation in eine Kostengrösse übersetzt werden, die zusammen mit den Kosten für die externe Expertise und für die Sachmittel die Integrationskosten je Aufgabenbereich ausmachen. **Abbildung VIII-18** fasst die Berechnung der Integrationskosten eines Aufgabenbereiches anhand eines Beispiels aus dem Case-Research-Projekt[229] zusammen.

Eine Aggregation entlang der Work-Breakdown-Structure führt zu einem Totalbetrag der Integrationskosten, welcher Grundlage für die Kommunikation nach innen und aussen einerseits und die Bildung von Rückstellungen andererseits darstellt.

Die Verrechnung der Integrationskosten, seien sie explizit als solche ausweisbar oder in den laufenden Kosten versteckt, erfolgt jedoch letztlich über die Unternehmensrechnung. Aus diesem Grunde ist die finanzielle Unternehmensplanung

---

[229] Vgl. Kapitel VI, S. 103 ff.

	erforderlich (Monate à 100%)	verfügbar (Monate à 100%)	Saldo (Monate à 100%)	Kosten (CHF)
Kapazitätsbedarf				
- für Konzeption und Leitung: bei A	9	3	6	60'000
bei B	4	--	4	40'000
- für Nachbuchungen: bei A	2	--	2	7'500
bei B	--	--	--	--
- für EDV-Implementierung: bei A	6	--	6	18'000
bei B	3	--	3	9'000
Total Kosten zusätzliche Kapazität				134'500
Kosten externe Expertise				25'000
Kosten zusätzliche Sachmittel				200'000
Total Integrationskosten Rechnungswesen				359'500

A,B = Transaktionspartner

Abbildung VIII-18: Beispiel für die Berechnung der Integrationskosten anhand des Aufgabenbereichs Rechnungslegung

resp. Budgetierung während der Integrationsphase von vitaler Bedeutung. Dabei ist nicht nur die Kostenseite, sondern auch die Ertragsentwicklung vor dem Hintergrund der Integrationswirkungen abzuschätzen. Hier wird empfohlen, Planungsszenarien zu entwickeln und während der Integration nach dem Zusammenschluss rollend in einem Best Case-, einem realistischen und einem Worst Case-Szenario zu budgetieren.

4.5 Integrationsprojektorganisation

Bezüglich der Integrationsprojektorganisation ist zum einen über eine Organisationsform mit adäquatem Umfang zur Gewährleistung der Koordination zwischen Linien- und Integrationsarbeit zu entscheiden. Zum anderen geht es um die Bestimmung des Integrationsverantwortlichen und der Mitglieder des Integrationsteams.

Die Form der Integrationsprojektorganisation ist entsprechend dem zugrunde liegenden Integrationsprofil zu wählen:

- **Abbildung VIII-19** zeigt die Basisvariante der Integrationsprojektorganisation für das Integrationsprofil "Verschmelzung". Nachdem in diesem Fall primär horizontale Transaktionen betroffen sind, findet sich bei den beteiligten Unternehmen häufig auch eine ähnliche Aufbauorganisation. Dementsprechend werden die Strukturen der Transaktionspartner vollständig aufgebrochen und die einzelnen Bereiche rasch unter eine einheitliche Leitung gestellt. Dabei sollten Doppelspitzen vermieden werden und eine der beiden ursprünglichen Einheiten den Lead erhalten. Welche Seite diese Funktion ausübt, ist im Idealfall abhängig von den vorhandenen Kompetenzen. Zum Vollzug der Integrationsarbeiten werden aus den jeweiligen Einheiten heraus Integrationsteams gebildet. Ein Integrationsverantwortlicher sorgt in Zusammenarbeit mit den Linienkräften für die Koordination zwischen den verschiedenen Teams.
- Bei der "Symbiose" gibt es parallel Unternehmensbereiche, die autonom belassen werden und solche, die integriert werden. Die Integrationsprojektorganisation in **Abbildung VIII-20** sieht deshalb nur ein teilweises Aufbrechen der Strukturen vor. Der Integrationsverantwortliche koordiniert die Integrationsteams einerseits und die Eingliederung der neuen Sparten andererseits.
- Bei der in **Abbildung VIII-21** dargestellten Basisvariante für das Integrationsprofil "Satellit" sind die Ähnlichkeiten im Tätigkeitsgebiet gering und die ursprünglichen Strukturen bleiben weitgehend erhalten. Die erforderlichen Integrationsarbeiten koordiniert der Integrationsverantwortliche direkt mit dem Spartenleiter. Die Aktivitäten beschränken sich dabei meist auf die administrativen Funktionen. Dort, wo besondere Charakteristika und Fähigkeiten des Transaktionspartners erhalten werden sollen, sind sogar Massnahmen zur Boundary-Protection - etwa eine explizite Regelung der Kommunikationswege, die Schaffung einer eigenen Rechtspersönlichkeit oder eine adäquate führungsmässige Anbindung - zu ergreifen.

Während die Form der Integrationsorganisation dem Integrationsprofil entsprechend auszugestalten ist, richtet sich ihr Umfang nach der Grössenordnung der Transaktion:

- Grössere Transaktionen, Mega-Deals aber auch Zusammenschlüsse zwischen grösseren KMUs, bedürfen einer mehrstufigen Integrationsorganisation, die neben dem Integrationsverantwortlichen und den diversen Integrationsteams sogenannte Steering-Comitees auf verschiedenen Ebenen umfasst. Des Weiteren wird die Arbeit nur zu bewältigen sein, wenn zumindest ein Teil der mit der Integrationsarbeit betrauten Personen vollständig für diese Aufgaben frei-

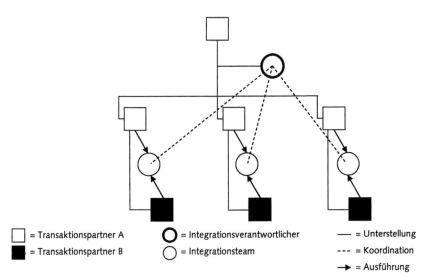

Abbildung VIII-19: Integrationsorganisation für das Integrationsprofil "Verschmelzung"

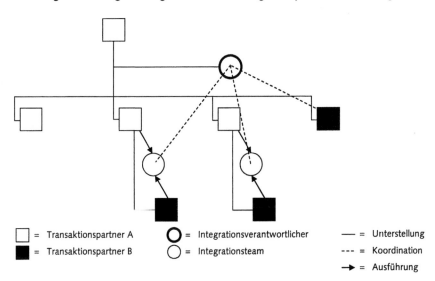

Abbildung VIII-20: Integrationsorganisation für die Integrationsprofil "Symbiose"

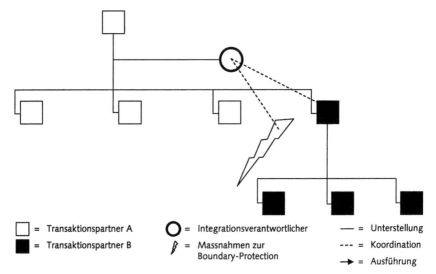

☐	= Transaktionspartner A	◯	= Integrationsverantwortlicher	— = Unterstellung
◼	= Transaktionspartner B	⚡	= Massnahmen zur Boundary-Protection	- - - = Koordination
				➔ = Ausführung

Abbildung VIII-21: Integrationsorganisation für das Integrationsprofil "Satellit"

gestellt ist. Transaktionsaktive Unternehmen unterhalten zu diesem Zweck zuweilen sogar ganze Integrationsstäbe. Externer Beratereinsatz wird aktiv gesucht und gezielt eingesetzt.

- Bei kleineren Transaktionen ist es hingegen nicht erforderlich, die Integrationsorganisation mehrstufig zu gestalten. Auch werden Integrations- und Linienverantwortung grösstenteils in Personalunion wahrgenommen. Fallweise ergänzen externe Berater den Integrationsverantwortlichen resp. die Integrationsteams.

Hinsichtlich der Besetzung der Integrationsfunktionen spielt die Wahl des Integrationsverantwortlichen eine zentrale Rolle. Es sollte sich um einen integrationserfahrenen Manager mit Erfolgsausweis handeln, welcher auf eine breite Akzeptanz zählen kann. Neben fachlichen Qualifikationen und Problemlösungskompetenz muss er starke Kommunikations- und Konfliktlösungsfähigkeiten mitbringen. Da er mit seinem Führungsstil den Integrationsapproach prägt, muss er diesen mit seiner Persönlichkeit vereinbaren können. Bei der Besetzung der Integrationsteams sind hingegen eher fachliche Aspekte und die Verfügbarkeit in den Vordergrund zu stellen.

5 Controlling - "Keeping track of success"

5.1 Überblick über die Teilaufgaben

In Integrationsprozessen darf die Situationsdynamik nicht unterschätzt werden: Vieles ist weder vorhersehbar noch planbar und es herrscht stets grosser Zeitdruck. Unter diesen Umständen wird ein gut funktionierendes "Alarmsystem" benötigt. Deshalb kommt der Überwachung und Steuerung des Integrationsprozesses im Sinne einer rollenden Kontrolle und Fortschreibung der Integrationsplanung eine grosse Bedeutung zu. Ein solches Integrations-Controlling dient jedoch nicht nur der Koordination der eigentlichen Integrationsaufgaben auf der Sachebene, sondern auch der Führung der beteiligten Personen.

Die Planung und Kontrolle des Integrationsprozesses läuft nach dem in **Abbildung VIII-22** gezeigten Regelkreis ab: Die im Rahmen des Aufgabenblocks "Vorbereitung" getroffenen Überlegungen liefern die Sollgrössen, konkret das auf den Transaktionszielen basierende Integrationsprofil und die verschiedenen Elemente der Integrationsplanung. Sie werden den tatsächlichen situativen Gegebenheiten gegenübergestellt. Kommt es bei der Ausführung zu Abweichungen, wird via Anpassung der Transaktionsziele resp. des Integrationsprofils und/oder der Integrationsplanung steuernd eingegriffen. Die Entscheidung über die Transaktionsziele betrifft strategische Aspekte und obliegt übergeordneten Gremien, etwa dem Verwaltungsrat. Diese werden sich entsprechend periodisch für den Stand der Dinge interessieren und im Falle einer Abweichung entweder geeignete Korrekturmassnahmen verlangen oder die Transaktionsziele revidieren und eine Anpassung des Integrationsprofils zulassen. Diese Entscheidträger stellen also gewissermassen den "strategischen Regler" im gezeigten Regelkreis dar. Die Abweichungsanalyse und gegebenenfalls die entsprechende Anpassung der Integrationsplanung sind durch den Integrationsverantwortlichen wahrzunehmen. Er fungiert im in Abbildung VIII-22 gezeigten Regelkreis somit als "operative Regler". Die Integrationsteams setzen diese Vorgaben bei der Erfüllung der eigentlichen Integrationsaufgaben um. Des Weiteren sind sie für die Erfassung der Ist-Daten zuständig. Damit stellen sie im Regelkreis Stell- und Messglied dar.

Im Folgenden wird auf die in Abbildung VIII-22 hervorgehobenen Teilaufgaben des Integrations-Controllings eingegangen. Es sind dies die Abweichungsanalyse und das Integrations-Reporting zur Erfassung des Ist-Stands der Integrationsarbeiten.

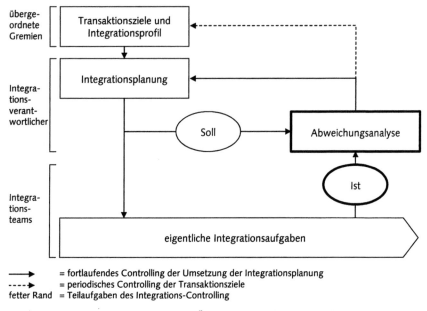

übergeordnete Gremien

Transaktionsziele und Integrationsprofil

Integrationsverantwortlicher

Integrationsplanung

Soll

Abweichungsanalyse

Ist

Integrationsteams

eigentliche Integrationsaufgaben

⟶ = fortlaufendes Controlling der Umsetzung der Integrationsplanung
----▶ = periodisches Controlling der Transaktionsziele
fetter Rand = Teilaufgaben des Integrations-Controlling

Abbildung VIII-22: Controlling-System zur Überwachung und Steuerung des Integrationsprozesses

5.2 Abweichungsanalyse

Zentrales Element im Controlling-System zur Überwachung und Steuerung des Integrationsprozesses ist die Abweichungsanalyse hinsichtlich

- geplanter und reeller Integrationsfortschritte sowie
- erwünschter und nicht erwünschter Integrationswirkungen.
- Gültigkeit der Prämissen über die Situationsentwicklung als Frühindikator.

Im Sinne eines risikoorientierten Controllings stehen dabei die negativen Abweichungen im Vordergrund der Betrachtungen. Dabei ist nicht allein das Ausmass entscheidend, sondern auch, ob Soll-Ist-Diskrepanzen als kritisch beurteilt werden. Es bietet sich also an, mit einem Management-by-Exception nach dem "Ampel-Prinzip" entsprechend **Abbildung VIII-23** zu operieren und jedem Aufgabenbereich einen Status zuzuweisen:

222

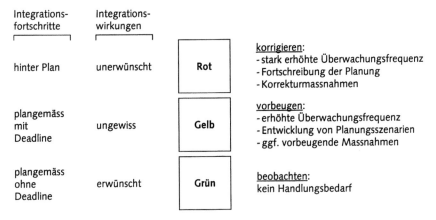

Integrations- fortschritte	Integrations- wirkungen		
hinter Plan	unerwünscht	**Rot**	korrigieren: - stark erhöhte Überwachungsfrequenz - Fortschreibung der Planung - Korrekturmassnahmen
plangemäss mit Deadline	ungewiss	**Gelb**	vorbeugen: - erhöhte Überwachungsfrequenz - Entwicklung von Planungsszenarien - ggf. vorbeugende Massnahmen
plangemäss ohne Deadline	erwünscht	**Grün**	beobachten: kein Handlungsbedarf

Abbildung VIII-23: Die Integrations-Ampel

- Den Status "grün" erhalten Aufgabenbereiche, bei denen keine Abweichungen festzustellen sind und keine Deadline zu beachten ist. Es besteht demnach kein Handlungsbedarf.

- Der Status "gelb" wird Aufgabenbereichen zugewiesen, die zwar hinsichtlich Integrationsfortschritten On-Track sind, bei denen jedoch eine Deadline besteht und/oder die Integrationswirkungen ungewiss sind. In diesen Fällen wird automatisch eine Steigerung der Überwachungsfrequenz ausgelöst. Darüber hinaus sind Planungsszenarien zu erarbeiten sowie vorbeugende Massnahmen zu treffen.

- Mit "rot" werden Aufgabenbereiche gekennzeichnet, bei denen der Integrationsfortschritt zu wünschen übrig lässt und/oder unerwünschte Integrationswirkungen wie etwa Beschwerden von Seiten der Mitarbeiter zu verzeichnen sind. Sobald solche Abweichungen auftreten, ist eine starke Erhöhung der Überwachungsfrequenz opportun. Des Weiteren sind die Integrationsplanung entsprechend anzupassen und geeignete Korrekturmassnahmen zu ergreifen.

Um mit adäquaten Massnahmen reagieren zu können resp. um die Fortschreibung der Planung auf einen realistischen Grund zu stellen, sollten über eine blosse Feststellung von Diskrepanzen hinaus auch deren Ursachen untersucht werden. Als solche können auftreten:

- Fehleinschätzungen im Rahmen der Integrationsplanung,
- unerwartete situative Ereignisse sowie
- Wollen oder Können der beteiligten Personen.

Fehleinschätzungen kann man im Nachhinein nur zur Kenntnis nehmen und im Rahmen der Fortschreibung der Integrationsplanung berücksichtigen. Im besten Fall können durch geeignete Massnahmen negative Auswirkungen noch verhindert werden.

Auch die relevanten Situationsentwicklungen können nicht oder nur sehr beschränkt beeinflusst werden. In diesbezüglich kritischen Aufgabenbereichen muss ein geeignetes Sensorium entwickelt werden, das ein relativ frühzeitiges Erkennen und eine vorausschauende Reaktion auf unerwartete Ereignisse erlaubt.

Hingegen kann das Wollen und Können der Mitarbeiter pro-aktiv gestaltet werden. Der Beobachtung und Beeinflussung der Stimmung unter den Beteiligten ist deshalb grösstes Gewicht einzuräumen. Hier ist der Integrationsverantwortliche gefordert, geeignete Instrumente vom Management-by-Walking-arround bis zu formalisierten Mitarbeiter-Befragungen einzusetzen.

5.3 Integrations-Reporting

Zur Unterstützung des Controllings ist der Aufbau eines formalisierten Integrations-Reporting unabdingbar. Zum einen wird so sichergestellt, dass an den definierten Kontrollpunkten ein hinreichender Überblick über den Ist-Stand zur Verfügung steht. Zum anderen erfolgt auf diese Art und Weise eine vollständige Dokumentation des Integrationsprozesses. Dies dient nicht nur der Rechtfertigung des Integrationserfolges, sondern kann für ein abschliessendes De-Briefing nützlich sein, um Lehren für künftige Transaktionen zu ziehen.

Es wird vorgeschlagen, den Ist-Stand Bottom-up zu erfassen. Anknüpfungspunkt bilden also die Aufgabenbereiche. Zu erfassen sind die Gegenstände der Abweichungsanalyse, welche im Folgenden anhand des Aufgabenbereiches "Produktprogramme" aus dem Case-Research-Projekt[230] erläutert werden:

- Als Information über den Integrationsfortschritt sind die Abweichungen bezüglich des Stands der Abwicklung bei den verschiedenen Einzelmassnahmen, den Integrationsstudien und den Integrationsprojekten zu erfassen. Im Beispiel des Aufgabenbereiches "Produktprogramme" begannen die erforderlichen Abklärungen planungsgemäss nicht unmittelbar nach dem operativen Closing.

---

[230] Vgl. Kapitel VI, S. 103 ff.

Jedoch wurden dem Aussendienst direkt beim ersten regulären Meeting unter neuer Führung angepasste Zielsetzungen für die Verkaufsaktivitäten kommuniziert.

- Unerwünschte Integrationswirkungen zeigen sich etwa in der unbefriedigenden Entwicklung finanzieller Kenngrössen wie Kosten oder Erlösen, in Schwierigkeiten bei der sachlichen Umsetzung der Integrationsplanung oder in bedenklichen Reaktionen wichtiger interner und externer Stakeholder-Gruppen, beispielsweise Aktionären, Mitarbeitern, Kunden etc. Im erwähnten Beispiel ging etwa eine Beschwerde von Aussendienstmitarbeitern hinsichtlich der neuen Zielsetzungen ein.

Die Ist-Daten können schriftlich in formellen Statusberichten erfasst werden. Abhängig von der Überschaubarkeit und der bestehenden Kontrollkultur kann der Integrationsverantwortliche den Informationstransfer aber auch über Koordinationssitzungen sicherstellen.

Anschliessend werden die Informationen zu einer Gesamtübersicht aggregiert. **Abbildung VIII-24** enthält ein Formular für einen solchen Integration-Master-Report mit einigen Beispielen, unter anderem das soeben dargestellte.

Basierend auf den einzelnen Statusberichten wird jeder Aufgabenbereich mit Verantwortlichem, Status und Termin resp. Deadline erfasst. Im Falle von Soll-Ist-Diskrepanzen ist zu präzisieren, um welche Art von Abweichung es sich handelt und es ist zu vermerken, ob bereits Massnahmen veranlasst wurden. Schliesslich wird der Termin des nächsten Statusberichts angegeben.

Jedoch bleibt das beste Reporting nutzlos, wenn die Informationen nicht effizient, gezielt und zum adäquaten Zeitpunkt an die richtigen Personen gelangen. Dazu ist festzulegen,

- in welcher Form die Informationen erfasst und weitergeleitet werden,
- wer worüber informiert wird,
- wann dies stattfindet sowie
- wer für das Funktionieren des Integrations-Reporting zuständig ist.

Das Integrations-Reporting kann selbstverständlich klassisch auf Papier erfolgen. Die EDV bietet jedoch heute Möglichkeiten, ein solches Berichtswesen durch Software-Applikationen zu unterstützen und ermöglicht sogar den Betrieb ge-

Work-Breakdown-Structure		Verant-wort-licher	Status	Termin/Dead-line	Abweichungen betreffen		Mass-nahmen ergriffen	Termin nächster Status-bericht
					Fort-schritte	Wir-kungen		
Leis-tungs-erstellung	Synergien — Doppelspurigkeiten Produktion	Leiter Prod.	grün	0900			nein	+2 Monate
	Synergien — Abstimmung Produktprogramme	Leiter M&V	rot	0401		X	Nein	+14 Tage
	Synergien — Aussendienst	Leiter M&V	gelb	0401				+1 Monat
	Verbundoptionen							
	Daily Business							
	Organisation & Managementkonzepte							
Führungs-systeme	Finanzwesen							
	Personalwesen							
Mitarbeiter & andere Stake-holder	integrationsbezogene Information							
	kulturelle Signale							
	personenbezogene Kommunikation							

Abbildung VIII-24: Raster für einen Integration-Master-Report

meinsamer Benutzer-Plattformen. Zu denken ist beispielsweise an die diversen Standard-Software-Pakete für Projektmanagement. Ihr Nachteil besteht darin, dass sie häufig nur beschränkt modifizierbar sind und darum oftmals den Bedürfnissen nicht vollumfänglich gerecht werden. Die Alternative besteht in einer massgeschneiderten Software-Lösung. Dieser Aufwand wird sich jedoch nur bei grösseren Transaktionen oder bei sehr M&A-aktiven Unternehmen lohnen.

Ein weiterer wichtiger Aspekt sind Verteiler-Regelungen. Sie schaffen Klarheit über Informationsrechte und -pflichten. Ideal wäre selbstverständlich eine vollständige Transparenz. Jedoch gibt es Fakten, die aus Führungs- oder Marktsicht sensibel sind oder sogar aus rechtlichen Gründen der Geheimhaltung unterliegen. Deshalb sind hier klare Regelungen zu treffen und für jedes einzelne Reporting-Dokument ist eine Vertraulichkeitsstufe festzulegen. Wird das Integrations-Reporting EDV-technisch unterstützt, können Zugriffsrechte sehr effizient verwaltet werden.

Der Reporting-Kalender hängt stark von den spezifischen situativen Gegebenheiten ab. Festzulegen ist mindestens eine Standard-Überwachungsfrequenz, welche mit den Sitzungskalendern der beteiligten Gremien abzustimmen ist: Die Terminierung der Statusberichte sollte eine Aktualisierung des Integration-Master-Reports inklusive etwaiger Rückfragen und Detaillierungen vor der jeweiligen Sitzung erlauben.

Für das Funktionieren des Integrations-Reportings ist grundsätzlich der Integrationsverantwortliche zuständig. Diese Aufgabe kann je nach verfügbarer Infrastruktur an ein Sekretariat oder an eine Stabsstelle delegiert werden.

6 Einzelmassnahmen – "Be up to face critical steps"

Der Aufgabenblock "Einzelmassnahmen" umfasst gemäss Bezugsrahmen

- Sofortmassnahmen und
- Begleitmassnahmen.

Wie bereits dargelegt, sind hauptsächlich die Aufrechterhaltung der betrieblichen Abläufe, also das Daily Business, sowie die Stakeholder-Belange betroffen.

Für die Sofortmassnahmen empfiehlt es sich, entlang der Aufgabenbereiche Pendenzenlisten zu erarbeiten und diese insbesondere zu Beginn des Integrationsprozesses in relativ kurzen Abständen zu überarbeiten.

Abbildung VIII-25 zeigt als Beispiel den Auszug einer solchen Pendenzenliste mit Sofortmassnahmen, wie sie im untersuchten Fall aus dem Case-Research-Projekt[231] in den ersten Wochen nach dem Closing eingesetzt wurde.

Task	betroffen			Termin	erledigt
	GL	M&V	Med		
Neustrukturierung Umsatzinformationen und Organisation Umsatzmeldung an Mutterhaus	I	V		KW+1	✓
Vorstellung der neuen Geschäftsleitung bei Kooperationspartnern	V	I	I	KW+2	✓
Prüfung bestehender Verträge	V			KW+2	✓
Erstellung einer Liste mit Key-Persons im Markt	I	V	I	KW+2	
Gespräche mit den Key-Persons bei den Mitarbeitern	V			KW+2	
Prüfung der aktiven Registrierungsdossiers	I	I	V	KW+4	
GL = Geschäftsleitung M&V = Leiter Marketing & Verkauf Med = Leitung Medizinischer Dienst	V = verantwortlich I = zu informieren KW+x = x-te Woche nach aktueller KW				

Abbildung VIII-25: Beispiel einer Pendenzenliste mit Sofortmassnahmen

---

[231] Vg. Integrationsbericht, S. 16

Die Begleitmassnahmen sind über eine längere Periode, wenn nicht gar über den ganzen Integrationsprozess hinweg zu erfüllen und bedürfen deshalb unter Umständen einer permanenten Infrastruktur. Des Weiteren sind gewisse Koordinationsmechanismen erforderlich, um die Abstimmung mit den übrigen Integrationsarbeiten zu gewährleisten. Im Einzelnen ist festzulegen

- wer verantwortlich ist,
- mit welchen anderen Aufgabenbereichen die Ausführung zu koordinieren ist,
- in welchen Bereichen und in welchen Rhythmen Massnahmen zu planen sind.

Abbildung VIII-26 zeigt als Beispiel das Raster des Kommunikationsplans aus dem im Case-Research-Projekt[232] untersuchten Fall. Neben der integrationsbezogenen Informationen diente er auch der kulturellen Integration, indem beispielsweise immer wieder Geschehnisse beim Mutterhauses thematisiert wurden. Er wurde im Rahmen der Geschäftleitungssitzungen gepflegt.

Themen		verant-wortlich	Jan	Feb	Mär	Apr	Mai	Jun
Ziele	Ergebnisse Vorjahr	GL	B, I					
	Umsatzziele laufendes Jahr	GL	B, I					
	Motto laufendes Jahr	GL	I					
Change	Einführung MbO	Ass GL	B, I					
	neues Personalreglement	GL			B, I			
	Arbeitssicherheit Betrieb	Prod L		GLE				
	Verlagerung Produktion	GL	I					
Produkte	Vorstellung Produkt X	PM X	B					
	Vorstellung Produkt Y	PM Y			B			
	Vorstellung Produkt Z	PM Z					B	
Abtei-lungen	Vorstellung Werkstatt	Log L	B					
	Vorstellung Medizinischer Dienst	Med L					B	

Funktionen:
GL = Geschäftleitung
Ass GL = Assistenz der Geschäftleitung
Prod L = Leitung Produktion
PM X, Y, Z = Product-Manager Produkte X, Y, Z
Log L = Leitung Logistik
Med L = Leitung Medizinischer Dienst

Medien:
B = Integrationsbulletin
I = Informationsveranstaltung
GLE = Sitzung erweiterte Geschäftleitung

Abbildung VIII-26: Beispiel eines Kommunikationsplans

---

[232] Vgl. Integrationsbericht, S. 51

7 Integrationsstudien - "Searching for synergies"

7.1 Vorbemerkungen

Im Rahmen des Aufgabenblocks "Vorbereitung" wurden Integrationsstudien auf zwei Stufen unterschieden:

- Zunächst gibt es Studien zur übergreifenden Identifizierung und Bewertung von Synergiepotentialen.
- Des Weiteren sind Studien bezogen auf einzelne Integrationsprobleme erforderlich. Dabei geht es um Detail-Analysen und die Erarbeitung von angemessenen Lösungen.

Die folgenden Ausführungen beschränken sich auf die erste der beiden Stufen, das heisst auf die übergreifenden Synergie-Studien. Dies, weil der Inhalt der Studien zur Erarbeitung von Lösungen für einzelne Integrationsprobleme stark abhängig von der konkreten Situation und der jeweiligen Aufgabenstellung ist. Es scheint deshalb nicht möglich, allgemein gültige Empfehlungen zu deren Bewältigung zu unterbreiten.

7.2 Übergreifende Identifikation und Bewertung von Synergiepotentialen

7.2.1 Überblick über die Teilaufgaben

Die übergreifenden Synergie-Studien bezwecken, die Integrationsarbeit auf eine fundiertere Basis zu stellen als sie im Rahmen des Aufgabenblocks "Vorbereitung" zur Verfügung stand: Der Zusammenschluss ist informell oder formell vollzogen und die mit der Integration beauftragten Personen haben uneingeschränkt Zugang zu den erforderlichen Informationen. Es kann nun eine verlässliche Analyse vor dem Hintergrund des veränderten situativen Kontextes durchgeführt werden. Es geht dabei um ein kritisches Hinterfragen der Transaktionsziele und um eine Überprüfung und Konkretisierung der für das Integrationsprofil entscheidenden Integrationsschwerpunkte. Diese Validierung der Ausgangslage ermöglicht die Formulierung von sinnvollen und realistischen Zielen für die Integrationsarbeit: Im Anschluss an die übergreifenden Synergie-Studien folgt dementsprechend in der Regel eine erste Überprüfung und Anpassung der im Rahmen des Aufgabenblocks "Vorbereitung" vorgenommenen Integrationsplanung. Ein willkommener Nebeneffekt besteht zudem darin, dass der mit der

Integrationsarbeit betraute Personenkreis Gelegenheit hat, sich mit den Transaktionszielen vertraut zu machen und zu identifizieren. Dies ist insbesondere dann wichtig, wenn die Betroffenen nicht in die Due Diligence einbezogen wurden.

Wenn mit den übergreifenden Synergie-Studien begonnen wird, besteht in der Regel bereits ein erheblicher operativer Druck. Die übergreifenden Synergie-Studien haben deshalb zwar fundiert, aber auf pragmatische Art und Weise zu erfolgen. Die Betrachtung kann und muss im Rahmen der hier nicht weiter behandelten Einzel-Studien punktuell vertieft werden.

Unternehmenszusammenschlüsse stellen eine Massnahme der Strategieimplementierung dar. Die Transaktionsziele wie auch das Integrationsprofil müssen deshalb eine schlüssige Logik bezüglich der strategischen Erfolgspotentiale aufweisen. Dabei interessieren in Zusammenhang mit den übergreifenden Synergie-Studien diejenigen Arten von Erfolgspotentialen[233], welche den Abstimmungsbedarf zwischen den unternehmerischen Aktivitäten begründen, nämlich die Erfolgspotentiale auf der Markt- und auf der Ressourcenebene. Ein detaillierter Abgleich der Angebotsmerkmale der Transaktionspartner und die Gestaltung der Erfolgspotentiale auf dieser Ebene hat hingegen im Rahmen von Einzel-Studien zu erfolgen.

Die übergreifenden Synergie-Studien umfassen damit drei Teilaufgaben:

- Zunächst müssen die Synergiepotentiale auf der Ebene der bearbeitenden Märkte und der angebotenen Leistungen untersucht werden.
- Daneben sind die Synergiepotentiale auf der Ressourcen-Ebene zu analysieren.
- Schliesslich ist eine zusammenfassende Bewertung im Verhältnis zu potentiellen Dyssynergien sowie zu Realisierungsrisiken und -aufwand vorzunehmen.

Die folgenden Empfehlungen zu den genannten Teilaufgaben machen sich die Klassifikationsansätze von Synergien und das Porter'sche Konzept der Wertkette zu nutze.[234]

---

[233] Vgl. Kapitel III, S. 48 ff.
[234] Vgl. Kapitel IV, S. 76 ff.

7.2.2 Erfassung der Synergiepotentiale auf der Ebene der bearbeiteten Märkte

Im Zentrum der Erfassung der Synergiepotentiale auf der Ebene der bearbeiteten Märkte steht die Identifizierung von Wachstumspotentialen, welche in zahlreichen empirischen Erhebungen als ein wichtiges Transaktionsmotiv identifiziert werden konnten.[235] Dazu wird in einem zweistufigen Top-down-Approach nach Überschneidungen

- bei den bearbeiteten Branchen- und Ländermärkten und
- pro Branchen-/Ländermarkt-Kombination bei den Kundensegmenten und Teilmärkten gesucht.

Bewegen sich beide Transaktionspartner ausschliesslich auf einem Branchenmarkt in einem Land, beschränken sich die Überlegungen auf die zweite Stufe.

Die Analyse erfolgt mit Hilfe sogenannter Überschneidungsmatrizen, welche die Tätigkeitsbereiche der Transaktionspartner nach einem gemeinsamen Raster beschreiben. Eine solche Darstellung gibt einen ersten groben Überblick über die gemeinsam bearbeiteten Branchenmärkte resp. Branchensegmente und enthält Kennzahlen zur Bedeutung im Portfolio sowie zur jeweiligen Positionierung. Die Marktattraktivität kann dabei grob über quantitative Grössen wie Marktvolumen und Marktwachstum abgeschätzt werden. Die strategische Relevanz bemisst sich am Umsatzvolumen und die Marktstellung wird durch den Marktanteil erfasst. Von der Einbeziehung weiterer Fakten wird an dieser Stelle abgesehen. Dies zum einen aus Aufwandgründen. Zum anderen werden die aus den Synergie-Studien ausfliessenden Entscheidungen die Sichtweise und je nach Grössenordnung der Transaktion auch die Marktsituation unter Umständen noch einmal grundlegend verändern. Eine eingehendere strategische Analyse bleibt deshalb den Einzel-Studien vorbehalten.

Abbildung VIII-27 zeigt eine solche Darstellung anhand eines an das Case-Research-Projekt[236] angelehnten Beispiels für eine Branchensegment-Überschneidungsmatrix, welche die bearbeiteten Kundensegmente sowie die angebotenen Produkte und Leistungen der Transaktionspartner gegenüberstellt. Beide Unternehmen sind augenscheinlich Nischenplayer, wobei A immerhin ein doppelt so grosses Umsatzvolumen besitzt wie B. Die Branchensegmente weisen zudem eine unterschiedliche Attraktivität, das heisst Volumina und Wachstumsraten auf.

---

[235] Vgl. Kapitel II, S. 31 ff.
[236] Vgl. Kapitel VI, S. 103 ff.

	Kundensegmente → Vertrieb über den verschreibenden Arzt (ethisch)		Vertrieb über Apotheken/Drogerien (OTC)		Total	
Produkte und Leistungen	A	B	A	B	A	B
Antidepressiva	1: 500 2: 15%		1: 400 2: 5%		1: 900 2: 10.5%	
	3: 5 4: 1%	3: 10 4: 2%	3: 4:	3: 4:	3: 5 4: 0,6%	3: 10 4: 1,1%
Erkältungsmedizin	1: 200 2: 0%		1: 1'000 2: 0%		1: 1'200 2: 0%	
	3: 4:	3: 4:	3: 20 4: 2%	3: 1 4: 0%	3: 20 4: 1,7%	3: 1 4: 0,1%
Magen-Darm-Präparate	1: 500 2: 3%		1: 800 2: 1%		1: 1'300 2: 2,4%	
	3: 4:	3: 5 4: 1%	3: 8 4: 1%	3: 4:	3: 8 4: 0,6%	3: 5 4: 0,4%
Total	1: 1'300 2: 6,9%		1: 2'200 2: 1,6%		1: 3'500 2: 3,6%	
	3: 5 4: 0,4%	3: 15 4: 1,2%	3: 28 4: 1,3%	3: 1 4: 0,5%	3: 32 4: 0,9%	3: 16 4: 0,5%

A, B = Transaktionspartner
1 = Marktvolumen in Mio. CHF
2 = Marktwachstum in %
3 = Umsatz in Mio. CHF
4 = Marktanteil in %

Abbildung VIII-27: Beispiel einer Branchensegment-Überschneidungsmatrix für eine Branchen-/Ländermarkt-Kombination

In einem ersten Schritt wird also die Markt-Überschneidungsmatrix, die analog zu Abbildung VIII-27 Branchen- und Ländermärkte vergleicht, auf Wachstumspotentiale hin untersucht:

- Überschneidungen weisen auf Wachstumspotentiale durch die Realisierung von Scale-Effekten hin. Durch eine Zusammenlegung der Aktivitäten kann die Marktmacht ausgebaut werden. Besonders interessant erscheinen dabei Felder, die eine vielversprechende Marktattraktivität aufweisen.
- Des Weiteren bestehen Wachstumspotentiale überall dort, wo ein Unternehmen in einem Feld aktiv ist, die andere jedoch noch nicht oder nur in sehr geringem Ausmass. Infrastruktur und Marktkenntnis des einen Unternehmens stellen einen "Türöffner" dar und können der anderen den Markteintritt oder die Verstärkung der Präsenz erleichtern. Die Realisierung solcher Scope-Effekte ist in denjenigen Feldern besonders interessant, in welchen ein grosses Marktvolumen und/oder ein überdurchschnittliches Marktwachstum positive Signale setzen.
- Ist eine solche Kooperation nicht sinnvoll, sind immerhin noch durch Massnahmen der Quersubventionierung gewisse Holding-Effekte erzielbar.
- Die übrigen Felder der Matrix beinhalten keine Wachstumspotentiale durch eine gemeinsame Marktbearbeitung. Hingegen kann im Rahmen der Einzel-Studien ein Markteintritt beider oder eines Partnerunternehmens geprüft werden.

Dort wo in der Markt-Überschneidungsmatrix Wachstumspotentiale identifiziert wurden folgt eine vertiefte Analyse mit Hilfe der Branchensegment-Überschneidungsmatrix:

- Auch hier deuten Überschneidungen auf durch Scale-Effekte erzielbare Wachstumspotentiale hin, da ähnliche Produkte bei den gleichen Kunden abgesetzt werden.
- Felder, in welchen der eine Partner aktiv ist, der andere jedoch noch nicht, beinhalten ein Potential zum Cross-Selling: Die Produkte des einen können als Package auch den Kunden des anderen Transaktionspartners angeboten werden oder umgekehrt. Durch eine saubere Abstimmung der Marktbearbeitung und eine klare Positionierung können weitere Scope-Effekte erzielt werden.
- Holding-Effekte sind etwa durch einen durch die breitere Marktabdeckung höheren Bekanntheitsgrad und damit eine bessere Kreditwürdigkeit möglich.
- Die verbleibenden Matrix-Felder beinhalten keine Synergiepotentiale auf der Ebene der bearbeiteten Märkte. Die Frage der Bearbeitung zusätzlicher Branchensegmente ist gegebenenfalls wiederum Gegenstand einer Einzel-Studie.

Im gezeigten Beispiel weisen die Transaktionspartner Überschneidungen bei den Branchensegmenten auf, wobei A sich primär auf den Arztkanal konzentriert und B eher im OTC-Bereich aktiv ist. Dabei macht es Sinn, diese Schwerpunktsetzungen auch künftig beizubehalten. Ein Switch der Produkte von A in den rentableren ethischen Kanal mit Unterstützung von B könnte zwar in einer Einzel-Studie geprüft werden. Der Nutzen wird jedoch aufgrund der hiermit verbundenen behördlichen Auflagen von vornherein als begrenzt eingestuft. Dies führt dazu, dass die Antidepressiva ausschliesslich durch A und die Erkältungspräparate nur durch B vertrieben werden. Bei den Magen-Darm-Medikamenten sind hingegen keine Umschichtungen erforderlich. So erhält jeder der Transaktionspartner einen klaren Fokus und kann auf dieser Basis die jeweilige Produktpalette optimal gestalten und fördern. In Einzel-Studien bleibt zu überprüfen, ob mittelfristig einzelne Produkte aus dem Sortiment gekippt werden müssen und wie die verbleibenden Präparate zu positionieren sind. Zudem lassen sich in geringem Umfang Grösseneffekte durch den Abbau von Doppelspurigkeiten nutzen.

7.2.3 Erfassung der Synergiepotentiale auf der Ebene der Ressourcen

Die Identifikation der Synergiepotentiale auf der Ressourcenebene erfolgt mit Hilfe der Wertkette nach Porter.[237] **Abbildung VIII-28** zeigt eine solche Analyse anhand eines Beispiels aus dem Case-Research-Projekt[238].

Dazu ist zunächst für jede betroffene Division der Transaktionspartner eine Wertkette zu erstellen. Sie können entsprechend den Eigenheiten der beteiligten Unternehmen konkretisiert werden.

Im Beispiel handelt es sich beim Transaktionspartner A um einen vertikal integrierten Pharmakonzern mit mehreren Divisionen, von denen drei in Zusammenhang mit der Integration relevant sind. B ist ein mittelständischer Pharmahersteller mit fokussiertem Tätigkeitsgebiet.

Darauf werden zunächst die wettbewerbsrelevanten und somit wertvollen Ressourcen der einzelnen Einheiten erfasst. Als solche werden sowohl materielle als auch immaterielle Assets mit folgenden, in engem Zusammenhang stehenden Eigenschaften verstanden:[239]

---

[237] Vgl. Kapitel IV, S. 576 ff.
[238] Vgl. Kapitel VI, S. 103 ff.
[239] Vgl. Grünig (2002), S. 309 ff.

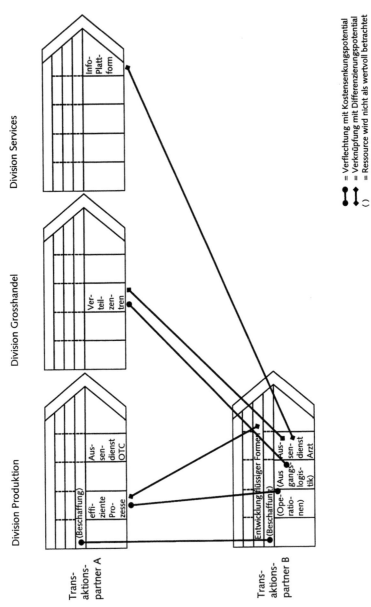

Abbildung VIII-28: Beispiel zur Erfassung der Synergiepotentiale auf der Ebene der Ressourcen

- Wertvolle Ressourcen eignen sich zur Stiftung von Kundennutzen, das heisst sie sind letztlich ausschlaggebend für Kosten- oder Differenzierungsvorteile auf der Angebotsebene.
- Wertvolle Ressourcen können nur schwerlich beschafft resp. aufgebaut werden, das heisst sie sind knapp.
- Sie sind zudem beschränkt imitier- und substituierbar, dass heisst vor Nachahmung geschützt und nicht ohne weiteres ersetzbar.

Die gezeigten Wertketten wurden zwar nicht entsprechend der Tätigkeiten der beteiligten Unternehmen konkretisiert, enthalten jedoch einige Beispiele für wertvolle Ressourcen: So unterhält A in der Produktionsdivision effiziente Prozesse, welche auf einer nach modernstem Standard ausgestatteten Anlage basieren. Des Weiteren verfügt die Division über einen im OTC-Kanal ausgezeichnet vernetzten Aussendienst. Im Grosshandel kann A mehrere grosse Verteilzentren bieten. Schliesslich bringt A mit der Service-Division eine webbasierte Informatikplattform ein, welche in der Branche eine Drehscheibe für Informationsflüsse zwischen den Marktteilnehmern darstellt. Transaktionspartner B verfügt hingegen über besonderes Prozess-Know-how und über bei den Ärzten gut positionierte Aussendienstmitarbeiter.

Nachdem die spezifischen Ressourcenvorteile der Transaktionspartner erfasst sind, werden zur Identifikation der Synergiepotentiale Möglichkeiten der Verflechtung und/oder Verknüpfung der Wertketten untersucht, welche zusätzlichen Kundennutzen in Form von Kostensenkungs- und/oder Differenzierungspotentialen begründen:

- Verflechtungen beruhen auf Ressourcen, die bei beiden Transaktionspartnern vorhanden sind und damit in einem substitutiven Verhältnis zueinander stehen. Sie beinhalten auf Kostensenkungspotentialen beruhende Synergies of Scale.
- Verknüpfungen basieren auf einem komplementären Verhältnis der betroffenen Ressourcen und bilden damit die Basis für Scope-Synergien, die zu Differenzierungsvorteilen führen.

Im vorliegenden Beispiel existieren sowohl Möglichkeiten der Verflechtung als auch der Verknüpfung der Wertketten der Transaktionspartner:

- Als Verflechtung können zunächst durch eine Zusammenlegung der Beschaffung Kostenvorteile erzielt werden. Des Weiteren kann B die Logistik-Infrastruktur von A nutzen. Darüber hinaus kann eine Zusammenfassung der Produktion zu Kosteneffekten führen.

- Verknüpfungen mit Differenzierungspotential können zum einen im Bereich Marketing & Vertrieb gesucht werden: Eine klare Aufteilung der Aufgaben unter den beiden Aussendiensten resp. Product-Management-Abteilungen entsprechend den Vertriebskanälen verspricht eine effektivere Marktbearbeitung. Des Weiteren kann die Informatikplattform der Service-Division von A bei B aktiv für die Arbeit in Marketing & Vertrieb eingesetzt werden. Zum anderen kann die Kernkompetenz zur Herstellung von flüssigen Verabreichungsformen auch in die Prozessentwicklung von B Eingang finden.

Aus Gründen der Übersichtlichkeit werden Verflechtungen und Verknüpfungen unter den Divisionen von A nicht dargestellt. Möglichkeiten der Verflechtung und/oder Verknüpfung betreffen alle Wertaktivitäten, nicht nur diejenigen, welche einen besonderen Ressourcenvorteil des einen oder des anderen Transaktionspartners darstellen. Ist dies jedoch der Fall, sind diese Synergiepotentiale als besonders interessant zu bewerten, da sie Scale- oder Scope-Effekte und damit wettbewerbsrelevante Kostensenkungs- oder Differenzierungspotentiale beinhalten. Daneben können auch für sich genommen nicht wettbewerbsrelevante Ressourcen zusätzlichen Kundennutzen stiften, wenn sie in Kombination miteinander eingesetzt werden. Ist dies nicht der Fall, handelt es sich um Holding-Effekte, welche ebenfalls als "Nice-to-have" zu bezeichnen sind. Im Beispiel gilt dies für die gemeinsame Beschaffung.

7.2.4 Erstellung der Synergie-Bilanz

Nachdem die Synergiepotentiale auf der Ebene der bearbeiteten Märkte und auf der Ebene der Ressourcen identifiziert wurden, ist eine zusammenfassende Bewertung vorzunehmen.

Die "Aktivseite" dieser "Synergie-Bilanz" bilden die erfassten positiven Synergiepotentiale:

- Auf der Ebene der bearbeiteten Märkte wurden verschiedene Arten von Wachstumspotentialen identifiziert.
- Auf der Ebene der Ressourcen ging es um die Ermittlung positiver Auswirkungen einer Integration auf die Kosten- und die Differenzierungsposition des Verbundunternehmens.

Demgegenüber stehen auf der "Passivseite" die Realisierungsrisiken und der Realisierungsaufwand:

- Realisierungsrisiken hemmen den Integrationsfortschritt. Dabei ist nicht nur an die sachliche Problembewältigung zu denken, sondern auch an etwaige Friktionen auf der Personenebene. Eine Zusammenlegung von Aktivitäten etwa kann nicht nur sachliche Risiken wie die Erteilung einer behördlichen Genehmigung beinhalten, sondern auch an Widerständen der betroffenen Mitarbeiter scheitern. Besondere Vorsicht ist in dieser Hinsicht bei an immaterielle Ressourcen gebundene Synergiepotentiale geboten.
- Mit der Realisierung der Synergien werden personelle und sachliche Ressourcen gebunden. Sie stellen den Realisierungsaufwand dar.

Abbildung VIII-29 fasst die Kriterien zur übergreifenden Bewertung von Synergiepotentialen und damit die Aktiv- und Passivposten der "Synergie-Bilanz" zusammen.

	Aktivpositionen	Passivpositionen
Marktebene	Wachstumspotentiale	• Realisierungsrisiken
Ressourcenebene	• Kostensenkungspotentiale • Differenzierungspotentiale	• Realisierungsaufwand

Abbildung VIII-29: Synergie-Bilanz

Auch im zuvor besprochenen Beispiel werden einige der identifizierten Synergiepotentiale "billiger" zu realisieren sind als andere. Ob sie weiter verfolgt werden sollen, ist eine Frage der quantitativen Bewertung, welche jedoch eine Reihe methodischer Probleme stellt:

- Für eine genaue Taxierung muss sehr weit in die Details der Realisierung eingestiegen werden, welche gegebenenfalls erst Gegenstand weiterer Einzel-Studien darstellen.
- Zudem unterliegt die quantitative Synergiebewertung Informationsunsicherheiten, da die Qualität der Datenlage und der auf diesen basierenden Prognosen hinsichtlich Höhe und zeitlicher Verteilung der erwarteten Effekte die Berechnung massgeblich beeinflussen.
- Darüber hinaus sind oftmals sehr schwierig zu bemessende weiche Faktoren betroffen und insbesondere die negativen Effekte lassen sich oft nur indirekt ermitteln.

- Schliesslich stellt sich bei der Berechnung das Problem der Abgrenzung, welche Effekte der Integration zuzuschreiben sind und welche aus anderen Einflüssen resultieren.

Nichtsdestotrotz ist die Synergiebewertung wann immer möglich quantitativ vorzunehmen, um auf dieser Basis klare und erreichbare Ziele für die Integrationsarbeit formulieren zu können. Dabei muss es sich jedoch keinesfalls um Geldgrössen handeln. Quantitative Ziele können auch anhand eines Mengengerüstes oder auf einer Ordinalskala ausgedrückt werden.

Wann immer aufgrund einer solchen Betrachtung fraglich ist, ob bestehende Synergiepotentiale realisiert werden sollen oder nicht, sind auf ähnliche Art und Weise im Sinne einer Opportunitätskostenüberlegung die "Kosten des Nichtstun" zu erfassen und der Synergiebilanz gegenüberzustellen.

8   Integrationsprojekte - "Implementing the new concepts"

Der Aufgabenblock "Integrationsprojekte" beinhaltet gemäss Bezugsrahmen die Planung und Durchführung

- kurzfristig anzugehender sowie
- mittel- und langfristig bedeutsamer

Integrationsprojekte.

Wesentliches Unterscheidungsmerkmal der Einteilung der Integrationsprojekte bildet die Fristigkeit. Dies einerseits, weil sie Einfluss auf die Terminplanung und die Ressourcenzuteilung hat: Die Einhaltung von Deadlines, welche in einem kurzfristigen Zeithorizont liegen, ist häufig nur durch den Einsatz zusätzlicher Kapazitäten möglich. Darüber hinaus bedingt eine Ausrichtung auf Deadlines eine Projektsteuerung, welche andere Führungsprinzipien in den Vordergrund zu stellen hat als wenn dies nicht erforderlich ist. Wie im Rahmen der sachlichen und terminlichen Planung dargelegt, betreffen die kurzfristig anzugehenden Integrationsprojekte insbesondere die Integration der Führungssysteme, während es bei den mittel- und langfristig bedeutsamen Integrationsprojekten primär um die Integration der Leistungserstellung geht.

Ein weiterer zu berücksichtigender Faktor ist der Projektumfang: Ein Integrationsprojekt kann mehrere Teilprojekte beinhalten und bedarf dann einer eigenständigen sachlichen und terminlichen Planung und Steuerung. Zudem sind dann besondere organisatorische Vorkehrungen erforderlich, um innerhalb des Projektes Aufgaben und Kompetenzen zu klären und eine reibungslose Koordination der Aktivitäten zu gewährleisten. Hingegen benötigt ein Integrationsprojekt geringeren Umfangs lediglich eine Minimalplanung, welche die Bedürfnisse des Integrations-Controllings befriedigt und sich ansonsten auf Instrumente wie einfache Checklisten und auf ad-hoc-Koordination unter den Beteiligten beschränkt.

Innerhalb dieser Leitplanken vollzieht sich die Planung und Durchführung der Integrationsprojekte mittels des klassischen Projektmanagement-Instrumentariums:[240]

- Die sachliche Planung startet ausgehend von den Projektzielen mit der Erarbeitung einer Work-Breakdown-Structure für das Integrationsprojekt. Basierend auf dieser können Aktivitäten definiert und, etwa mit einem Netzplan,

---

[240] Vgl. z.B. PMI Standards Committee, S. 3 ff.

sachliche Abhängigkeiten zwischen ihnen ermittelt werden. Zur Zeitplanung ist die Dauer der einzelnen Aktivitäten zu schätzen. Auf der Grundlage dieser Werte und den sachlichen Abhängigkeiten kann der Projektverlauf dargestellt sowie die Gesamtdauer des Projektes abgeschätzt werden. Die Visualisierung erfolgt häufig mit Hilfe von Gantt-Diagrammen.

- Auch für einzelne Integrationsprojekte ist ein Budget zu erstellen, das die erforderlichen personellen Ressourcen und Sachmittel aufführt.
- Schliesslich ist die Projektorganisation festzulegen, das heisst es ist mindestens ein Projektteam und ein Projektleiter zu bestimmen.

Dies stellt alles in allem keine besonderen methodischen Anforderungen und es kann den einzelnen Projektleitern überlassen werden, wie sie ihre Aufgabenbereiche organisieren. Es ist lediglich sicherzustellen, dass

- die Projektziele zum Integrationsprofil passen und
- die für das Integrations-Controlling resp. die Erstellung des Statusberichtes erforderlichen Informationen fristgerecht zur Verfügung stehen.

Dies wird über das in **Abbildung VIII-30** gezeigte formalisierte Projektantrags-Formular gewährleistet, das eine Zusammenfassung einer detaillierten Projektplanung darstellt und diese für kleinere Integrationsprojekte ersetzen kann.

Der Bezug der Projektziele zum Integrationsprofil wird indirekt zum einen über den Genehmigungsweg sichergestellt, indem Projektleiter und Integrationsverantwortlicher das Formular gemeinsam im Sinne einer Zielvereinbarung unterschreiben. Zum anderen sind im Rahmen der sachlichen Planung Aussagen über angestrebte Integrationswirkung zu machen.

Darüber hinaus beinhaltet das Formular die für das Integrations-Controlling erforderlichen Informationen, indem Beginn und Ende, Fristigkeit und eine etwaige Deadline erfasst werden. Auch wird der geplante Projektfortschritt in Bezug zu den Statusberichten gesetzt. Schliesslich sind Projektrisiken abzuschätzen, womit von Beginn an Überlegungen hinsichtlich des Einflusses situativer Gegebenheiten und etwaiger negativer Integrationswirkungen induziert werden.

Integrationsprojekt _____

Genehmigung   Signum   Datum

Projektleiter   _____   _____
Integrationsverantwortlicher   _____   _____

Sachliche Planung

Projektziele / angestrebte Integrationswirkungen:

Projektrisiken / mögliche negative Integrationswirkungen und Hindernisse:

Meilensteine:

Terminplanung

Start: _____   Abschluss: _____   ggf. Deadline: _____

Fristigkeit: ☐ kurzfristig
                ☐ mittel- / langfristig

Statusbericht am   _____ _____ _____ _____
Meilensteine zum Statusbericht-Termin   _____ _____ _____ _____

Ressourcenplanung

erforderliche Kapazität   _____ 100%-Monate   _____ CHF
davon intern abgedeckt   _____ 100%-Monate   _____ CHF
Kosten zusätzliche Kapazität   _____ CHF
Kosten externe Expertise   _____ CHF
Kosten Sachmittel   _____ CHF

Abbildung VIII-30: Antragsformular für ein Integrationsprojekt

IX   Schluss

1   Überblick

Kapitel IX soll in zweierlei Hinsicht ein Fazit zu ziehen:

- Der folgende Abschnitt 2 nimmt eine zusammenfassende Beurteilung der Forschungsresultate im Hinblick auf die Zielerreichung einerseits und die angewandte Forschungsmethodik andererseits vor.
- Abschliessend werden in Abschnitt 3 Ansatzpunkte für die weitere Forschung im Bereich der Unternehmensintegration aufgezeigt.

2 Zusammenfassende Beurteilung

2.1 Beurteilung im Hinblick auf die Zielerreichung

Die Dissertation setzte sich eingangs zum Ziel, für die Praxis hilfreiche Gestaltungsempfehlungen zur erfolgreichen Bewältigung der Post Merger-Integration zu entwickeln.

Diese Hauptzielsetzung wurde im Rahmen von drei Unterzielen bearbeitet:

- Das erste Unterziel beinhaltete eine Beschreibung von Inhalt und Ablauf der Post Merger-Integration.[241]
- Zweitens war ein gestaltungsorientierter Bezugsrahmen zur Post Merger-Integration zu entwickeln.[242]
- Das dritte und letzte Unterziel betraf die Ausformulierung von Empfehlungen entlang des Bezugsrahmens.[243]

Die Unterstellung unter das Forschungsprogramm der praktisch-normativen BWL bedingt eine Ausrichtung der Forschungsbemühungen an den Kriterien Relevanz, Nützlichkeit und Anwendbarkeit:

- Die Relevanz der Problemstellung wurde in den einführenden Kapiteln der Arbeit belegt.[244]
- Die Zielsetzung beinhaltet die Entwicklung von für die Praxis hilfreichen Gestaltungsempfehlungen und strebt damit grundsätzlich nach der Nützlichkeit der Ergebnisse: Durch eine starke Einbindung der Praxis auf allen Stufen des Forschungsprozesses wurde versucht, die Zielerreichung stets an praktischen Bedürfnissen der Integrationsarbeit auszurichten.[245] Inwieweit die unterbreiteten Empfehlungen jedoch eine erfolgreiche Bewältigung der Unternehmensintegration ermöglichen und damit ihre Nützlichkeit unter Beweis stellen, lässt sich bei Beendigung des Forschungsprojektes nicht abschliessend beurteilen. Es bleibt abzuwarten, ob der Bezugsrahmen zur Post Merger-Integration und die dazugehörigen Empfehlungen in der Praxis Verbreitung finden und somit als hilfreich einzustufen sind.

---

[241] Vgl. Kapitel VI, S. 103 ff.
[242] Vgl. Kapitel VIII, S. 189 ff.
[243] Vgl. Kapitel VIII, S. 193 ff.
[244] Vgl. Kapitel I, S. 2 ff.; Kapitel II, S. 21 ff.
[245] Vgl. Kapitel I, S. 14 ff.

- Zur Überprüfung der Anwendbarkeit wurden die Empfehlungen fünf Experten aus der Unternehmenspraxis vorgelegt.[246] Des Weiteren wurde ausführlich diskutiert, inwiefern verschiedene Kontextmerkmale Einfluss auf die Anwendbarkeit haben könnten.[247] Insgesamt darf von einem verhältnismässig breiten Anwendungsbereich mit einem Fokus auf Akquisitionen im KMU-Bereich ausgegangen werden.

Zusammenfassend ist wahrscheinlich, dass die unterbreiteten Empfehlungen relevant, nützlich und relativ breit anwendbar sind.

2.2 Beurteilung der gewählten Forschungsmethodik

Der eingesetzte Forschungsprozess[248] hat sich nach Ansicht der Verfasserin vor dem Hintergrund des komplexen, in einen dynamischen Kontext eingebundenen Untersuchungsgegenstands der Unternehmensintegration als sinnvoll erwiesen: Mit dem Case-Research-Projekt lag das Gewicht auf der Explorationsstufe und ermöglichte den Aufbau eines vertieften, realitätsnahen Verständnisses von Integrationsprozessen.[249] Die auf dieser Grundlage erzielten Resultate wurden auf Evaluationsstufe in Expertengesprächen mit der Realität konfrontiert.[250] Das mit diesem Vorgehen geschaffene Problemverständnis ermöglicht eine praxisgerechte Ausgestaltung des Bezugsrahmens und der Empfehlungen.

Ergänzt wurde die Feldarbeit durch eine umfassende Literaturanalyse, welche jedoch nur in Teilbereichen nützliche Erkenntnisse zu liefern vermochte.[251]

Abschliessend lässt sich hinsichtlich der Forschungsmethodik festhalten, dass mit der Arbeit ein wesentlicher Beitrag zur Erweiterung der substantiellen Grundlagen im Forschungsgebiet der Unternehmensintegration geschaffen wurde: Aus dem Case-Research-Projekt resultiert eine dichte, der Natur des Untersuchungsgegenstandes angemessene Beschreibung. Allerdings ist Case-Research nur hilfreich, wenn detailliert erfasst wird. Nur eine sorgfältige Dokumentation und

---

[246] Vgl. Kapitel VII, S. 159 ff.
[247] Vgl. Kapitel VIII, S. 184 ff
[248] Vgl. Kapitel I, S. 14 ff.
[249] Vgl. Kapitel VI, S. 103 ff.
[250] Vgl. Kapitel VII, S. 159 ff.
[251] Vgl. Kapitel IV, S. 57 ff.

Auswertung ermöglichen neue Erkenntnisse und gewährleisten die Nachvollziehbarkeit der Forschungsergebnisse.

Die Untersuchung weiterer Fälle wäre wünschenswert gewesen. Ein solcher Cross-Case-Vergleich hätte insbesondere Erkenntnisse hinsichtlich Bedeutung und Einfluss von Kontextvariablen ermöglicht. Im Hinblick auf den damit verbundenen Aufwand war dies jedoch nicht möglich resp. hätte zwangsläufig zu einer oberflächlicheren Betrachtung des einzelnen Falls geführt.

Eine sinnvolle Abrundung hätte das Forschungsvorhaben weiterhin in der abschliessenden Anwendung der Gestaltungsempfehlungen in mindestens einem Action-Research-Projekt erfahren, was jedoch aufgrund des beträchtlichen Zeitbedarfs mit einem nicht vertretbaren zusätzlichem Forschungsaufwand verbunden gewesen wäre. So konnten die unterbreiteten Empfehlungen nur indirekt über die Expertengespräche evaluiert werden.

3   Ansatzpunkte für weitere Forschung

Die zwei im Rahmen der Reflexion der Forschungsmethodik geäusserten Kritik-punkte liefern gleichzeitig die Ansatzpunkte für die weitere Forschung:

- Es ist eine weitere und intensive Exploration des Untersuchungsgegenstandes der Unternehmensintegration unter unterschiedlichen Kontextbedingungen erforderlich. Dafür stehen Case-basierte Forschungsmethoden im Vorder-grund. Selbstverständlich sind jedoch auch empirische Erhebungen von Inte-resse, sofern sie in ihrer Anlage dem Untersuchungsgegenstand gerecht wer-den. Dies ist dann der Fall, wenn dem Kontextbezug hinreichend Rechnung getragen wird. Des Weiteren erscheint eine eher enge Abgrenzung des Unter-suchungsgegenstands angeraten, um in diesem Rahmen eine adäquate Erfas-sung der Komplexität zu ermöglichen.
- Ein weiteres Forschungsfeld stellt die Evaluationsforschung dar. Es wäre wün-schenswert, wenn die in der vorliegenden Arbeit unterbreiteten Empfehlungen - oder die Empfehlungen anderer Autoren - in der Praxis mit Action-Research-Projekten Anwendung finden würden, um das bekannte Methodengut zu überprüfen und weiterzuentwickeln.

Die Verfasserin ist überzeugt, dass gerade Case-basierte Untersuchungsmetho-den im Forschungsfeld der Unternehmensintegration weiterführende Erkenntnis-se ermöglichen. Trotz des hiermit verbundenen Aufwands möchte sie Forscher und insbesondere Forschergruppen dazu ermutigen, diesen wissenschaftlich wie persönlich bereichernden Weg zu beschreiten.

Anhang A

Integrationsliste

Teil I: Eigentliche Integrationsaufgaben

Nr.	Aktivität	betroffene Aufgaben-bereiche im Unter-nehmen	Aufgaben-typen	Phasen der Aufgaben-erfüllung	Periodizi-tät der Aufgaben-erfüllung	Arten der Aufgaben-ent-deckung	Beginn der Aktivität	Ende der Aktivität
1	Festlegung der mittel- und langfris-tigen Ziele für die Med-X	Strategien	Sachauf-gabe	Analyse und Pla-nung	phasen-weise	planerisch proaktiv	Sep 99	Sep 99
2	Neuregelung wichtiger Beratungs-mandate	Personal-wesen	Sachauf-gabe	Umset-zung	phasen-weise	planerisch proaktiv	Sep 99	Okt 99
3	Besetzung vakanter Funktionen	Personal-wesen	Sachauf-gabe	Umset-zung	phasen-weise	planerisch proaktiv	Sep 99	Okt 99
4	Identifikation der Key-Persons	Personal-wesen	Sachauf-gabe	Analyse und Pla-nung	phasen-weise	planerisch proaktiv	Sep 99	Nov 99
5	Gespräche mit den Key-Persons	Personal-wesen	Führungs-aufgabe	Umset-zung	phasen-weise	planerisch proaktiv	Nov 99	Jan 00
6	Pressekonferenz zur öffentlichen Bekanntgabe der Übernahme	Kultur & Kommu-nikation	Sachauf-gabe	Umset-zung	phasen-weise	planerisch proaktiv	Nov 99	Nov 99
7	Interne Kommunkation der Über-nahme und Vorstellung der neuen Geschäftsleitung	Kultur & Kommu-nikation	Führungs-aufgabe	Umset-zung	phasen-weise	planerisch proaktiv	Nov 99	Nov 99
8	Erarbeitung eines neuen Organi-gramms	Führungs-systeme	Sachauf-gabe	Analyse und Pla-nung	phasen-weise	planerisch proaktiv	Nov 99	Dez 99
9	Massnahmen zur Umsetzung der mittel- und langfristigen Marktziele	Marketing & Verkauf	Sachauf-gabe	Umset-zung	fortlau-fend	ad-hoc re-aktiv	Jan 00	Ende
10	Massnahmen zur Initierung eines Wandels im Führungsverständnis	Kultur & Kommu-nikation	Führungs-aufgabe	Umset-zung	fortlau-fend	ad-hoc re-aktiv	Jan 00	Ende
11	Gegenseitige Besuche Med-X/Nica	Kultur & Kommu-nikation	Führungs-aufgabe	Umset-zung	fortlau-fend	ad-hoc re-aktiv	Jan 00	Ende
12	Aufnahme der Med-X in den In-formations-Turnus der Nica	Kultur & Kommu-nikation	Führungs-aufgabe	Umset-zung	fortlau-fend	ad-hoc re-aktiv	Jan 00	Ende
13	Versand des "Who-is-Who" Med-X	Kultur & Kommu-nikation	Sachauf-gabe	Umset-zung	phasen-weise	ad-hoc re-aktiv	Sep 00	Sep 00
14	ad-hoc Kommunikation	Kultur & Kommu-nikation	Führungs-aufgabe	Umset-zung	fortlau-fend	ad-hoc re-aktiv	Jan 00	Ende

Nr.	Aktivität	betroffene Aufgaben- bereiche im Unter- nehmen	Aufgaben- typen	Phasen der Aufgaben- erfüllung	Periodizi- tät der Aufgaben- erfüllung	Arten der Aufgaben- ent- deckung	Beginn der Aktivität	Ende der Aktivität
15	Coaching der Führungskräfte	Führungs- systeme	Führungs- aufgabe	Umset- zung	fortlau- fend	ad-hoc re- aktiv	Jan 00	Ende
16	Übertragung des Beziehungsnetzes im Markt auf die neue Führungs- crew	Marketing & Verkauf	Sachauf- gabe	Umset- zung	phasen- weise	planerisch proaktiv	Jan 00	Jun 00
17	pragmatische Bereitstellung wichti- ger Finanzinformationen	Finanzwe- sen	Sachauf- gabe	Umset- zung	phasen- weise	ad-hoc re- aktiv	Jan 00	Aug 00
18	Konzentration der Geschäftsaktivi- täten auf eine Gesellschaft	Finanzwe- sen	Sachauf- gabe	Umset- zung	phasen- weise	ad-hoc re- aktiv	Jun 00	Aug 00
19	Umstellung der Buchhaltungssys- teme	Finanzwe- sen	Sachauf- gabe	Umset- zung	phasen- weise	planerisch proaktiv	Jul 00	Aug 00
20	Aufnahme eines Sitzungs-Turnus	Führungs- systeme	Führungs- aufgabe	Umset- zung	fortlau- fend	planerisch proaktiv	Mrz 00	Ende
21	fachliches Coaching Product- Management	Marketing & Verkauf	Führungs- aufgabe	Umset- zung	fortlau- fend	ad-hoc re- aktiv	Mrz 00	Ende
22	Marketing-Schulung für Product- Mangement	Marketing & Verkauf	Sachauf- gabe	Umset- zung	phasen- weise	ad-hoc re- aktiv	Jul 00	Jul 00
23	Neuverteilung der Zuständigkeiten im Product-Mangement	Marketing & Verkauf	Führungs- aufgabe	Umset- zung	phasen- weise	ad-hoc re- aktiv	Mrz 00	Mrz 00
24	Kompetenzstreitigkeiten zwischen alter und neuer Geschäftsleitung	Kultur & Kommu- nikation	Führungs- aufgabe	Umset- zung	phasen- weise	ad-hoc re- aktiv	Jan 00	Sep 00
25	Gespräche mit Nica wegen Konflik- ten zwischen neuer und alter Ge- schäftsleitung	Kultur & Kommu- nikation	Führungs- aufgabe	Umset- zung	phasen- weise	ad-hoc re- aktiv	Apr 00	Okt 00
26	sichtbare Beschneidung der Kom- petenzen der alten Geschäftslei- tung	Kultur & Kommu- nikation	Führungs- aufgabe	Umset- zung	phasen- weise	ad-hoc re- aktiv	Jul 00	Sep 00
27	breite Kommunikation des Organi- gramms	Führungs- systeme	Führungs- aufgabe	Umset- zung	phasen- weise	planerisch proaktiv	Mrz 00	Mrz 00
28	ausserordentliches Aussendienst- Meeting wegen Ressentiments ge- genüber neuer Geschäftsleitung	Marketing & Verkauf	Führungs- aufgabe	Umset- zung	phasen- weise	ad-hoc re- aktiv	Mrz 00	Mrz 00
29	Kommunikation Übernahme des Arbeits- und Spesenreglement der Nica	Personal- wesen	Führungs- aufgabe	Umset- zung	phasen- weise	ad-hoc re- aktiv	Mrz 00	Mrz 00
30	Kommunikation der Übernahme in die Pensionskasse der Nica ab 2002	Personal- wesen	Führungs- aufgabe	Umset- zung	phasen- weise	ad-hoc re- aktiv	Mrz 00	Mrz 00
31	Erarbeitung einer Firmenpräsenta- tion	Marketing & Verkauf	Sachauf- gabe	Umset- zung	phasen- weise	ad-hoc re- aktiv	Mrz 00	Apr 00

252

Nr.	Aktivität	betroffene Aufgabenbereiche im Unternehmen	Aufgabentypen	Phasen der Aufgabenerfüllung	Periodizität der Aufgabenerfüllung	Arten der Aufgabenentdeckung	Beginn der Aktivität	Ende der Aktivität
32	Erstellung eines Marketingplans und Einführung des Zero-based Promotion-Budgeting	Marketing & Verkauf	Sachaufgabe	Analyse und Planung	phasenweise	ad-hoc reaktiv	Mrz 00	Mai 00
33	Erweiterung der EDV- und Kommunikationsinfrastruktur	Führungssysteme	Sachaufgabe	Umsetzung	phasenweise	ad-hoc reaktiv	Mrz 00	Jun 00
34	Verhandlung zur Abwendung der drohenden Kündigung und Vorbereitung evtl. Rechtsstreit	Marketing & Verkauf	Sachaufgabe	Umsetzung	phasenweise	ad-hoc reaktiv	Mrz 00	Jun 01
35	Einbeziehung betroffener Personen in den Lizenzkonflikt	Kultur & Kommunikation	Führungsaufgabe	Umsetzung	phasenweise	ad-hoc reaktiv	Sep 00	Sep 00
36	Bestimmung der Kostenstellenverantwortlichen	Finanzwesen	Führungsaufgabe	Umsetzung	phasenweise	ad-hoc reaktiv	Mrz 00	Mrz 00
37	kurz- und mittelfristige finanzielle Planung	Finanzwesen	Sachaufgabe	Analyse und Planung	phasenweise	ad-hoc reaktiv	Mrz 00	Sep 00
38	Budget-Schulung	Finanzwesen	Sachaufgabe	Umsetzung	phasenweise	ad-hoc reaktiv	Mrz 00	Mrz 00
39	fachliches Coaching Budgetierung	Kultur & Kommunikation	Führungsaufgabe	Umsetzung	phasenweise	ad-hoc reaktiv	Mrz 00	Sep 00
40	Schaffung der technischen Voraussetzungen für die Einführung der Mitarbeiterbezüge	Personalwesen	Sachaufgabe	Umsetzung	phasenweise	ad-hoc reaktiv	Mrz 00	Jul 00
41	Einführung der Mitarbeiterbezüge	Personalwesen	Führungsaufgabe	Umsetzung	phasenweise	ad-hoc reaktiv	Nov 00	Nov 00
42	Informationsveranstaltung nach den ersten 100 Tagen	Kultur & Kommunikation	Führungsaufgabe	Umsetzung	phasenweise	ad-hoc reaktiv	Apr 00	Apr 00
43	neue Kalkulation Lohnproduktion	Produktion	Sachaufgabe	Umsetzung	phasenweise	ad-hoc reaktiv	Apr 00	Jul 00
44	neuer Sicherheitsbeauftragter, Betriebsarzt, Betäubungsmittelverantwortlicher	Produktion	Sachaufgabe	Umsetzung	phasenweise	ad-hoc reaktiv	Apr 00	Aug 00
45	Massnahmen zur Verbesserung der Koordination in der Produktion	Produktion	Führungsaufgabe	Umsetzung	phasenweise	ad-hoc reaktiv	Apr 00	Okt 00
46	Vorbereitung IKS-Inspektion	Produktion	Sachaufgabe	Umsetzung	phasenweise	planerisch proaktiv	Apr 00	Okt 00
47	Teilnahme der Med-X am Leadership-Training der Nica	Kultur & Kommunikation	Führungsaufgabe	Umsetzung	phasenweise	ad-hoc reaktiv	Jun 00	Jun 00
48	Inspektion Arbeitssicherheit durch Nica	Produktion	Sachaufgabe	Umsetzung	phasenweise	ad-hoc reaktiv	Jul 00	Jul 00

Nr.	Aktivität	betroffene Aufgaben- bereiche im Unter- nehmen	Aufgaben- typen	Phasen der Aufgaben- erfüllung	Periodizi- tät der Aufgaben- erfüllung	Arten der Aufgaben- ent- deckung	Beginn der Aktivität	Ende der Aktivität
49	Schaffung eines Mangement-Information-Systems	Führungs-systeme	Sachauf-gabe	Umset-zung	phasen-weise	ad-hoc re-aktiv	Jul 00	Ende
50	Sommerfest	Kultur & Kommu-nikation	Führungs-aufgabe	Umset-zung	phasen-weise	ad-hoc re-aktiv	Sep 00	Sep 00
51	Übertragung der pharmazeutischen Verantwortung auf die neue Ge-schäftsleitung	Produkti-on	Sachauf-gabe	Umset-zung	phasen-weise	planerisch proaktiv	Okt 00	Okt 00
52	Einzelgespräche Gehaltsstrukturen Nica	Personal-wesen	Führungs-aufgabe	Umset-zung	phasen-weise	planerisch proaktiv	Nov 00	Dez 00
53	Übernahme der Gehaltsstrukturen Nica	Personal-wesen	Führungs-aufgabe	Umset-zung	phasen-weise	planerisch proaktiv	Jan 01	Jan 01
54	Weihnachtsfest	Kultur & Kommu-nikation	Führungs-aufgabe	Umset-zung	phasen-weise	ad-hoc re-aktiv	Dez 00	Dez 00
55	Sprachkurse	Personalw esen	Sachauf-gabe	Umset-zung	phasen-weise	ad-hoc re-aktiv	Jan 01	Ende
56	Ermittlung der Kernkompetenzen in der Produktion	Produkti-on	Sachauf-gabe	Analyse und Pla-nung	phasen-weise	planerisch proaktiv	Mrz 00	Sep 00
57	Analyse der durch die Med-X be-arbeiteten Märkte	Strategien	Sachauf-gabe	Analyse und Pla-nung	phasen-weise	ad-hoc re-aktiv	Apr 00	Jun 00
58	Analyse der Stärken und Schwä-chen der Med-X	Strategien	Sachauf-gabe	Analyse und Pla-nung	phasen-weise	ad-hoc re-aktiv	Apr 00	Jun 00
59	Umfrage zur Mitarbeiterzufrieden-heit	Kultur & Kommu-nikation	Sachauf-gabe	Analyse und Pla-nung	phasen-weise	ad-hoc re-aktiv	Jul 00	Nov 00
60	Prüfung der Auslagerung der In-land-Spedition an eine Schwester-gesellschaft	Logistik	Sachauf-gabe	Analyse und Pla-nung	phasen-weise	ad-hoc re-aktiv	Jan 01	Jan 01
61	Analyse der Synergien auf der E-bene der Marktleistungen	Marketing & Verkauf	Sachauf-gabe	Analyse und Pla-nung	phasen-weise	ad-hoc re-aktiv	Jan 01	Mrz 01
62	Erarbeitung eines Konzeptes zur Vereinfachung der juristischen Struktur der Med-X	Finanzwe-sen	Sachauf-gabe	Analyse und Pla-nung	phasen-weise	ad-hoc re-aktiv	Feb 00	Mrz 00
63	Verhandlungen mit den Steuerbe-hörden zur Quasi-Stillegung	Finanzwe-sen	Sachauf-gabe	Umset-zung	phasen-weise	planerisch proaktiv	Mrz 00	Jun 00
64	interne Kommunikation der Quasi-Stillegung	Kultur & Kommu-nikation	Führungs-aufgabe	Umset-zung	phasen-weise	planerisch proaktiv	Jun 00	Jun 00
65	Mailing Quasi-Stillegung an sämtli-che Lieferanten und Geschäfts-partner	Kultur & Kommu-nikation	Sachauf-gabe	Umset-zung	phasen-weise	planerisch proaktiv	Jun 00	Jun 00

Nr.	Aktivität	betroffene Aufgaben-bereiche im Unter-nehmen	Aufgaben-typen	Phasen der Aufgaben-erfüllung	Periodizi-tät der Aufgaben-erfüllung	Arten der Aufgaben-ent-deckung	Beginn der Aktivität	Ende der Aktivität
66	finanztechnischer Vollzug der Qua-si-Stillegung	Finanzwe-sen	Sachauf-gabe	Umset-zung	phasen-weise	planerisch proaktiv	Jul 00	Jul 00
67	Auslösung der zur Modernisierung notwendigen Investitionen	Produkti-on	Sachauf-gabe	Umset-zung	phasen-weise	planerisch proaktiv	Apr 00	Ende
68	Einführung einer Betriebsbuchhal-tung in der Produktion	Produkti-on	Sachauf-gabe	Umset-zung	phasen-weise	planerisch proaktiv	offen	offen
69	Wechsel der EDV Finanz- und Lohnbuchhaltung	Finanzwe-sen	Sachauf-gabe	Umset-zung	phasen-weise	ad-hoc re-aktiv	Jul 00	Jul 00
70	systematisches Screening laufender Entwicklungsprojekte	Produkt-und Prozes-sentw.	Sachauf-gabe	Analyse und Pla-nung	phasen-weise	planerisch proaktiv	Aug 00	Aug 00
71	Schulung Mitarbeiterförderungsge-spräche	Führungs-systeme	Sachauf-gabe	Umset-zung	phasen-weise	ad-hoc re-aktiv	Okt 00	Okt 00
72	Durchführung der Mitarbeiterför-derungsgespräche	Führungs-systeme	Führungs-aufgabe	Umset-zung	phasen-weise	ad-hoc re-aktiv	Nov 00	Dez 00
73	Coaching der Führungskräfte wäh-rend Durchführung Mitarbeiterför-derungsgespräche	Kultur & Kommu-nikation	Führungs-aufgabe	Umset-zung	phasen-weise	ad-hoc re-aktiv	Nov 00	Dez 00
74	Detailabgleich der Arbeits- und Spesenreglemente der Med-X und der Nica	Personalw-esen	Sachauf-gabe	Analyse und Pla-nung	phasen-weise	planerisch proaktiv	Okt 00	Nov 00
75	Kommunikation Unterschiede zwi-schen Arbeits- und Spesenregle-menten Med-X/Nica	Kultur & Kommu-nikation	Führungs-aufgabe	Umset-zung	phasen-weise	planerisch proaktiv	Dez 00	Dez 00
76	Inkraftsetzung des Arbeits- und Spesenreglements der Nica	Personal-wesen	Sachauf-gabe	Umset-zung	phasen-weise	planerisch proaktiv	Jan 01	Jan 01
77	Erarbeitung eines Kommunikati-onskonzeptes	Kultur & Kommu-nikation	Sachauf-gabe	Analyse und Pla-nung	phasen-weise	planerisch proaktiv	Nov 00	Dez 00
78	Koordinationsstelle Kommunikation	Kultur & Kommu-nikation	Führungs-aufgabe	Umset-zung	phasen-weise	planerisch proaktiv	offen	offen
79	Mitarbeiterblatt "Bulletin Med-X"	Kultur & Kommu-nikation	Führungs-aufgabe	Umset-zung	fortlau-fend	planerisch proaktiv	Jan 01	Ende
80	Entwicklung eines Projektmanage-mentkonzepts für die Produktent-wicklung	Produkt-und Prozes-sentw.	Sachauf-gabe	Analyse und Pla-nung	phasen-weise	planerisch proaktiv	Jan 01	Ende
81	Fortsetzung und Vertiefung des Prozesses der strategischen Pla-nung	Strategien	Sachauf-gabe	Analyse und Pla-nung	fortlau-fend	planerisch proaktiv	offen	offen
82	Forcierung der Phytogamme und der Internationalisierung des Ver-triebs	Marketing & Verkauf	Sachauf-gabe	Umset-zung	phasen-weise	planerisch proaktiv	Jan 01	Ende

Nr.	Aktivität	betroffene Aufgabenbereiche im Unternehmen	Aufgabentypen	Phasen der Aufgabenerfüllung	Periodizität der Aufgabenerfüllung	Arten der Aufgabenentdeckung	Beginn der Aktivität	Ende der Aktivität
83	Konzentration der Produktion auf die flüssigen Formen	Produktion	Sachaufgabe	Umsetzung	phasenweise	planerisch proaktiv	Mrz 01	Ende
84	Erarbeitung eines Aus- und Weiterbildungsprogramms	Personalwesen	Sachaufgabe	Analyse und Planung	phasenweise	planerisch proaktiv	offen	offen
85	Kommunikation des Aus- und Weiterbildungsprogramms	Kultur & Kommunikation	Führungsaufgabe	Umsetzung	phasenweise	planerisch proaktiv	offen	offen
86	Erarbeitung eines Führungshandbuches	Führungssysteme	Sachaufgabe	Analyse und Planung	phasenweise	planerisch proaktiv	offen	offen
87	Einführung der Stellenbeschreibungsvorlagen der Nica	Führungssysteme	Führungsaufgabe	Umsetzung	phasenweise	ad-hoc reaktiv	offen	offen

Teil II: Management des Integrationsprozesses

Nr.	Aktivität	Projekt-management-bereiche	Projekt-management-ebenen	Beginn der Aktivität	Ende der Aktivität
1	Bestimmung der Integrationsver-antwortlichen	Projektorg./ Leadership	Integrations-prozess insgesamt	Sep 99	Sep 99
2	Koordination der Kommunikation der Übernahme	sachliche Prio-ritäten	Einzelprojekte	Nov 99	Nov 99
3	Koordination der übrigen Integrati-onsevents	sachliche Prio-ritäten	Integrations-prozess insgesamt	Sep 99	Ende
4	Einführungssitzungen mit der alten Geschäftsleitung zur Übergabe wichtiger Dossiers	sachliche Prio-ritäten	Einzelprojekte	Jan 00	Feb 00
5	Koordination aller Aktivitäten be-züglich Umstellungen im Rech-nungswesen	Termine	Einzelprojekte	Jan 00	Sep 00
6	Rekrutierung Leiter Product-Management zur Erweiterung der Kapazität	Ressourcen	Einzelprojekte	Mrz 01	Ende
7	Koordination des Vorgehens be-züglich der Kündigung Vertriebsli-zenz	sachliche Prio-ritäten	Einzelprojekte	Mrz 00	Jun 01
8	Koordination des Vorgehens be-züglich Konflikten mit alter Ge-schäftsleitung	sachliche Prio-ritäten	Einzelprojekte	Apr 00	Okt 00
9	Koordination der Vorbereitung auf die IKS-Inspektion	sachliche Prio-ritäten	Einzelprojekte	Apr 00	Okt 00
10	Hinzunahme externer Kapazitäten in der Finanzabteilung	Ressourcen	Einzelprojekte	Jun 00	Aug 00
11	Hinzunahme externer Expertise zur Ermittlung der Kernkompetenzen in der Produktion	Ressourcen	Einzelprojekte	Mrz 00	Sep 00
12	Hinzunahme externer Expertise zur Quasi-Stillegung der Tochtergesell-schaften	Ressourcen	Einzelprojekte	Mai 00	Jul 00
13	Hinzunahme externer Kapazitäten in der Finanzabteilung	Ressourcen	Einzelprojekte	Jul 00	Jul 00
14	Dokumentation der Integrationsar-beiten	sachliche Prio-ritäten	Integrations-prozess insgesamt	Sep 00	Ende
15	Erarbeitung und Pflege einer Liste mit Integrationstasks	Termine	Integrations-prozess insgesamt	Okt 00	Ende

257

Teil III: Zentrale Integrationsentscheide

Nr.	Entscheidresultat	Entscheid-gegenstände	Zeitpunkt Entscheid	Rückkommens-antrag
1	Erhaltung des Produktionsstandortes und weitgehend autonome Führung der Med-X	Integrationsgrad	Sep 99	nach Abschluss Case-Research
2	Führungs- und Controlling-Prinzipien nach Nica-Standard	Integrations-schwerpunkte	Sep 99	--
3	Konzentration auf die Produktgruppen Phyto-Therapie und Gastroenteologie und Internationalisierung dieser Bereiche	Integrations-schwerpunkte	Sep 99	nach Abschluss Case-Research
4	Realisierung von Synergien in der Produktion	Integrations-schwerpunkte	Sep 99	--
5	Realisierung von Synergien in der Marktbearbeitung	Integrations-schwerpunkte	Sep 00	--
6	Abwicklung der Integration der Führungssysteme innerhalb des ersten Jahresturnus	Integrations-tempo	Sep 99	--
7	Vorbereitung der Internationalisierung bis zum zweiten Jahresturnus	Integrations-tempo	Sep 99	nicht vollständig realisiert
8	Schaffung einer dynamischen, kompetenzorientierten Unternehmenskultur	Integrations-approach	Sep 99	nicht vollständig realisiert

Anhang B

Kodierregeln zum Case-Research-Projekt

Kodierregeln für die eigentlichen Integrationsaufgaben			
Konzept	Kode	Schlüsseldefinition	Zuordnung
betroffene Aufgabenbereiche im Unternehmen	Aktivitäten der Wertkette eines Herstellers von Pharmazeutika	Definition der Wertkette nach Porter	zu Aktivität mit grösster Änderungsintensität
Aufgabentypen	Führungs- vs. Sachaufgaben	Führung definiert als Willensdurchsetzung	wenn Delegation bezweckt
Phasen der Aufgabenerfüllung	Analyse- u. Planungs- vs. Umsetzungsaufgaben	Analyse und Planung definiert als Willensbildung	wenn keine betrieblichen Änderungen
Periodizität der Aufgabenerfüllung	phasenweise vs. fortlaufend	phasenweise definiert als bezüglich Ende klar abgrenzbar	wenn kein offenes Ende
Art der Aufgabenentdeckung	ad-hoc reaktiv vs. planerisch proaktiv	ad-hoc reaktiv definiert als problemgetrieben	wenn kein Bezug zu Analyse- und Planungsaufgabe oder zur Due Diligence

Kodierregeln für die Massnahmen zum Management des Integrationsprozesses			
Konzept	Kode	Definition	Zuordnung
betroffene Projektmanagement-Bereiche	sachliche Prioritäten, Termine, Ressourcen, Projektorganisation/-leadership	Definition gemäss in der Literatur üblichen Unterscheidungen	gemäss Inhalt der jeweiligen Massnahme
betroffene Projektmanagement-Ebenen	Einzelprojekte resp. Arbeitspakete vs. Integrationsprozess insgesamt	Einzelprojekt resp. Arbeitspaket definiert als in sich geschlossenes Massnahmen- resp. Projektbündel und Teil des Integrationsprozesses	wenn nicht der Integrationsprozess insgesamt betroffen ist

Kodierregeln für die zentralen Integrationsentscheide			
Konzept	Kode	Definition	Zuordnung
Entscheidgegenstände	Integrationsschwerpunkt, -grad, -approach, -tempo	Definition gemäss in der Literatur gängigen Unterscheidungen	gemäss Inhalt des jeweiligen Entscheides

259

Anhang C

Interviewverzeichnis

Name	Unternehmen	Ort	Datum
Bär, L.	Abegglen Management Partners AG	Volketswil	19. Dezember 2003
Brogini, M.	Impact AG	Bern	22. Dezember 2003
Integrationsverantwortlicher	PlantaVent AG	Bern	16. Dezember 2003
Leiter Pharma-Sparte	Nica AG	Bern	11. Dezember 2003
Sauser, R.	Ernst & Young Ltd.	Zürich	19. Dezember 2003

Anhang D

Anfrage für ein Expertengespräch und Interviewleitfaden

Anfrage für ein Expertengespräch

E-Mail:

Betreff: Expertengespräch zum Thema Post-Merger Integration

Sehr geehrte(r) [Ansprechperson]

Im Rahmen meiner **Dissertation** beschäftige ich mich mit der Post-Merger Integration. Ziel der Arbeit ist die Entwicklung von Empfehlungen zur erfolgreichen Bewältigung solcher Prozesse.

Dazu wurde basierend auf einem Case-Research-Projekt ein **Ansatz zur ganzheitlichen Planung und Steuerung der Post-Merger Integration** erarbeitet.

Es würde mich freuen, Ihnen bzw. einem Experten Ihres Unternehmens meine Empfehlungen vorstellen zu dürfen. Primäres Ziel des Gespräches ist, deren **Praxistauglichkeit** zu beurteilen.

Da ich Anfang Januar eine neue Stelle antrete, wäre es für mich wünschenswerte, das **Gespräch noch vor Jahresende** führen zu können.

Über einen Terminvorschlag Ihrerseits für ein etwa eineinhalbstündiges Gespräch würde ich mich sehr freuen und verbleibe

mit freundlichen Grüssen

Clea Bauch

Interviewleitfaden

A Allgemeines

1 Begrüssung und Dank

2 Einleitende Bemerkungen zur Dissertation

2.1 Titel der Dissertation

Planung und Steuerung von Unternehmensintegrationen:
Ein ganzheitlicher Ansatz zur erfolgreichen Bewältigung der Post-Merger Integration

2.2 Problemstellung, Zielsetzung, Forschungsmethodik und Stand der Arbeit

Die Problemstellung der Arbeit liegt im Fehlen ganzheitlich angelegter Methoden zur erfolgreichen Bewältigung der Post-Merger Integration.

Ziel der Arbeit ist die Entwicklung einer solchen Methodik zur Unterstützung der Unternehmenspraxis. Aus dieser generellen Zielsetzung leiten sich zwei Teilziele ab:

- Zunächst sollen Inhalte und Ablauf von Integrationsprozessen differenziert erfasst werden.
- Darauf basierend sollen Empfehlungen zur Planung und Steuerung von Unternehmensintegrationen entwickelt werden.

Forschungsmethodik und Stand der Arbeit sind aus **Abbildung A-1** ersichtlich.

3 Ziele des Interviews

Mit Hilfe der Expertengespräche sollen die Empfehlungen auf ihre Praxistauglichkeit hin überprüft und ihr Anwendungsbereich eingegrenzt werden.

4 Vertraulichkeit

Die Auswertung der Interviews erfolgt summarisch und anonym. Rückschlüsse auf einzelne Personen können daraus nicht gezogen werden.

5 Themenkreise des Interviews

Die Befragung umfasst drei Themenkreise:

- Bedeutung, Schwierigkeiten sowie Inhalt und Ablauf der Post-Merger Integration in der Praxis
- Diskussion des in der Dissertation entwickelten Post-Merger Integration-Ansatzes
- Vertiefte Befragung zu ausgewählten Teilproblemen

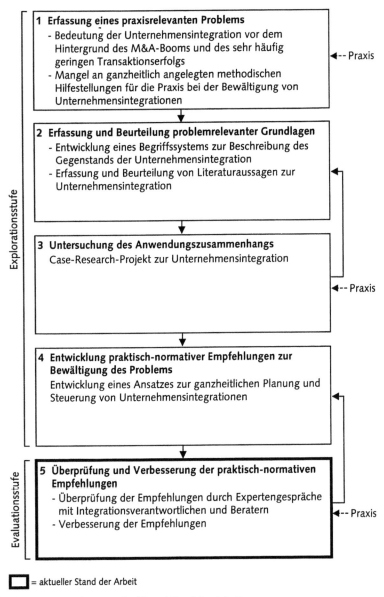

1 Erfassung eines praxisrelevanten Problems
- Bedeutung der Unternehmensintegration vor dem Hintergrund des M&A-Booms und des sehr häufig geringen Transaktionserfolgs
- Mangel an ganzheitlich angelegten methodischen Hilfestellungen für die Praxis bei der Bewältigung von Unternehmensintegrationen

◀-- Praxis

2 Erfassung und Beurteilung problemrelevanter Grundlagen
- Entwicklung eines Begriffssystems zur Beschreibung des Gegenstands der Unternehmensintegration
- Erfassung und Beurteilung von Literaturaussagen zur Unternehmensintegration

3 Untersuchung des Anwendungszusammenhangs
Case-Research-Projekt zur Unternehmensintegration

◀-- Praxis

4 Entwicklung praktisch-normativer Empfehlungen zur Bewältigung des Problems
Entwicklung eines Ansatzes zur ganzheitlichen Planung und Steuerung von Unternehmensintegrationen

5 Überprüfung und Verbesserung der praktisch-normativen Empfehlungen
- Überprüfung der Empfehlungen durch Expertengespräche mit Integrationsverantwortlichen und Beratern
- Verbesserung der Empfehlungen

◀-- Praxis

Explorationsstufe

Evaluationsstufe

☐ = aktueller Stand der Arbeit

Abbildung A-1: Forschungsmethodik und Stand der Arbeit

B   Angaben zu den durch die Experten begleiteten Integrationsprojekten

Anzahl Integrationsprojekte			
Art der Transaktion (Akquisition, Fusion)			
betroffene Branchen			
betroffene Länder			
Grössenordnung der Transaktion	Umsatz (von-bis)	Erwerber:	Objekt:
	Mitarbeiter (von-bis)	Erwerber:	Objekt:
Geschäftsgang Objekt vor Transaktion		gut (Zahl):	schlecht (Zahl):

C   Befragung

1   Bedeutung, Schwierigkeiten sowie Inhalte und Ablauf der Post Merger-Integration in der Praxis

1.1 In der Literatur finden sich eine Vielzahl von Studien zum Erfolg von M&A, wobei durchweg hohe Flop-Raten nachgewiesen werden:
- Was spricht dennoch für ein externes Wachstum durch M&A?
- Welche Gründe für die hohen Flop-Raten sehen Sie?
- Welchen Bedeutung hat dabei Ihrer Einschätzung nach die Integration?

1.2 Wo lagen in Ihren letzten Integrationsprojekten die zentralen Schwierigkeiten?

1.3 Wenn Sie an die durch Sie begleiteten Post Merger-Projekte denken:
- Welche Phasen des Integrationsprozesses können abgegrenzt werden?
- Welche inhaltlichen Aufgabenbereiche resp. Integrationsfelder sind zu unterscheiden?

2 Diskussion des in der Dissertation entwickelten Post-Merger Integration-Ansatzes

2.1 **Abbildung A-2** zeigt den gestaltungsorientierten Bezugsrahmen zur Unternehmensintegration, welcher das Grobgerüst der Empfehlungen darstellt. Inwiefern erscheinen Ihnen die getroffenen Unterteilungen relevant und sinnvoll?

- Unterscheidung der Aufgabenebenen
- zeitliche Zäsur durch das Closing resp. den operativen Vollzug der Transaktion
- Abgrenzung der verschiedenen Arten von Integrationsaufgaben
- Gruppierung der Aufgabenblöcke

2.2 Empfinden Sie die gewählten Bezeichnungen als nachvollziehbar? Wenn nein, welche Begriffe würden Sie vorschlagen?

2.3 Bitte treffen Sie Aussagen über die verschiedenen Arten von Integrationsaufgaben aus Abbildung A-2 hinsichtlich

- %-Anteil Management-Attention
- Entwicklung des Aufwands im Verlaufe des Integrationsprozess

2.4 Lassen sich mit diesem Raster die Post Merger-Projekte aus Ihrem Erfahrungshorizont abbilden? Wenn nein, welche Aspekte werden nicht erfasst?

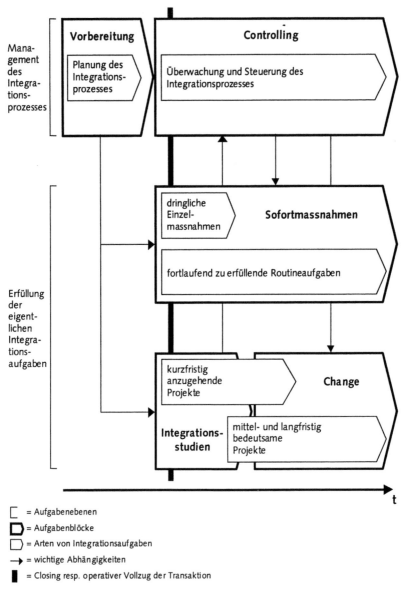

Abbildung A-2: Gestaltungsorientierter Bezugsrahmen zur Post-Merger Integration

3 Vertiefte Befragung zu ausgewählten Teilproblemen

3.1 Aufgabenblock "Vorbereitung"

- Was sind die für die Integrationsplanung relevanten Grundlagen?
- Abbildung A-3 zeigt eine Checkliste zur sachlichen Planung der Integration. Erscheint Ihnen das Dokument (a) vollständig und (b) von den verwendeten Begriffen her klar?
- Wo liegen Ihrer Erfahrung nach die Schwierigkeiten bei der Terminplanung?
- Was bildet Bestandteil der ressourcenmässigen Planung? Wie genau kann und sollte diese erfolgen?
- Welchen Anforderungen muss die Projektorganisation genügen?

3.2 Aufgabenblock "Controlling"

- Welche Aspekte sind im Rahmen eines Controlling des Integrationsprozesses zu überwachen?
- Welche davon beinhalten Ihrer Einschätzung nach die grössten Risiken?
- Was ist eine sinnvolle Überwachungsfrequenz?

3.3 Aufgabenblock "Sofortmassnahmen"

In welchem der Aufgabenbereiche aus Abbildung A-3 sehen Sie das Schwergewicht der dringlichen Einzelmassnahmen resp. der fortlaufend zu erfüllenden Routineaufgaben? Nennen Sie jeweils Beispiele.

3.4 Aufgabenblock "Integrationsstudien"

- Sehen Sie nach erfolgter Due Diligence und Integrationsplanung noch Abklärungsbedarf? Wenn ja, in welchen Bereichen?
- Wie wurde in den durch sie begleiteten Integrationsprojekten bei der Identifikation der Synergiepotentiale vorgegangen?
- Welche Arten von Synergiepotentialen würden Sie unterscheiden?
- Wie können Synergiepotentiale bewertet werden? Ist eine Quantifizierung nötig und möglich?

3.5 Aufgabenblock "Change"

In welchem der Aufgabenbereiche aus Abbildung A-3 sehen Sie das Schwergewicht der kurzfristig anzugehenden resp. mittel- und langfristig bedeutsamen Change-Projekte? Nennen Sie jeweils Beispiele.

inhaltliche Gliederung der eigentlichen Integrationsaufgaben in Aufgabenbereiche

Stufe I	Stufe II	Stufe III
Leistungs-erstellung	Synergien	• bearbeitete Märkte • angebotene Produkte und Leistungen • unternehmerische Ressourcen
	Weiterentwicklung Verbundunternehmen	• bearbeitete Märkte • angebotene Produkte und Leistungen • unternehmerische Ressourcen
	Daily Business	• Kunden-Schnittstellen • interne Abläufe
Führungs-systeme	Organisation & Managementkonzepte	• Organigramm und Stellenbeschreibungen • Informationsrechte und -pflichten, Sitzungskalender • Führungsprinzipien und -handbücher • juristische Struktur
	Finanzwesen	• Management-Information-Systems inkl. EDV (Rechnungslegung, Kostenrechnung etc.) • Planungsrichtlinien (Budgetierung, Investitions-planung, Liquiditätsplanung etc.)
	Personalwesen	• Personaladministration u. Lohnbuchhaltung inkl. EDV • Arbeitsverträge und -reglemente • Gehaltsstrukturen und Einstufungssysteme • Vorsorgeeinrichtungen • Personalabbau und/oder -beschaffung • Personalbeurteilung und -entwicklung
Mitarbeiter & andere Stakeholder	integrationsbezogene Information	• nach Zielpublikum (intern, extern) • nach Inhalten (übergreifend, Change-bezogen)
	kulturelle Signale	• geteilte Werte (Leitbild, Vorleben im Führungsalltag, Sanktionierung unerwünschter Verhaltensweisen) • optischer Auftritt (Firmenpapiere, Logos etc.) • emotionelle Einbindung (Firmenfeste etc.)
	personenbezogene Kommunikation	• Key-Persons • Ängste und Widerstände

Abbildung A-3: Checkliste zur sachlichen Planung der Integration

Anhang E

Zusammenfassung der Expertengespräche

Frage		Experte A
1.1 Bedeutung der Integration vor dem Hintergrund der hohen Flop-Raten von M&A	Motive für externes Wachstum trotz Flop-Raten	• Marktanteilsgewinne + Marktposition • Verbesserung des Unternehmensresultats • Einkauf von Know-how
	Gründe der hohen Flop-Raten	• Zu optimistische Synergiehoffnungen • Kulturunterschiede • Not-invented-here-Syndrom
	Bedeutung Integration für die Flop-Raten	Zu wenig rasche Integration beeinflusst die Flop-Raten zu 50%
1.2 Beispiele für konkrete Integrationsschwierigkeiten		• Zeitplan zu optimistisch • Administrative Integration schwierig wegen inkompatibler IT-Systeme • Ablösung der alten Führungscrew • Kompensation des Know-how Verlusts durch das Ausscheiden der alten Geschäftsleitung • Verschleppung der Neuausrichtung des Objektes
1.3 Ablauf und Inhalte der Integration	Idealtypische Integrationsphasen	
	Klassische Integrationsaufgaben	

Frage	Experte B	Experte C
1.1	• Wachstum • Machtausweitung am Markt • Eintritt in neue Märkte oder Marktsegmente • Synergiepotentiale	• Prestige-Gründe (falsche Motivation) • Schnelles Wachstum • Motor für Veränderungen (erfolgreiche Unternehmen erfinden sich laufend neu, M&A sind ein Mittel hierzu)
	• Zu starke Konzentration auf die finanziellen Aspekte und Abstützung auf finanzseitige Bewertungstools beim Kauf • Ungenügende Abklärungen hinsichtlich Marktmechanismen, Marktchancen und -gefahren sowie der Stärken und Schwächen der Unternehmung • Fehler bei der Bewertung der Synergien	• Keine klare strategische Plattform für M&A • Mangelnde Umsetzung, Integrationskonzept verkommt zum Lippenbekenntnis
	Integration hat auch einen Einfluss, insbesondere wenn sich Verunsicherung bei den Mitarbeitern breit macht	Integration ist ein wichtiger Grund, da kein Unternehmen unabhängig von den Leuten funktioniert
1.2	• Unklare Führungsstrukturen • Vertrauen der Mitarbeiter ins Management • Akzeptanz der Transaktion durch die Kunden • Unterschiedliche Auffassungen im Management hinsichtlich der Integration	• Unselige Co-Head-Positions resp. ehemalige Eigner in der Geschäftsleitung • Nicht ausreichend klare Strukturen • Mangelnde Identifikation der Mitarbeiter • Innere oder offensive Kündigung guter Mitarbeiter • Nicht ausreichend konsequente Verfolgung der Integration
1.3	• Vorbereitung • Gegenseitiges Abtasten und Aufrechterhaltung des operativen Geschäftes • Studien • Strategische und strukturelle Neuausrichtung	• Planung der Integration • Entscheidung über Strukturen und Köpfe • Konsequentes Verfolgen der Umsetzung von allem Anfang an
	• Sortimentsabstimmung • Kundenbeziehungen • Stimmung bei den Mitarbeitern • Finanzielle und administrative Integration	

Frage	Experte D	Experte E
1.1	Massnahme der Strategieumsetzung	• Schnelligkeit • Marktwachstum in gesättigten Märkten • Stärke der Marktposition • Sicherung von bestimmten Informationen und Kernkompetenzen
	• Zu grosse Eigendynamik und zu wenig strategische Absicht im Vorfeld des Kaufs • Zu wenig strategiekonforme Ausrichtung der Integration	• Zu hohe Erwartungen und zu hohe Preise führen rein rechnerisch zum Scheitern • Qualität der Managementkapazitäten bei der Integration • Kulturaspekte • Torpedieren der Integration durch das Kader beider Transaktionspartner
	Integration hat eine hohe Bedeutung, Schutz und Entwicklung der über die Transaktion erworbenen Fähigkeiten ist dabei entscheidend	Integration besitzt eine hohe Erfolgsbedeutung, man kann in den Grenzen des strategischen Konzeptes eigentlich nur noch Fehler machen aber nichts mehr hinzugewinnen
1.2	• Fehlendes strategisches Konzept • Schwaches Leadership • Entscheidungsnotstand • Zu wenig rasche Umsetzung • Identitätsverlust der Mitarbeiter • Brain-Drain • Beibehalten der alten Führungsstrukturen	• Machtbalance • Veränderungsbereitschaft der Mitarbeiter, insbesondere Kader, erwirken • Qualität der Managementkapaziztäten
1.3	• Idee • Reasoning resp. Rationalisierung von Entscheidungen in Verhandlungen • Strategisches Umsetzungskonzept (Identifikation von Synergien, gemeinsamer Businessplan) • Integrationsfahrplan • Sofortmassnahmen spätestens ab Kommunikation des Deals • Umsetzung	• Planung des Integrationsprozesses • Angleichung der Strategie • Angleichung der Prozesse und Systeme • Management von Veränderungsprojekten
	• Synergiegetriebene Transaktionen: Doppelspurigkeiten entlang der Wertkette • Symbiose und Holding: Selektive Integration entlang der Wertkette und Massnahmen zum Schutz der erworbenen Fähigkeiten	• Im Grunde muss das ganze Unternehmen integriert werden • Steuerungssysteme der Unternehmung • Marktbereich • Produktive Prozesse

Frage	Experte A
2.1 Relevanz der im Bezugsrahmen getroffenen Unterscheidungen und Nützlichkeit eines solchen Rasters	• Gliederung grundsätzlich OK • Hinweis auf die Bedeutung des Aufgabenblocks "Vorbereitung" auch wenn nicht alles vorweg genommen werden kann • Hinweis auf die Unabdingbarkeit des Aufgabenblocks "Controlling" • Zu starke optische Gewichtung des Aufgabenblocks "Controlling" im Verhältnis zum Aufgabenblock "Vorbereitung" und den eigentlichen Integrationsaufgaben • Zeitachse fehlt [neu: wurde ergänzt] • Visualisierung der Bedeutung der verschiedenen Arten von Aufgaben untereinander und im Zeitablauf wäre wünschenswert
2.2 Nachvollziehbarkeit der im Bezugsrahmen verwendeten Begriffe	• Abgrenzung Überwachung und Steuerung des Integrationsprozesses und fortlaufend zu erfüllende Routineaufgaben inhaltlich OK, sprachlich aber unpräzise • Es handelt sich nicht in jedem Fall um eine Neuausrichtung [neu: Change], zum Beispiel wenn Objekt autonom im Verbund verbleibt • Ausdruck Studien [neu: Integrationsstudien] je nach Kontext missverständlich, zum Beispiel eine medizinische Studie • Präzisere Umschreibung des Begriffs Closing [neu: operativer Vollzug der Transaktion] • Übrige Begriffe OK
2.3 Bedeutung der einzelnen Aufgabenblöcke — Verteilung des Aufwands	20 % Vorbereitung 10 % Controlling 25 % Sofortmassnahmen 45 % Integrationsstudien/Change
Verteilung des Aufwands im Zeitablauf	• Vorbereitung: Verjüngung • Controlling: Verjüngung • Dringliche Einzelmassnahmen: Verjüngung • Fortlaufend zu erfüllende Routineaufgaben: Verjüngung • Kfr. anzugehende Projekte: Verjüngung • Mittel- und langfristig bedeutsame Projekte: Sollten möglichst rasch angegangen werden, zuerst zunehmend, dann abfallend und gegen Ende auf stabilem Niveau
2.4 Einschränkungen hinsichtlich der Generalisierbarkeit des Bezugsrahmens	Keine Einschränkungen

Frage	Experte B	Experte C
2.1	• Gliederung grundsätzlich OK • Hinweis auf die Bedeutung des Aufgabenblocks "Vorbereitung" • Massgeblich ist nicht das finanzielle, sondern das operative Closing resp. der Zeitpunkt der Einigung zwischen den Parteien oder Kommunikation des Deals • Starker Bezug zwischen dem Aufgabenblock "Vorbereitung" und den Aufgabenblöcken "Integrationsstudien" und "Change"	• Gliederung grundsätzlich OK • Hinweis auf die Bedeutung des Aufgabenblocks "Vorbereitung" • Beginn der Vorbereitung und der eigentlichen Integrationsaufgaben so früh wie möglich, Sofortmassnahmen abhängig von den rechtlichen Rahmenbedingungen spätestens bei Kommunikation oder dann wenn etwas durchsickert • Integrationsstudien sind unumgänglich wenn man vorher nicht ausreichend Einblick hat (börsenkotierte Unternehmen) • Viele Change-Projekte müssen schneller, vor oder parallel zu den Studien beginnen
2.2	• Begriff fortlaufend zu erfüllende Routineaufgaben ist inhaltlich nicht klar und wird dem Umfang dessen, was da ablaufen muss nicht gerecht • Begriffe Sofortmassnahmen und Routineaufgaben sind widersprüchlich • Übrige Begriffe OK	Keine Bemerkungen hinsichtlich der verwendeten Begriffe

2.3	• Angaben bezogen auf konkreten Fall
	• 5 % Vorbereitung (zu wenig)
	  20 % Controlling
	  65 % Sofortmassnahmen
	  10 % Integr.studien/Change (zu wenig)
		80 % eigentliche Integrationsaufgaben 20 % Management des Integrationsprozesses, insbesondere Vorbereitung kann nicht mehr in Anspruch nehmen, da nur beschränkt Zeit zur Verfügung steht.

	• Vorbereitung: relativ zeit-unabhängig, muss gemacht werden egal wie viel Zeit zur Verfügung steht • Controlling: Verjüngung, sonst macht man die Integration nicht richtig • Sofortmassnahmen: Verjüngung • Kfr. anzugehende Projekte: Verjüngung • Mittel- und langfristig anzugehende Projekte: zuerst zunehmend, dann abfallend und gegen Ende auf stabilem Niveau	• Schwierig zu verallgemeinern • Tendenziell dafür sorgen, dass alle Pfeile sich verjüngen, das heisst rasch zu einem Abschluss gebracht werden können
2.4	Keine Einschränkungen	Höchstens - sehr seltene - Fälle, in denen gar kein Änderungsbedarf besteht.

Frage	Experte D	Experte E
2.1	• Closing kann theoretisch auch vor dem Aufgabenblock "Vorbereitung" liegen (Abklärungen Wettbewerbsbehörde) • Ablauf zeigt Realitätsabbildung und nicht Idealabbildung • Dringliche Einzelmassnahmen laufen falls möglich bereits parallel zur Vorbereitung • Ideal sind nach den Vorbereitungen keine Integrationsstudien erforderlich, in der Realität sind sie jedoch erforderlich • Unterscheidung von strategischem Controlling (punktuell), operativem Multi-Projekt-Controlling und Einzel-Projekt-Controlling wäre sinnvoll • Optisch sollte der Aufgabenblock "Vorbereitung" nicht in ein "Controlling" münden, sondern Projekte ergeben	• Gliederung grundsätzlich OK • Abgrenzung zwischen Sofortmassnahmen und Controlling nicht trennscharf, da beides Bestandteil des Projektmanagement • Controlling beinhaltet Kommunikation • Unterscheidung einer strategischen Überprüfung als Basis für das Veränderungsportfolio (Vorbereitung) u. operativen Analysen innerhalb diesem (Studien) • Inhaltliche Untergliederung der Change-Projekte präferiert (Führung, Prozesse, IT) • Change-Projekte fangen erst versetzt an nach einer seriösen Analysephase von vier bis fünf Monaten (Fusionssituation) • Übergang zur neuen Organisationsstruktur nach Abschluss der Integrationsstudien weitere Zäsur (Fusionssituation)
2.2	• Begriffe Sofortmassnahmen und Routineaufgaben sind widersprüchlich • Begriff Change ist über die Disziplin des Change-Management mit einer Verhaltensdimension belegt und kann darum einseitig verstanden sein • Übrige Begriffe OK	• Begriff Integrationsstudie nicht 100%ig: strategiekonforme Ausrichtung der Prozesse (operative Analysen) und Alignment • Begriff der Routineaufgaben inhaltlich OK, aber sprachlich schwer nachvollziehbar • Übrige Begriffe OK
2.3	Hauptaufwand liegt bei den Change-Projekten	• Eine seriöse Integration dauert mindestens zwei Jahre • 10 % Vorbereitung 5 % Controlling/Sofortmassnahmen 75 % Integr.studien/Change-Projekte
	Sämtliche Integrationsarbeiten sollten nach Möglichkeit zu Beginn definiert und im vorgesehenen Zeitrahmen abgewickelt werden	• Sämtliche Integrationsarbeiten sollten nach Möglichkeit zu Beginn definiert und im vorgesehenen Zeitrahmen abgewickelt werden • Klare Priorisierung der Integrationsprojekte und möglichst keine Vermengung mit neuen strategischen Projekten
2.4	Keine Einschränkungen	Keine Einschränkungen

Frage		Experte A
3.1 Aufgabenblock "Vorbereitung"	Grundlagen für die Integrationsplanung	Ungestützt: • Klare Strategie des Mutterhauses und Vorstellungen über Ausmass der Konzessionsbereitschaft falls Objekt nicht 100 %ig passt • Besondere Rahmenbedingungen/Risiken beim Objekt Gestützt: • Schwerpunkte: Bestimmt durch Strategie und spezifische Rahmenbedingungen/Risiken • Grad: Bestimmt durch Schwerpunkte und übergeordnete Entscheidungen bzgl. Organisationsentwicklung • Tempo: Abhängig von spezifischen Rahmenbedingungen und Problemen, finanzielle und administrative Integration möglichst rasch • Approach: Muss an den Key-Player und deren Verhalten im Verlaufe des Integrationsprozesses ausgerichtet werden, hat Einfluss auf die Integrationsplanung und organisatorische Entscheidungen
	Vollständigkeit und Verständlichkeit der Checkliste zur sachlichen Planung	• Ausdruck Doppelspurigkeiten unklar [neu: Synergien] • Ausdruck Verbundoptionen unklar, inhaltlich aber wichtig [neu: Weiterentwicklung Verbundunternehmen] • Beim Personalwesen fehlen die Einstufungssysteme • Ausdruck andere Stakeholder wichtig, da auch Stakeholder beispielsweise im politischen Umfeld zu berücksichtigen sind
	Schwierigkeiten bei der Terminplanung	Viele Dinge sind nicht absehbar, Terminplanung muss deshalb rollend erfolgen
	Bestandteile der ressourcenmässigen Planung	• Ressourcenmässige Planung ist in die Budgetierung zu integrieren, Einzelheiten sind durch Integrationsmanager sicherzustellen • Wesentlich erscheint das Arbeiten mit Planungsszenarien
	Anforderungen an die Integrationsorganisation	• Einsatz eines vollamtlichen Integrationsmanagers als Schnittstelle • Klare Kompetenzregelungen, falls ehemalige Geschäftsleitung/Eigner noch bleiben

Frage	Experte B	Experte C
3.1	**ungestützt:** • Umfassende SWOT-Analyse und vor allem Auseinandersetzung mit den Risiken • Strategie und entsprechende Drei-Jahres-Zielsetzungen für Marktanteil, Umsatz und Ertrag **gestützt:** • Schwerpunkte: Abzuleiten aus der Strategie • Grad: Vorgegeben durch übergeordnete Entscheidungen • Tempo: Bestimmt durch äussere Zwänge und fortlaufende Planungen • Approach: Ergibt sich aus den übrigen Zielsetzungen	**ungestützt:** • Strategie • Aussagen über die Synergien **gestützt:** • Schwerpunkte: Ergeben sich aus der Kaufmotivation • Tempo: Bei vorhandenen Entscheidgrundlagen generell schnellstmöglich • Grad: Ergibt sich aus den Synergien • Approach: Orientiert sich an den Key-People
	• Grobstruktur der Checkliste vollständig • Checkliste nützlich für die Definition von Sofortmassnahmen, Integrationsstudien und Change-Projekten • Daily Business: Ausdruck interne Abläufe unklar • Lohnbuchhaltung zu den MIS ins Finanzwesen gruppieren, da das kongruent laufen muss	
	Terminplanung ist unabdingbar, muss aber laufend überprüft und angepasst werden	Terminplanung ist aus Führungssicht unabdingbar
	• Ressourcenplanung erfolgt im Rahmen der Erstellung des Unternehmensbudgets • Kosten im Rahmen einzelner Change-Projekte sowie in Zusammenhang mit spezifischen Zielen	Echte Integrationskosten sind nur änderungsinduzierte Kosten, die nicht vermeidbar sind (z.B. Sozialpläne, zusätzliche Raumkosten, Überstunden, Berater usw.), sonst ufert das sehr leicht aus
	• Identifikation des Teams mit den Integrationszielen • Kurze Entscheidwege, möglichst flache Strukturen • Schnittstellenmanagement ist nicht durch organisatorische Massnahmen zu bewältigen, sondern braucht Zeit und persönliches Engagement	• Klare Strukturen • Integrationsverantwortlicher oder ein Gremium mit klar verteilten Verantwortlichkeiten hält die Fäden in der Hand, die Task-Force oder eine Stabsstelle kann höchstens zuarbeiten

Frage	Experte D	Experte E
3.1	ungestützt: • Strategie • Integrationsfahrplan gestützt: • Schwerpunkte: erforderlich • Grad: Ergibt sich aus den Schwerpunkten • Tempo: Generell so rasch wie möglich • Approach: Behandlung der Key-Persons zentral	ungestützt: • Absicht, die Fusion durchziehen zu wollen • Kernteam einer Projektorganisation gestützt: • Schwerpunkte: Veränderungsportfolio basiert auf gemeinsamen Business-Plan • Grad: Ergibt sich aus dem Veränderungsportfolio • Tempo: Vorbereitung drei bis vier Monate, Integrationsstudien maximal sechs Monate, Rest vom Machbaren her bestimmt • Approach: Geprägt durch den gepflegten Kommunikationsstil, generell ist Offenheit angebracht
		• Begriffe und Einteilung Synergien und Verbundoptionen nicht klar • Bei Sofortmassnahmen fehlen Infrastruktur und Raumkonzept • Prozessorientierte Herangehensweise präferiert
	Terminplanung unumgänglich, Einhaltung dann in der Regel weniger problematisch und vom Machbaren bestimmt	Terminplanung unumgänglich, Einhaltung Frage von Delegation der Verantwortung und Druck
		• Bis auf Sozialpläne gibt es keine Integrationskosten • Führungskräfte müssen zu 150 % belastbar sein (Überstunden als versteckte Integrationskosten) • Beraterkosten
	• Kleinere Projekte: Personalunion von Linie und Integrationsorganisation • Grössere Projekte: Aufbau einer Parallelstruktur erforderlich	• Integrationsverantwortlicher muss spezifische Qualitäten haben und bereit sein 150 % zu arbeiten • Integration-Officer: Vorteil 100 % verfügbar aber weniger Macht • Linien-Manager: Viel Macht aber weniger Zeit

Frage		Experte A
3.2 Aufgabenblock "Controlling"	Im Rahmen des Controlling zu überwachende Aspekte	• Finanzplan und diesem zugrunde liegende Annahmen • Tracking des Zeitplans • Fortschreibung der Finanzplanung und der Zeitplanung sind zu koordinieren • Revision der Planung nach den ersten Erfahrungen zentral
	Hauptrisikofaktoren	Meistens wird der erforderliche Zeitrahmen unterschätzt.
	Sinnvolle Überwachungsfrequenz	Vierteljährliches Reporting, beispielsweise anlässlich jeder Verwaltungsratssitzung.
3.3 Aufgabenblock "Sofortmassnahmen"		Klare Kommunikation der Ziele der Neuausrichtung, um Verständnis zu schaffen, warum etwas getan werden muss und nicht einfach anzuordnen.
3.4 Aufgabenblock "Integrationsstudien"	Abklärungsbedarf nach abgeschlossener Due Diligence	• Erkennung der Unterschiede zum Plan • Käuferprioritäten
	Vorgehen bei der Identifikation von Synergien	Wie bei der Identifikation vorgegangen wird, ist letztlich Ermessenssache.
	Arten von Synergien	• Markt resp. Portfoliogestaltung • Know-how • Finanzieller Beitrag
	Bewertung von Synergien	• Es geht darum zu bewerten, ob das Objekt innerhalb des Verbunds Potential zur Weiterentwicklung hat und was der Erwerber davon hat. • Synergien sollten möglichst in quantifizierbare Ziele übersetzt werden, sonst werden sie nicht realisiert. Es muss aber jedoch nicht unbedingt um Geldgrössen handeln.
3.5 Aufgabenblock "Change"		

Frage	Experte B	Experte C
3.2	• Funktionieren des Daily Business, das heisst Umsatz- und Kostenentwicklung • Massnahmen im Bereich Change • Terminkontrolle der kurzfristig anzugehenden Projekte • Controlling der längerfristigen Dinge äusserst wichtig	• Umsetzung der geplanten Synergien • Termine
	• Ungenügende Prämissenkontrolle • Fortschrittskontrolle im längerfristigen Bereich • Risiken liegen eher im sachlichen Fortschritt als im Zeitplan	Sachliches und zeitliches Versanden der Integrationsarbeit
	Mindestens monatlich	Monatlich
3.3	• Alle Aspekte im Bereich Führungssysteme • Alle Aspekte im Bereiche Mitarbeiter & andere Stakeholder	
3.4	• Weiterentwicklung der Unternehmung • Vorbereitung einzelner Projekte • Re-Evaluation des Veränderungsbedarfs falls bei der Vorbereitung zu wenig Zeit oder Informationen verfügbar waren	
	Abgleich von Bedarf und dem bei Erwerber und Objekt Vorhandenen	
	• Bearbeitete Marktsegmente • Sortimentsabstimmung • Verteilung der Produktionsressourcen • Finanzielle Bewertung • Soft-Factors kann man nur qualitativ bewerten • Quantifizierung wann immer möglich, damit Synergie nicht nur ein Schlagwort bleibt	• Einsparungen entlang der Wertkette resp. der Funktionen • Soft-Issues wie Image • Quantifizierung der Einsparungen in der Regel unproblematisch • Qualitative Ziele müssen über Ersatzgrössen messbar gemacht werden
3.5	Leistungserstellung	

Frage	Experte D	Experte E
3.2	• Abstimmung Initiativen aus dem Running Business und dem Integrationsprozess • Klare Trennung von strategischem (Prämissen- und Wirkungskontrolle) und operativem Controlling (Fortschrittskontrolle)	• Stimmung der Leute als Multiplikator im Integrationsprozess • Stunden im Rahmen der Einzelprojekte • Termine • Einhaltung des Sitzungskalenders • Fortschritt beim Veränderungsportfolio • Wirkungskontrolle im Sinne einer strategischen Kontrolle kurzfristig schwierig, Review nach Abschluss der Integration
		Veränderungsfähigkeit und -bereitschaft des Kaders (Lehmschicht)
	• Strategisches Controlling punktuell, monatlich oder im Rahmen der Verwaltungsratssitzungen • Operatives Controlling laufend, wöchentlich	
3.3		• Organisation • IT-Umgebung/Finanzwesen • Personalwesen • Führungssysteme und Kommunikation werden der Überwachung und Steuerung des Integrationsprozesses zugeordnet
3.4	Re-Evaluation des Veränderungsbedarfs falls im Vorfeld nicht möglich	
		• Quantifizierung ist wann immer möglich anzustreben • Scheingenau ist dabei besser als gar nicht, zu Beginn kann man mit einer Unschärfe von 20 % bis 30 % durchaus leben
3.5		• Kern-Prozesse der Leistungserstellung • Einige Bereiche der Führungssysteme

Literaturverzeichnis

Abbott, A. (1994)
What du cases do? Some notes on activity in sociological analysis, in: Ragin, C.C./Becker, H.S. (Hrsg.): What is a Case? Exploring the foundations of social inquiry, 2. Auflage, Cambrige 1994, S. 53-82

Accenture (2003)
Post Merger-Integration, www.accenture.ch im Dezember 2003

Achtmeyer, W.F./Daniell, M.H. (1988)
Integration Planning: Pathway To Acquisition Sucsess, in: M&A Europe, Nr. 12/1988, S. 29-36

Addo, Ch. (2000)
Corporate Mergers and Acquisitions: A Case Study, San Jose et al.

Althaus, K./Binder, P.M. (1998)
Preisfindungsprozess richtig anpacken, in: Wer übernahm wen? Fusionen und Beteiligungen - Ausgabe 1998, Handelszeitung Sondernummer, S. 21-23

Arnold, H.P. (1997)
Fusionen als Zeichen des Strukturwandels, in: Neue Mittelland Zeitung vom 27.12.1997, o.S.

Ashkenas, R.N./DeMonace, L.J./Francis, S.C. (1998)
Making the Deal Real: How GE Capital Integrates Acquisitions, in: Harvard Business Review, Nr. 1-2/1998, S. 165-178

Bahnmüller, K. (1998)
Rendezvous der Giganten, in: Wer übernahm wen? Fusionen und Beteiligungen - Ausgabe 1998, Handelszeitung Sondernummer, S. 6-13

Bahnmüller, K. (1999)
Wenn Giganten sich vereinen, in: Wer übernahm wen? Fusionen und Beteiligungen - Ausgabe 1999, Handelszeitung Sondernummer, S. 5-12

Bamberger, B. (1997)
Erfolgreiche Unternehmenskäufe sind kein Zufall, in: M&A-Review, Nr. 9/1997, S. 371 ff.

Bauch, C. (2001)
Integrationsbericht zum Fall PlantaVent, Fribourg

Behrens, B. (1999)
Die Konzerne stellen sich weltweit neu auf - Keine Branche bleibt von Fusionen verschont, in: Wirtschaftswoche vom 23.12.1999, S. 102

Behrens, G. (1993)
Wissenschaftstheorie und Betriebswirtschaftslehre, in: Wittmann, W. et al. (Hrsg.): Handwörterbuch der Betriebswirtschaftslehre, 5. Auflage, Stuttgart, Sp. 4763-4772

Behrens, R./Merkel, R. (1990)
Mergers & Acquisitions - Das Milliardengeschäft im gemeinsamen europäischen Markt, Stuttgart

Berke, J./Rother, F./Wildhagen, A. (1999)
Abschied von alten Strategien: Fusionen und Zerschlagungen läuten das Ende der Mischkonzerne ein, in: Wirtschaftswoche vom 30.09.1999, S. 086

Bierach, B. (2000)
Mergers & Acquisitions - Kauf, was Du kennst, in: Wirtschaftswoche vom 03.02.2000, S. 144

Blex, W./Marchal, G. (1990)
Risiken im Akquisitionsprozess, in: Betriebswirtschaftliche Forschung und Praxis, Nr. 2/1990, S. 85-103

Boemle, M. (1995)
Unternehmensfinanzierung, Zürich

Böhm, A. (2000)
Theoretisches Codieren: Textanalyse in der Grounded Theory, in: Flick, U./von Kardoff, E./Steinke, I. (Hrsg.): Qualitative Forschung, Reinbek bei Hamburg, S. 475 - 485

Bonoma, Th. V. (1985)
Case Research in Marketing - Opportunities, Problems and a Process, in: Journal of Marketing Research Nr. 5/1985, S. 199-208

Bossard, T. (1999 a)
Nur wenige, die sich zusammenschliessen, fusionieren auch, in: Basler Zeitung vom 09.04.1999, S. 19

Bossard, T. (1999 b)
Die Shareholder kennen den Value sehr genau, in: Basler Zeitung vom 06.05.1999, S. 21

Bragado, J.F. (1991)
Setting the Correct Speed for Postmerger Integration, in: M&A-Europe, Nr. 3,4/1991, S. 24-31

Bühner, R. (1989)
Bestimmungsfaktoren und Wirkungen von Unternehmenszusammenschlüssen, in: Wirtschaftswissenschaftliches Studium, Nr. 4/1989, S. 158-165

Burgess, R.G. (1996)
Methods of social research, in: Kuper, A./Kuper, J. (Hrsg.): The social science encyclopedia, London und New York, S. 533-536

Büttgenbach, M. (2000)
Die erfolgreiche Integration nach Firmenübernahmen, Marburg

C.M. PICOT finance (2002 a)
M&A-Fakten: Die fünf Merger-Wellen, in: http://www.mergers-and-acquisitions.de, 27.12.2002

C.M. PICOT finance (2002 b)
M&A-Aktuell: Mergers & Acquisitions im Überblick, in: http://www.mergers-and-acquisitions.de, 27.12.2002

C.M. PICOT finance (2002 c)
M&A-Aktuell: M&A-Geschäft bricht weltweit ein, in: http://www.mergers-and-acquisitions.de, 27.12.2002

C.M. PICOT finance (2002 d)
M&A-Fakten: Welche Faktoren treiben Fusionen und Zusammenschlüsse voran?, in: http://www.mergers-and-acquisitions.de, 27.12.2002

C.M. PICOT finance (2002 e)
M&A-Fakten: Mergers & Acquisitions weltweit, in: http://www.mergers-and-acquisitions.de, 27.12.2002

C.M. PICOT finance (2003 a)
M&A-Fakten: M&A weltweit - Aktuell; in: http://www.mergers-and-acquisitions.de, 30.05.2003

C.M. PICOT finance (2003 b)
M&A-Report: M&A nach Branchen; in: http://www.mergers-and-acquisitions.de, 30.05.2003

Cartwright, S./Cooper, C.L. (1990)
The Impact of Mergers and Acquisitions on People at Work: Existing Research and Issues, in: British Journal of Management, Nr. 1/1990, S. 65-76

Caspar, L. (1999 a)
Die fünf Fusionswellen der letzten 100 Jahre, in: Basler Zeitung vom 25.03.1999, S. 17

Caspar, L. (1999 b)
Unternehmens-Fusionen als Modetrend, in: Basler Zeitung vom 25.03.1999, S. 17 ff.

Caste, J. (1988)
How Non-Quantitative Factors Influence M&A Performance, in: M&A Europe, Nr. 11,12/1988, S. 37-40

Chatterjee, S. (1986)
Types of Synergey and Economic Value: The Impact of Acquisitions on Merging and Rival Firms, in: Strategic Management Journal, Vol. 7, S. 119-139

Claret, J. (1999)
Gibt es die kritische Grösse?, in: IO-Management, Nr. 11/1999, S. 17

Clarke, C.J. (1987)
Acquisitions - Techniques for Measuring Strategic Fit, in: Long Range Planning, Nr. 3/1987, S. 12-18

Datta, D.K./Grant, J.H. (1990)
Relationsships between Type of Acquisition, the Autonomy given to the Acquired Firm and Acquisition Success: An Empirical Analysis, in: Journal of Management, Nr. 1/1990, S. 29-44

Davisson, A./Kolb, F. (1998)
Prozessintegration, in: Handelsblatt vom 28.04.1998, S. 28

Deans, G.K./Kroeger, F./Zeisel, St. (2003)
Der Weg zum Weltkonzern, in: Harvard Business Manager 03/2003, S. 10-11

Diekmann, A. (2000)
Empirische Sozialforschung, 6. Auflage, Reinbek bei Hamburg

Dombert, A./Robens, B.H. (2000)
Die Aktionäre sind strenge Kritiker, in: Handelsblatt vom 23.05.2000, S. b04

Dorfs, J. (1999)
Fusionen fordern die Industriegesellschaft heraus - total global, in: Handelsblatt vom 02.07.1999, S. 2

Drost, F.M. (1999)
Daimler-Chrysler vor grosser Herausforderung / Fusion in Fahrt, in: Handelsblatt vom 01.04.1999, S. 2

Ehrensberger, S. (1993)
Synergieorientierte Unternehmensintegration, Wiesbaden

Eicker, A. (1999)
Wachstum muss von innen kommen, in: Handelsblatt vom 22.12.1999, S. b14

Eisenhardt, K.M. (1989)
Building theories from Case Study Research, in: Academy of Management Review Nr. 4/1989, S. 532-550

Emory, C.W./Cooper, D.R. (1991)
Business Research Methods, 4. Auflage, Homewood et al.

Erbacher, F. (1999)
Auch in diesem Jahr rollt die Fusionswelle munter weiter, in: Basler Zeitung vom 6./7.03.1999, S. 3

Eurostat (1997 a)
Fusionen und Akquisitionen in Europa, in: Monatliches Panorama der Europäischen Industrie, Nr. 5/1997, S. 75-90

Eurostat (1997 b)
Fusionen und Akquisitionen in Europa, in: Monatliches Panorama der Europäischen Industrie, Nr. 6/1997, S. 75-83

Feldhaus, St./Rokita, N. (2001)
Fusion Siemens/KWU-Westinghouse: Motive, operative Durchführung und Integrationsproblematik, in: M&A-Review Nr. 12/2001, S. 571-577

Feldman, M.L./Spratt, M.F. (2000)
Speedmanagement für Fusionen, Wiesbaden

Finkelstein, S. (1999)
Mastering Global Business, Teil 18: Globale Organisationen gestalten - Sichere Pfade durch den Fusionsdschungel, in: Handelsblatt vom 18.06.1999, S. k04

Fisher, L.M. (1998)
How Novartis became Nr. 1, in: Strategy and Business, Nr. 2/1998, S. 70-78

Fisher, L.M. (1999)
How Elan Grew by Staying Small, in: Strategy & Business, Nr. 3/1999, o.S.

Flick, U. (2000 a)
Qualitative Forschung, 5. Auflage, Reinbek bei Hamburg

Flick, U. (2000 b)
Design und Prozess qualitativer Forschung, in: Flick, U./von Kardoff, E./Steinke, I. (Hrsg.): Qualitative Forschung, Reinbek bei Hamburg, S. 252-265

Fockenbrock (1999 c)
Dinosaurier - Druck auf Mischkonzerne wächst, in: Handelsblatt vom 28.09.1999, S. 2

Foote, N./Suttie, R. (1991)
Global Organizations, Memo to a CEO - Subject: Post-merger Management, in: McKinsey Quarterly, Nr. 3/1991, S. 120-127

Gadiesh, O./Ormiston, Ch./Rovit, S. (2003)
Achieving an M&A's stratigic goals at maximum speed for maximum value, in: Strategy & Leadership Nr. 3/2003, S. 35-41

Gercken, H. (2000)
Zunahme globaler M&A Aktivitäten in Europa, Nordamerika und auch in Asien, in: Handelsblatt vom 27.04.2000, S. b11

Gerds, J. (2000)
Post Merger Integration, Wiesbaden

Gerpott, T.J. (1993)
Integrationsgestaltung und Erfolg von Unternehmensakquisitionen, Stuttgart

Ghemawat, P./Ghadar, F. (2001)
Globale Megafusionen ökonomisch nur selten zwingend geboten, in: Harvard Business Manager 1/2001, S. 32-41

Glaser, B.G./Strauss, A.L. (1998)
Grounded Theory: Strategien qualitativer Forschung, Bern et al.

Glesti, J./Jüstrich, J. (1999)
Deutliches Symptom entwickelter Märkte, in: Wer übernahm wen? Fusionen und Beteiligungen - Ausgabe 1999, Handelszeitung Sondernummer, S. 13-16

Gomez, P. (2000)
Management des Unternehmens-Portfolios - Wertsteigerung durch Akquisitionen, in: Picot, A./Nordmeyer, A./Pribilla, P. (Hrsg.): Management von Akquisitionen, Stuttgart, S. 21-39

Gomez, P./Lanz, M. (1992)
Diversifikation mit Konzept - den Unternehmenswert steigern, in: Harvard-Manager, Nr. 1/1992, S. 44-54

Grünig, R. (1990)
Verfahren zur Überprüfung und Verbesserung von Planungskonzepten, Kapitel 2: Die praktisch-normative BWL als formaler Rahmen der Verfahrensentwicklung, Bern und Stuttgart, S. 24-47

Grünig, R./Kühn, R. (2002)
Heuristische Entscheidmethodik, Kapitel 2: Die rationale Entscheidung im Zentrum der praktisch-normativen Betriebswirtschaftslehre, unveröffentlicher Text, Fribourg

Gygi, U./Siegenthaler, P. (1978) -
Ekenntnisfortschritt in der Betriebswirtschaftslehre, in: Die Unternehmung, Nr. 32/1978, s. 259-293

Habeck, M./Kröger, F./Träm, M. (1999)
Wi(e)der das Fusionsfieber: Die sieben Schlüsselfaktoren erfolgreicher Fusionen, Wiesbaden

Haigh, M. (2000)
The Many Faces of Case Study Research, Online-Publikation, www.ace.ac.nz/ Centres/Science/CaseStud.htm, 02.04.2001

Hamel, J./Dufour, St./Fortin, D. (1993)
Case Study Methods, London et al.

Harding, D./Yale, Ph. (2002)
Vorsprung durch Verluste, in: Harvard Business Manager 3/2002, S. 16-17

Haspeslagh, Ph. (1989)
Emphasizing Value Creation in Strategic Acquisitions, in: Mergers & Acquisitions, Nr. 9,10/1989, S. 68-71

Haspeslagh, Ph.C./Jemison, D.B. (1992)
Akquisitionsmanagement, Frankfurt und New York

Hellmann, R. (1998)
Fusionswettlauf, in: EU-Magazin, Nr. 9/1998, S. 8-11

Herden, R.W./Göldner, N. (2003)
M&A-Markt - Langfristig ist eine Belebung zu erwarten; in: M&A-Review 01/2003; S. 11 ff.

Hildbrand, F. (1999)
Grösser, aber nicht immer besser, in: Der Bund vom 06.01.1999, S. 9

Hofer, J./Kolf, F. (2000)
Fusion soll bei EADS neue Energie freisetzen. Über 400 einzelne Integrationen, in: Handelsblatt vom 03.07.2000, S. 15

Hoffmann, F. (1991)
So wird Diversifikation zum Erfolg, in: Busse von Colbe, W./Coenenberg, A. G.: Unternehmensakquisition und Unternehmensbewertung, Stuttgart, S. 34-44

Howell, R. (1970)
Plan to integrate your acquisitions, in: Harvard Business Review, Nr. 11,12/1970, S. 66-76

Huber, St./Strub, K. (1998)
Wachsen durch Expansion, in: Wer übernahm wen? Fusionen und Beteiligungen - Ausgabe 1997, Handelszeitung Sondernummer, S. 24-26

Hug, D. (1998 b)
Wer profitiert von Fusionen?, in: Der Bund vom 16.05.1998, S. 15

Hug. D. (1998 a)
Fusionen erfüllen Erwartungen kaum, in: Tagesanzeiger vom 12.11.1998, o.S.

Hummler, K. (1998)
Mega-Fusionen im Lichte finanztheoretischer Überlegungen, in: Siegwart, H./Neugebauer, G. (Hrsg.): Mega-Fusionen - Analysen, Kontroversen, Perspektiven, Bern, S. 233-245

Humpert, F.W. (1991)
Unternehmensakquisitionen - Erfahrungen beim Kauf von Unternehmungen, in: Busse von Colbe, W./Coenenberg, A. G.: Unternehmensakquisition und Unternehmensbewertung, Stuttgart, S. 358-376

Hunt, J.W. (1990)
Changing Pattern of Acquisition Behaviour in Takeovers and the Consequences for Acquisition Processes, in: Strategic Management Journal, Vol. 11, S. 69-77

Jansen, St. (2000 a)
Mergers & Acquisitions, 3. Auflage, Wiesbaden

Jansen, St. (2000 b)
Post Merger Integration - Mythos "Merger-Misserfolg"? Prozedere, Probleme und Potenziale der Erfolgsbemessung von Unternehmenszusammenschlüssen; in: M&A-Review 12/2000, S. 470 ff.

Jansen, St. (2000 c)
Post Merger Management in Deutschland - Ergebnisse einer empirischen Untersuchung (I); in: M&A-Review 9/2000, S. 334-338

Jansen, St. (2000 d)
Post Merger Management in Deutschland - Ergebnisse einer empirischen Untersuchung (II); in: M&A-Review 10/2000, S. 388-392

Jansen, St. A./Körner, K. (2000)
Szenen einiger Unternehmens-Ehen: Vier Hochzeiten und drei Todesfälle, in: FAZ vom 08.11.2000, S. 49

Jellenberg, St.M./Weizäcker, R.K. (2000)
Was kommt nach der Mergermania? Mit dem Fusionsboom wächst die Gefahr der Oligopole, in: Handelsblatt vom 27.04.2000, S. b06

Kaden, W. (2000)
Internationale Zusammenschlüsse: Welche Chancen, welche Gefahren beinhalten Sie?, Picot, A./Nordmeyer, A./Pribilla, P. (Hrsg.): Management von Akquisitionen, Stuttgart, S. 219-2220

Kaufmann, Th. (1990)
Kauf und Verkauf von Unternehmungen: Eine Analyse qualitativer Erfolgsfaktoren, Bamberg

Kitching, J. (1967)
Why do mergers miscarry?, in: Harvard Business Review, Nr. 11,12/1967, S. 84-101

Kogeler, R. (1992)
Synergiemanagement im Akquisitions- und Integrationsprozess von Unternehmungen, München

Köhler, R. (1978)
Forschungsobjekte und Forschungsstrategien, in: Die Unternehmung 32/1978, S. 181-194

Kosiol, E. (1964)
Betriebswirtschaftslehre und Unternehmensforschung, in: Schmalenbachs Zeitschrift für betriebswirtschaftliche Forschung 12/1964, S. 743-762

KPMG (2002)
Mergers & Acquisitions: Was Schweizer Unternehmen bewegt und was sie bewegen, Zürich

Kriegesmann, H./Haag, W./Hannes, B./Wagner, H. (2001)
Post Merger Integration in einem Gasversorgungsunternehmen: ein Praxisbeispiel, in: M&A-Review Nr. 11/2001, S. 515-521

Kühn, R. (1978)
Entscheidungsmethodik und Unternehmenspolitik: Methodische Überlegungen zum Aufbau einer betriebswirtschaftlichen Spezialdisziplin, erarbeitet am Gegenstand der Unternehmenspolitik, Bern und Stuttgart

Kühn, R./Grünig, R. (2000)
Grundlagen der strategischen Planung, Bern et al.

Larsson, R./Finkelstein, S. (1999)
Integrating Strategic, Organizational and Human Resource Perspective on Mergers and Acquisitions: A Case Survey of Synergy Realization, in; Organizational Sience Nr. 1/1999, S. 1-26

Leszinski, R. (1998)
Merger & Acquisitions Success - Don't Miss Any of the Steps, in: Competitive Edge! Magazine, Nr. 11,12/1998, o.S.

Löhner, R. (1991)
How to Create a Strong European Competitor: A Study of Success in Postmerger Integration, in: M&A-Europe, Nr. 3,4/1991, S. 32-37

Looser, U. (1998)
Was Fusionen erfolgreich macht, in: Siegwart, H./Neugebauer, G. (Hrsg.): Mega-Fusionen - Analysen, Kontroversen, Perspektiven, Bern, S. 265-274

Lubatkin, M. (1987)
Merger Strategies and Stockholder Value, in: Strategic Management Journal, Nr. 1/1987, S. 39-53

Lubatkin, M./Srinivasan, N./Merchant, H. (1997)
Merger Strategies and Shareholder Value during Times of relaxed Antitrust Enforcement: The Case of large Mergers during the 1980s, in: Journal of Management, Nr. 1/1997, S. 59-81

Maurus, H.J. (1996)
Hochzeitsfieber: 1995 - Das Jahr der Megafusionen, in: Handelszeitung vom 18.01.1996, o.S.

Maurus, H.J. (1998)
Lehrgeld in den Sand gesetzt, in: Handelszeitung vom 20.05.1998, S. 19

Mayring, Ph. (2000)
Qualitative Inhaltsanalyse, in: Flick, U./von Kardoff, E./Steinke, I. (Hrsg.): Qualitative Forschung, Reinbek bei Hamburg, S. 468-475

Meinefeld, W. (2000)
Hypothesen und Vorwissen in der qualitativen Sozialforschung, in: Flick, U./von Kardoff, E./Steinke, I. (Hrsg.): Qualitative Forschung, Reinbek bei Hamburg, S. 265-275

Merkens, H. (2000)
Auswahlverfahren, Sampling, Fallkonstruktion, in: Flick, U./von Kardoff, E./Steinke, I. (Hrsg.): Qualitative Forschung, Reinbek bei Hamburg, S. 286-299

Middelmann, U. (2000)
Organisation von Akquisitionsprojekten, in: Picot, A./Nordmeyer, A./Pribilla, P. (Hrsg.): Management von Akquisitionen, Stuttgart, S. 105-120

Miller, A./Dess, G.G. (1992)
Strategic Management, 2. Auflage, New York et al. (Kapitel 6: Corporate-Level Strategy bzw. Diversification)

Müller, A./Rohmund, S. (1998)
Sie pokern hoch im Spiel ohne Grenzen, in: Cash vom 04.12.1998, S. 7

Müller, M. (1998)
Fusionen und Übernahmen aus historischer Sicht, in: Siegwart, H./Neugebauer, G. (Hrsg.): Mega-Fusionen - Analysen, Kontroversen, Perspektiven, Bern, S. 63-80

Müller-Stewens, G. (1998)
Post Merger Management: Organisatorische Integration bei Unternehmensübernahmen, Gastreferat an der Universität Bern vom 7.1.1998, in: http://www.iop.unibe.ch/tondokumente/mueller.ram/

Müller-Stewens, G. (2000)
Akquisitionen und der Markt für Unternehmenskontrolle: Entwicklungstendenzen und Erfolgsfaktoren, in: Picot, A./Nordmeyer, A./Pribilla, P. (Hrsg.): Management von Akquisitionen, Stuttgart, S. 41-61

Müller-Stewens, G. (2001)
Mergers & Acquisitions: Eckpfeiler des Integrationsmanagements, Vortrag am IOP, Universität Bern, Bern

Müller-Stewens, G./Krüger, W. (1994)
Matching Acquisition Policy and Integration Style, in: Krogh, G./Sinatra, A./Singh, H. (Hrsg.): The Management of Corporate Acquisitions: International Perspectives, London, S. 50-87

Müller-Stewens, G./Muchow, K.Ch. (1999)
Konsolidierung und Internationalisierung führt zu Kettenreaktion in einigen Branchen, in: Handelsblatt vom 29.04.1999, S. 61

Müller-Stewens, G./Schreiber, K. (1993)
Zur organisatorischen Anbindung des Akquisitionsprozesses im Käuferunternehmen, in: Die Unternehmung 4/1993, S. 275-292

Müller-Stewens, G./Spickers, J. (1994)
Akquisitionsmanagement, in: Die Betriebswirtschaft, Nr. 5/1994, S. 663-678

Müller-Stewens, G./Zappei, L./Vanselow, J. (1992 a)
Integration von Unternehmensakquisitionen in den neuen Bundesländern - Teil 1. Die Probleme werden oft bewusst abgewiegelt, in: Handelsblatt vom 17.02.1992, S. 21

Müller-Stewens, G./Zappei, L./Vanselow, J. (1992 b)
Integration von Unternehmensakquisitionen in den neuen Bundesländern - Teil 2. Erwartungen müssen meist deutlich nach unten revidiert werden, in: Handelsblatt vom 24.02.1992, S. 24

Müller-Stewens, G./Zappei, L./Vanselow, J. (1992 c)
Integration von Unternehmensakquisitionen in den neuen Bundesländern - Teil 3. Häufig kam es zu einer dramatischen Fehleinschätzung der laufenden Kosten, in: Handelsblatt vom 02.03.1992, S. 19

Müller-Stewens, G./Zappei, L./Vanselow, J. (1992 d)
Integration von Unternehmensakquisitionen in den neuen Bundesländern - Teil 4. Intensives Vorbereiten und frühzeitiges Festlegen der Strategie notwendig, in: Handelsblatt vom 02.03.1992, S. 19

Münster, Th. (2000)
Integrationsmanagement - Kleine fusionieren besser, in: Wirtschaftswoche vom 20.04.2000, S. 098

Nadler, D.A./Limpert, T.M. (1999)
Akquisitionsmanagement: Der erfolgreiche Weg von der Entscheidung bis zur Integration, in: Nadler, D.A./Gersten, M.S./Shaw, R.B. (Hrsg.): Organisationsarchitektur, Frankfurt und New York

Neinhaus, A. (1998)
Viele Unternehmen sind vor einer Fusion mehr wert als danach - Interview mit Michael Träm, in: F&W vom 28.11.1998, S. 27

Nelles, M. (2002)
Recession strikes back, in: Translink (Hrsg.): Deal Review 2001, http:/www.translinkcf.com, o.S.

Nolte, W. (1991)
Mergers & Acquisitions, in: Die Betriebswirtschaft 6/1991, S. 819 f.

o.V. (1997 a)
Rechentip für Rainer Gut: 1 plus 1 ergibt häufig nur 1,5, in: Der Bund vom 13.08.1997, o.S.

o.V. (1997 b)
Rekordhohe Übernahme- und Fusionswelle, in: Neue Zürcher Zeitung vom 03.01.1997, o.S.

o.V. (1998 a)
Fröhliche Fusionitis?, in: Neue Zürcher Zeitung vom 5./6./12.1998, S. 21

o.V. (1998 b)
Fusionsfieber mit bitterem Nachgeschmack, in: Neue Zürcher Zeitung vom 27.08.1998, o.S.

o.V. (1998 c)
Studie zum Scheitern von Transaktionen - nach dem Deal immer die gleichen Fehler, in: Handelsblatt vom 17./18.10.1999, S. 14

o.V. (1999 a)
Fusionen und Übernahmen - Gewaltiger Nachholbedarf in Europa, in: Wirtschaftswoche vom 26.11.1998, S. 052

o.V. (2000 b)
Grossfusionen scheitern zu 40 Prozent, in: Handelsblatt vom 09.03.2000, S. 21

Olbermann, H.J./Melfi, T. (2001)
Fusionen: Ende des Wahns, in: Wirtschaftswoche vom 01.02.2001, S. 046 ff.

Orum, A.M./Feagin, J.R./Sjoberg, G. (1991)
The Nature of the Case Study, in: Feagin, J.R./Orum, A.M./Sjoberg, G. (Hrsg.): A Case for the Case Study, Chapel Hill et al., S. 1-26

Ott, J. (1990)
Akquisition und Integration mittelständischer Unternehmungen, Bamberg

Pablo, A.L. (1994)
Determinants of Acquisition Integration Level: A Decision-Making Perspektive, in: Academy of Management Journal, Nr. 4/1994, S. 803-836

Pastega, N. (1999)
Bei Fusionen wird gepfuscht, in: Handelszeitung vom 18.05.1999, o.S.

Pastega, N./Gutt, C. (1997)
Merger-Manie, in: Handelszeitung vom 13.11.1997, S. 17

Pieth, R. (1996)
Bei Firmenfusionen werden die Ziele oft nicht erreicht, in: Tages-Anzeiger vom 16.09.1996, o.S.

PMI Standards Committee (1996)
A Guide to the Project Management Body of Knowledge, 2. Auflage, Upper Darby

Porter, M.E. (1991)
Diversifikation - Konzerne ohne Konzept, in: Busse von Colbe, W./Coenenberg, A. G.: Unternehmensakquisition und Unternehmensbewertung, Stuttgart, S. 6-31

Porter, M.E. (1999)
Wettbewerbsvorteile, 5. Auflage, Frankfurt et al.

Ragin, C.C. (1994)
Constructing Social Research, Thousand Oaks et al.

Reed-La Joux, A. (1998)
The Art of M&A Integration, New York et al.

Reissner, S. (1990)
Einflussgrössen, Synergiepotentiale und Gestaltungsaufgaben marktorientierter Akquisitionsstrategien, Arbeitspapier Universität Giessen, Giessen

Reissner, St. (1992)
Synergiemanagement und Akquisitionserfolg, Wiesbaden

Remenyi, D./Williams, B./Money, A./Swartz, E. (1998)
Doing research in business and management, London et al.

Rietmann, M. (1998)
Prestige und Macht spielen eine wichtige Rolle - Interview mit Hans Siegwart, in: Handelszeitung vom 09.12.1998, S. 21

Rifkin, G. (1997)
Growth by Acquisition - The Case of Cisco Systems, in: Strategy & Business, Nr. 2/1997, o.S.

Rifkin, G. (1998)
Post-Merger Integration: How IBM and Lotus Work Together, in: Strategy & Business, Nr. 3/1998, o.S.

Roland Berger (2002)
Post Merger Integration - die Arbeit beginnt, bevor die Tinte trocken ist ... Rahmenbedingungen für erfolgreiche Integrationen schaffen, in: Quarterly Engineered Products vom 15.02.2002, www.rolandberger.ch am 10.12.2003

Rüedi, W. (1999)
Die Gipfelstürmer, in: Handelszeitung vom 30.06.1999, S. 15

Rühli, E./Schettler, M. (1998)
Ursachen und Motive von Mega-Fusionen: Betriebswirtschaftlich-theoretische Überlegungen, in: Siegwart, H./Neugebauer, G. (Hrsg.): Mega-Fusionen - Analysen, Kontroversen, Perspektiven, Bern, S. 195-210

Salter, M.S./Weinhold, W.A. (1978)
Diversification via acquisition: creating value, in: Harvard Business Review, Nr. 7,8/1978, S. 166-176

Sandler, G.G.R. (1991)
Synergie: Konzept, Messung und Realisation - Verdeutlicht am Beispiel der horizontalen Diversifikation durch Akquisition, Bamberg

Saunders, M./Lewis, Ph./Thornhill, A. (2000)
Research Methods for Business Students, 2. Auflage, Harlow et al.

Say, S. (1997)
The Case Study as a Research Method, Online-Publikation, www.gslis.utexas.edu/~ssoy/uses-users/1391d1b.htm, 02.04.2001

Schanz, G. (1992)
Wissenschaftsprogramme der Betriebswirtschaftslehre, in: Bea, F.X./Dichtl, E./Schweitzer, M. (Hrsg.): Allgemeine Betriebswirtschaftslehre, Band 1, 7. Auflage, Jena und Stuttgart, S. 81-202

Schenker, M. (1998)
Manager im Höhenrausch, in: Tages-Anzeiger vom 07.02.1998, o.S.

Schierenbeck, H. (1998)
Bankenzusammenschlüsse - Konsequenzen für die Geschäftspolitik, in: Siegwart, H./Neuge-
bauer, G. (Hrsg.): Mega-Fusionen - Analysen, Kontroversen, Perspektiven, Bern, S. 275-286

Schips, B. (1998)
Mega-Fusionen aus gesamtwirtschaftlicher Sicht, in: Siegwart, H./Neugebauer, G. (Hrsg.): Mega-Fusionen - Analysen, Kontroversen, Perspektiven, Bern, S. 225-231

Schmid, K.P. (1999 a)
Die Fusionswelle ist längst nicht so harmlos, in: Die Zeit vom 20.05.1999, S. 32

Schmid, K.P. (1999 b)
Der Hunger ist ungestillt - die grenzüberschreitende Fusionswelle sorgt für kräftiges Umsatz-
wachstum, in: Die Zeit vom 08.07.1999, S. 30 f.

Schnitzler, L./Salz, J./Burgmaier, St. (1999)
Die Welt-AG ist die Unternehmensform der Zukunft - die Megakonzerne ticken nach vollkom-
men neuen Regeln, in: WirtschaftsWoche vom 15.07.1999, s. 054

Schöchli, H. (1998)
Anders - aber nicht unbedingt besser, in: Der Bund vom 27.11.1998, S. 17

Schubert, W./Küting, K. (1981)
Unternehmenszusammenschlüsse, München

Schuppli, St. (1999)
Grösser, schwerfälliger und manchmal kostengünstiger, in: Basler Zeitung vom 11.03.1999, o.S.

Searby, F.W. (1969)
Control postmerger change, in: Harvard Business Review, Nr. 9,10/1970, S. 4-12

Seiler, K. (2000)
Wachstum durch Akquisition - Rentable Kandidaten sind Mangelware, in: Handelsblatt vom
27.04.2000, s. b14

Sekaran, U. (2000)
Research methods for business, 3. Auflage, New York et al.

Sigrist, D. (1998)
Übernahmefieber erfasst jetzt auch Deutschland, in: F&W vom 07.02.1998, o.S.

Sjoberg, G./Williams, N./Vaughan, T.R./Sjoberg, A.F. (1991)
The Case Study Approach in Social Research: Basic Methodological Issues, in: Feagin,
J.R./Orum, A.M./Sjoberg, G. (Hrsg.): A Case for the Case Study, Chapel Hill et al., S. 27-79

Speck, K. (1996)
Grossfusionen sind im globalen Markt kein Sündenfall, in: Handelszeitung vom 11.07.1996,
o.S.

Stegkemper, B./Seisl, P. (2002)
EADS - It takes three to tango; in: M&A-Review 1/2002, S. 20-28

Stehr, Ch. (2000)
Vier Hochzeiten und zwei Todesfälle - Mergers & Akquisitions, in Handelsblatt vom 07.04.2000, S. k01

Stolz, M. (1999)
Wenn Manager nur noch "mergen" wollen, in: Handelszeitung vom 10.03.1999, S. 20

Strauss, A.L. (1998)
Grundlagen qualitativer Sozialforschung, 2. Auflage, München et al.

Szyperski, N (1971)
Zur wissenschaftsprogrammatischen und forschungsstrategischen Orientierung der Betriebswirtschaftslehre, in: Schmalenbachs Zeitschrift für betriebswirtschaftliche Forschung 23/1971, S. 261-282

Tellis, W. (1997 a)
Introduction to Case Study, Online-Publikation, www.nova.edu/ssss/QR/QR3-2/tellis1.html, 03.04.2001

Tellis, W. (1997 b)
Application of Case Study Methodology, Online-Publikation, www.nova.edu/ ssss/QR/QR3-2/tellis2.html, 02.04.2001

Thomson Financial (2001)
M&A in 2000: Fast Start .. Fading Finale, in: CONNECTEDRelease - Quarterly League Table Releases from Thomson Financial, http:/www.thomsonfinancial.com

Trautwein, F. (1990)
Merger Motives and Merger Prescriptions, in: Strategic Management Journal, Nr. 11/1990, S. 283-295

Trochim, W.M. (2000)
The Research Methods Knowledge Base, 2. Auflage, http://trochim.human.cornell.edu/, 23.03.2002

UBS AG/Müller-Stewens, G. (2000 a)
Mergerland, Zürich

Uder, H.L./Kramarsch, H. (2001)
Buying is Fun, Merging is Hell - Mergers & Acquisitions managen durch erfolgreiche Integration der Human Resources, in: M&A-Review Nr. 7/2001, S 324-331

Ulrich, H. (1981)
Die Betriebswirtschaftslehre als anwendungsorientierte Sozialwissenschaft, in: Geist, M.N./ Köhler, R. (Hrsg.): Die Führung des Betriebes, Stuttgart, S. 1-25

Ulrich, P./Hill, W. (1976 a)
Wissenschaftstheoretische Grundlagen der Betriebswirtschaftslehre (Teil I), in: Wirtschaftswissenschaftliches Studium 7/1976, S. 304-309

Ulrich, P./Hill, W. (1976 b)
Wissenschaftstheoretische Grundlagen der Betriebswirtschaftslehre (Teil II), in: Wirtschaftswissenschaftliches Studium 8/1976, S. 345-350

Viscio, A.J./Harbison, J.R./Asin, A./Vitaro, R.P. (1999)
Post-merger Integration - what makes mergers work?, in: Strategy & Business, Nr. 4/1999, S. 26-33

Volkart, R. (1998)
Finanzielle Wertsteigerung durch Grossfusionen?, in: Siegwart, H./Neugebauer, G. (Hrsg.): Mega-Fusionen - Analysen, Kontroversen, Perspektiven, Bern, S. 211-222

Vontobel, W. (1997)
Die Giganten spielen Monopoly, in: Cash vom 14.11.1997, S. 11

Wagner, B. (1998)
Eins plus eins gibt nicht immer zwei - Interview mit Hans Siegwart, in: Tagblatt vom 03.12.1998, S. 13

Walter, N. (2000)
Ist M&A die richtige Antwort auf die Globalisierung?, in: Picot, A./Nordmeyer, A./Pribilla, P. (Hrsg.): Management von Akquisitionen, Stuttgart, S. 217

Weimer, Th./Wisskirchen, C. (1999)
Die Finanzdienstleistungsbranche verzeichnet immer neue Zusammenschlüsse / Auch Fusionen wollen gelernt sein, in: Handelsblatt vom 06.04.1999, S. 54

Weismüller, A. (2000)
Controlling von Synergieeffekten, in: Picot, A./Nordmeyer, A./Pribilla, P. (Hrsg.): Management von Akquisitionen, Stuttgart, S. 195-204

Wild, B. (1996)
Den Erfolg beim Unternehmenskauf bestmöglich erzwingen, in: Wer übernahm wen? Fusionen und Beteiligungen - Ausgabe 1996, Handelszeitung Sondernummer, S. 35-37

Wild, B./McKay, J. (1997)
Darum prüfe erst, wer kaufen will, in: Wer übernahm wen? Fusionen und Beteiligungen - Ausgabe 1997, Handelszeitung Sondernummer, S. 16-18

Wild, B./Unternährer, B. (1998)
Kundennutzen nicht aus den Augen verlieren, in: Wer übernahm wen? Fusionen und Beteiligungen - Ausgabe 1998, Handelszeitung Sondernummer, S. 37

Wisskirchen, C./Naujoks, H./Matouschek, G. (2003)
Post-Merger Integration, in: Balz, U./Arlinghaus, O. (Hrsg.): Das Praxisbuch Mergers & Akquisitions, Landsberg, S. 305-336

Witt, H. (1996)
Welche Forschung ist normal oder wie normal ist qualitative Sozialforschung?, on-line Publikation, www.rrz.uni-hamburg.de/psych-1/witt/archiv/ringvorlesung%2096/rvtxt4.html,1.4.2001

Yin, R.K. (2003 a)
Case Study Research: Design and Methods, 3. Auflage, Thousand Oaks et al.

Yin, R.K. (2003 b)
Application of Case Study Research, 2. Auflage, Thousand Oaks et.al.

Zikmund, W.G. (2000)
Business research methods, 6. Auflage, New York et al.